Beihilfentransparenz und Datenschutz

Beihilfentransparenz und Datenschutz

Open Data in der gemeinsamen Agrarpolitik im Lichte des wohlgeordneten Rechts

Benedict Kreitz

Fachmedien Recht und Wirtschaft | dfv Mediengruppe | Frankfurt am Main

Bibliografische Information Der Deutschen Nationalbibliothek

Die Deutsche Nationalbibliothek verzeichnet diese Publikation in der Deutschen Nationalbibliografie; detaillierte bibliografische Daten sind im Internet über http://dnb.de abrufbar.

ISBN 978-3-8005-1955-2

dfv Mediengruppe

www.ruw.de

Druck: Beltz Grafische Betriebe GmbH, 99947 Bad Langensalza

Printed in Germany

Vorwort

Die vorliegende Arbeit wurde im Sommersemester 2024 von der juristischen Fakultät der Europa-Universität Viadrina Frankfurt (Oder) als Dissertationsschrift unter dem Titel „*Open Data in der gemeinsamen Agrarpolitik im Lichte des wohlgeordneten Rechts- Beihilfentransparenz und Datenschutz*“ mit Disputation vom 14.06.2024 angenommen. Das Manuskript wurde im August 2023 zur Begutachtung eingereicht. Etwaige inhaltliche Anpassungen im Hinblick auf den Bearbeitungsstand wurden bis zum Februar 2024 graduell eingearbeitet.

Zunächst gebührt allen voran Frau *Prof. Dr. Ines Härtel* (*Richterin des Bundesverfassungsgerichts*) Dank für die Betreuung dieses Promotionsvorhabens. Die Zeit als Mitarbeiter an Ihrem Lehrstuhl war beruflich und persönlich sehr prägend. Des Weiteren danke ich Herrn *Prof. Dr. Thomas Lübbig* für die Übernahme und die zügige Erstellung des Zweitgutachtens. Daneben danke ich auch *Prof. Dr. Jan-Erik Schirmer* für die sehr angenehme Gestaltung der Disputation.

An dieser Stelle möchte ich meine langjährigen Kollegen am Lehrstuhl Härtel nicht unerwähnt lassen. Insbesondere ist dabei die Zusammenarbeit mit *Jasmin Matthes*, *Dr. Jan Ackermann*, *Philipp Schöbel* und *Tom Heilmann* in positiver Erinnerung geblieben. Darüber hinaus möchte ich mich auch besonders bei *Dr. Dino Höppner-Hagen* und *Moritz Treutwein* bedanken für die geduldige Unterstützung bei allen Fragen und Problemlagen rund um die Formatierung, welche die Anfertigung einer Dissertation in Monographieform mit sich bringt. Ferner möchte ich an dieser Stelle auch meinen Eltern *Simone Kreitz-Ehrlich* und *Frank Ehrlich* sowie meiner Mitbewohnerin *Saskia Koal* danken.

Berlin, Oktober 2024

Abkürzungsverzeichnis

A.A.	Andere Ansicht
AbG	Abgeordnetengesetz
ABl.	Amtsblatt
Abs.	Absatz
AEUV	Vertrag über die Arbeitsweise der Europäischen Union
aF	Alte Fassung
AGVO	Allgemeine Gruppenfreistellungsverordnung
AöR	Archiv des öffentlichen Rechts
Aufl.	Auflage
AUR	Agrar– und Umweltrecht
B2B	Business–to–Business
B2C	Business–to–Customer
Bd.	Band
Beschl.	Beschluss
BGBl.	Bundesgesetzblatt
BT–Drs.	Bundestagsdrucksache
BVerfG	Bundesverfassungsgericht
BVerwG	Bundesverwaltungsgericht
BVwG	Österreichisches Bundesverwaltungsgericht
captcha	completely automated public Turing test to tell computers and humans apart
CMLR	Common Market Law Review
COM	EU–Kommission
CR	Computer und Recht
DBV	Deutscher Bauernverband
ders.	derselbe
dies.	dieselbe
Diss.	Dissertation
DÖV	Die öffentliche Verwaltung
DSGVO	Datenschutz–Grundverordnung
DuD	Datenschutz und Datensicherheit
DurchführungsVO	Durchführungsverordnung

DVBl.	Deutsches Verwaltungsblatt
ECLI	European Case Law Identifier
EDSA	Europäischer Datenschutzausschuss
EG	Europäische Gemeinschaften
EGFL	Europäischer Garantiefonds für die Landwirtschaft
EGMR	Europäischer Gerichtshof für Menschenrechte
EL	Ergänzungslieferung
ELER	Europäischer Landwirtschaftsfonds für die Entwicklung des ländlichen Raums
EMRK	Europäische Menschenrechtskonvention
endg.	endgültig
EnergieStG	Energiesteuergesetz
ESTaL	European State Aid Law Quarterly
EU	Europäische Union
EuG	Gericht der Europäischen Union
EuGH	Europäischer Gerichtshof
EuGRZ	Europäische Grundrechte Zeitschrift
EuR	Europarecht
EUV	Vertrag über die Europäische Union
EuZW	Europäische Zeitschrift für Wirtschaftsrecht
f./ff.	folgende
Fn.	Fußnote
GA	Generalanwalt
GAB	Grundanforderungen an die Betriebsführung
GAP	Gemeinsame Agrarpolitik
GAPDZG	GAP–Direktzahlungen–Gesetz
GAPDZV	GAP–Direktzahlungen–Verordnung
GbR	Gesellschaft bürgerlichen Rechts
gem.	gemäß
GewA	GewerbeArchiv
GG	Grundgesetz
GLÖZ	Guter landwirtschaftlicher und ökologische Zustand
GmbH	Gesellschaft mit beschränkter Haftung
GRC (englisch: ECHR)	Charta der Grundrechte

bezogenen Daten.[16] Der Datenschutz selbst hat auf der Unionsebene eine hervorgehobene Bedeutung, was insbesondere daran erkennbar ist, dass datenschutzrechtliche Normen des primären Unionsrechts mit Art. 8 GRC[17] und Art. 16 AEUV[18] an vorderer Stelle in den Verträgen vertreten sind. Insbesondere im Bereich der Agrardirektzahlungen kommt der Veröffentlichung der Informationen aus Adressatensicht ein besonderes Gewicht zu, da diese einen beachtlichen Teil des Einkommens der Landwirte ausmachen.[19] Die veröffentlichten Daten können daher einen erheblichen Aussagegehalt in Bezug auf die Einkommensstruktur sowie die Betriebsstruktur im Hinblick auf die konkreten Förderleistungen der Landwirte haben und möglicherweise besonders intim sein. Die Veröffentlichung könnte demzufolge eine Art „*Prangerwirkung*" in Bezug auf die empfangenen Leistungen entfalten. Das Instrument der Internetveröffentlichung würde damit als ein Baustein auf dem Weg zum „*gläsernen Landwirt*"[20] fungieren. Zentraler Gegenstand dieser Untersuchung ist daher die Frage, ob das vom Unionsgesetzgeber festgelegte Konzept der Transparenzpflichten[21] über das Internet in Gestalt der Veröffentlichung der Daten der Agrarbeihilfenempfänger ein taugliches Regelungsregime zur Schaffung von Transparenz in einer demokratischen Gesellschaft sowie zum Schutz der finanziellen Interessen der Union ist. Dabei ist die Konfliktlage aus dem grundrechtlich verbrieften Recht auf Schutz personenbezogener Daten und dem fiskalischen Kontrollbedürfnis der öffentlichen Hand auf der anderen Seite Kerngegenstand der Untersuchung. Dieses Spannungsverhältnis von Transparenz und Datenschutz ist auch schon in der Systematik des Primärrechts erkennbar.[22] Die zentrale Transparenzgewährleistung gem. Art. 15 AEUV steht direkt vor dem Art. 16 AEUV, der den Datenschutz im AEUV regelt.[23] Bei der Betrachtung der Normen wird deutlich, dass ihre Regelungen und ihre systematische Stellung klar machen, dass keine dieser „Extrempositionen" sich isoliert durchsetzen kann, sondern es immer einer praktischen Konkordanz zwischen den

16 Dieses Spannungsverhältnis allgemein für die Leistungsverwaltung in der GAP annehmend: *List*, Reichweite des Datenschutzes, S. 51.

17 Vertrag über die Arbeitsweise der europäischen Union, ABl. 2008/C 115/47.

18 Charta der Grundrechte der Europäischen Union, ABl.2000/C 364/01.

19 In der Literatur findet sich auch die Bezeichnung als „*Einkommensstütze*" für die Landwirte, siehe: *Norer*, in: Pechstein/Nowak/Häde, EUV/AEUV/GRC, Art. 40 AEUV, Rn. 17.

20 Dies im Kontext des InVeKoS konstatierend: *List*, Reichweite des Datenschutzes, S. 163.

21 Die Begriffe Transparenzpflicht, Veröffentlichungspflicht und Publizitätspflicht werden im weiteren Fortgang der Bearbeitung synonym verwendet.

22 *Kotzur*, in: EuGRZ 2011, 105 (105) spricht auch von der praktischen Konkordanz zwischen Öffentlichkeitsanspruch und Privatheitsschutz. Ebenso auf eine gewisse Konnexität verweisend: *Marsch*, Europäisches Datenschutzgrundrecht, S. 65.

23 Auf diese systematische Verknüpfung hinweisend: *Kotzur*, in: EuGRZ 2011, 105 (106).

konfligierenden Interessen bedarf.[24] Es geht daher bei der Untersuchung der Veröffentlichungspflichten übergreifend um die unionsverfassungsrechtlichen Grenzen des *Open Government* im Bereich der GAP unter dem Gesichtspunkt des primärrechtlichen Datenschutzes.[25] Konkret könnte man daher andenken, *Open Government Data* als Bezugspunkt heranzuziehen. Eine feststehende Begriffsdefinition der Terminologien gibt es nicht.[26] Unter dem Sammelbegriff des *Open Government* werden jedoch allgemein anerkannt sämtliche Ansätze in Bezug auf offene Kommunikations- und Informationsstrukturen im Verhältnis vom Bürger zum Staat zusammengefasst.[27] *Open Government Data* meint in diesem Zusammenhang vor allem offene Datenbestände, die gegenüber einer interessierten Allgemeinheit ohne weitere Einschränkungen geöffnet werden.[28] Darunter fallen gebündelt sowohl technische, als auch gesellschaftspolitische Ansätze.[29] Im weiteren Fortgang wird jedoch mangels einer klaren rechtlichen Abgrenzbarkeit der Oberbegriff *Open Data* im Zusammenhang mit der untersuchungsgegenständlichen Veröffentlichungspflicht verwendet. *Open Data* meint übergreifend alle Datenbestände im Interesse der Allgemeinheit, welche der Gesellschaft zur freien Nutzung, Weiterarbeitung und Weiterverwendung ohne Einschränkungen frei zugänglich gemacht werden.[30] Besonderes Augenmerk soll auf die Frage der Intensität des mit der Veröffentlichung verbundenen Grundrechtseingriffes für die betroffenen Landwirte gelegt werden. In diesem Zusammenhang wird auf der Ebene der Verhältnismäßigkeit diskutiert, ob die Belastung der Landwirte durch die Veröffentlichung ein schwer wiegender Eingriff in die Grundrechtsphäre des Individuums ist oder um eine gerechtfertigte, bagatellartige Einschränkung individueller Freiheit.

II. Untersuchungsgegenstand und rechtspraktischer Zugang

Im kommenden Teil der Bearbeitung soll zunächst der Untersuchungsgegenstand der Arbeit geklärt und erläutert werden. In diesem Zusammenhang werden seine historische Entwicklung und die Entstehungsgründe, die zur Entwicklung des aktuellen Rechtsrahmens geführt haben, skizziert.

24 *Kotzur*, in: EuGRZ 2011, 105 (106).
25 Dies ebenso aufwerfend: *Guckelberger*, in: EuZW 2011, 126 (126).
26 *Guckelberger*, Öfffentliche Verwaltung im Zeitalter der Digitalisierung, Rn. 60.
27 *Reuter*, Transparenz öffentlicher Einkaufsdaten, S. 35; *Guckelberger*, Öffentliche Verwaltung im Zeitalter der Digitalisierung, Rn. 60; *Albrecht*, in: Hoeren/Sieber/Holznagel, MultimediaR, Teil 28, Rn. 12.
28 *Reuter*, Transparenz öffentlicher Einkaufsdaten, S. 38.
29 *Reuter*, Transparenz öffentlicher Einkaufsdaten, S. 35.
30 *Hackenberg*, in: Hoeren/Sieber/Holznagel, MultimediaR, Teil 15.2, Rn. 35.

1. Ursprünglicher Rechtsrahmen aus der Transparenzinitiative

Die Veröffentlichungspflichten als öffentliches Kontrollinstrument wurden ursprünglich im Zuge der Europäischen Transparenzinitiative[31] im Jahre 2005 eingeführt. Ein zentraler Einzelaspekt des Maßnahmenpaketes waren dabei die sektorübergreifenden Offenlegungspflichten für Empfänger von EU-Haushaltsmitteln über das Internet im Rahmen der geteilten Mittelverwaltung.[32] Diese ist von großer Relevanz, da der mit Abstand größte Teil des EU-Haushaltes in geteilter Mittelverwaltung verteilt wird.[33] Hierunter sind auch die Agrarfonds der Union, aus denen die Agrardirektzahlungen gespeist werden, zu subsumieren. Die Finanzierung der getätigten Ausgaben erfolgt jedoch in zentraler Mittelverwaltung.[34] Dies führt praktisch dazu, dass die Mitgliedstaaten die Zahlungen an die Begünstigten tätigen und die aufgewendeten Mittel von der Union zurückerstattet werden. Zu diesem Zwecke bestimmen die Mitgliedstaaten Zahl- und Koordinierungsstellen.[35] Die Agrarbeihilfen beim Vollzug der GAP machen einen immensen Anteil des EU-Haushaltes aus. Primärrechtlich richtet sich die Finanzorganisation der GAP nach Art. 40 Abs. 3 AEUV. Maßgeblicher Sekundärrechtsakt zur Regelung der Finanzierung der GAP ist nach dem heute geltenden Rechtsrahmen die VO 2021/2116. Die Finanzierungsquellen sind dabei in zwei Fonds gegliedert. Gem. Art. 5 VO 2021/2116 der Europäische Garantiefonds für die Landwirtschaft (EGFL) und gem. Art. 6 VO 2021/2116 der Europäische Landwirtschaftsfonds für die Entwicklung des ländlichen Raums (ELER). Die Fonds haben jedoch keine eigenständige Rechtspersönlichkeit: Sie sind lediglich Teile des Gesamthaushaltsplanes, in dem die Summen und Zuordnungen fixiert sind (vgl. Art. 4 VO 2021/2116).[36] Die Geldmittel zur Finanzierung der GAP speisen sich mithin aus den allgemeinen Einnahmen der Union. Die Agrarbeihilfen sind daher mit Blick auf ihren Anteil am Gesamthaushalt ein sehr wichtiger Anwendungsfall der neu gefassten Transparenzregeln. Demzufolge gelten erhöhte Rechtfertigungsanforderungen für den Mitteleinsatz in diesem so kostenintensiven Politikbereich. Die Union wirkt durch die enormen Fördersummen im Agrarsektor in beispielloser Art und Weise auf das Marktgeschehen ein.[37] Ungeachtet dessen haben moralisch-politische Ansichten der Gesellschaft aus verteilungspolitischen

31 KOM (2006) 194 endg.

32 Grünbuch „Europäische Transparenzinitiative“ KOM (2006) 194 endg., S. 4. Für eine Auflistung der differenzierten Regelungen siehe: *Wollenschläger*, in: AöR 2010, 364 (370).

33 *Norer/Prichenfried*, in: FS Holzer, 59 (60); *Guckelberger*, in: EuZW 2011, 126 (126).

34 *Bittner*, in: Schwarze, EU-Kommentar, Art. 40 AEUV, Rn. 68.

35 *Bittner*, in: Schwarze, EU-Kommentar, Art. 40 AEUV, Rn. 69.

36 *Jung,* Unionsbeihilfen, S. 179.

37 *Jung,* Unionsbeihilfen, S. 119.

Punkten eine eher sekundäre rechtliche Relevanz. Dabei ist jedoch zu sehen, dass es rechtspolitisch wichtig ist, zu kommunizieren, dass gesetztes Recht ordnungsgemäß vollzogen, Ziele erreicht und Missstände möglichst bekämpft werden. Bis zur Harmonisierung durch die verbindliche Einführung der Transparenzpflichten fielen die Informationen über Mittelempfänger der Begünstigten aus den Maßnahmen im Rahmen der gemeinsamen Landwirtschafts-, Fischerei und Strukturfonds in die nationale Zuständigkeit der Mitgliedstaaten.[38] Zwar stellten einige Mitgliedstaaten der Europäischen Kommission bereits Informationen zur Verfügung, diese haben jedoch in Umfang und Detailschärfe stark variiert und waren aufgrund ihrer Inhomogenität nur schwer verwertbar und zur allgemeinen Transparenzherstellung in Bezug auf die Förderpraxis im Binnenmarkt kaum geeignet.[39] Als Folge der Transparenzinitiative und zur Beseitigung des uneinheitlichen Datenschutzniveaus und der uneinheitlichen Datenlage in Bezug auf die Daten der Begünstigten aus den Agrarfonds wurde durch die VO (EG) 1437/2007[40] die sektorale Regelung des Art. 44a in die damalige VO (EG) 1290/2005[41] aufgenommen.

Artikel 44a VO (EG) 1290/2005

Veröffentlichung von Informationen über die Begünstigten

Gemäß Artikel 53b Absatz 2 Buchstabe d der Verordnung (EG, Euratom) Nr. 1605/2002 gewährleisten die Mitgliedstaaten jedes Jahr die nachträgliche Veröffentlichung der Informationen über die Empfänger von EGFL- und ELER-Mitteln sowie der Beträge, die jeder Begünstigte aus diesen Fonds erhalten hat.

Es sind mindestens die nachstehenden Angaben zu veröffentlichen:

a) für den EGFL der Betrag, aufgeschlüsselt nach direkten Zahlungen im Sinne von Artikel 2 Buchstabe d der Verordnung (EG) Nr. 1782/2003 und sonstigen Ausgaben;

b) für den ELER der Gesamtbetrag der öffentlichen Mittel je Begünstigten

Erwgg. 13 VO 1437/2007

Zur Umsetzung der Europäischen Transparenzinitiative wurden bei der Überarbeitung der Verordnung (EG, Euratom) Nr. 1605/2002 des Rates

38 *Norer/Prichenfried*, in: FS Holzer, 59 (60).

39 *Norer/Prichenfried*, in: FS Holzer, 59 (60).

40 Verordnung (EG) Nr. 1437/2007 des Rates vom 26. November 2007 zur Änderung der Verordnung (EG) Nr. 1290/2005 über die Finanzierung der gemeinsamen Agrarpolitik, L 322/1 (Im Folgenden als VO (EG) 1437/2007 bezeichnet).

41 Verordnung (EG) Nr. 1290/2005 des Rates vom 21. Juni 2005 über die Finanzierung der Gemeinsamen Agrarpolitik, L 209/1. (Im Folgenden als VO (EG) 1290/2005 bezeichnet.)

vom 25. Juni 2002 über die Haushaltsordnung für den Gesamthaushaltsplan der Europäischen Gemeinschaften die Bestimmungen über die jedes Jahr vorzunehmende nachträgliche Veröffentlichung von Informationen über die Empfänger von Mitteln aus dem Haushaltsplan der Europäischen Gemeinschaften eingefügt. Die Art dieser Veröffentlichung ist in den Sektorverordnungen festzulegen. Sowohl der EGFL als auch der ELER sind Teil des Gesamthaushaltsplans der Europäischen Gemeinschaften; aus ihren Mitteln werden Ausgaben finanziert, die im Rahmen der zwischen den Mitgliedstaaten und der Gemeinschaft geteilten Mittelverwaltung getätigt werden. Deshalb sollten Vorschriften für die Veröffentlichung von Informationen über die Empfänger der Mittel aus diesen Fonds erlassen werden. In diesem Zusammenhang sollten die Mitgliedstaaten jedes Jahr die nachträgliche Veröffentlichung der Begünstigten und der Beträge, die diese aus den genannten Fonds erhalten haben, gewährleisten.

Erwgg. 14 VO 1437/2007

Diese Informationen der Öffentlichkeit zugänglich zu machen erhöht die Transparenz in Bezug auf die Verwendung der Gemeinschaftsmittel in der gemeinsamen Agrarpolitik und verbessert, insbesondere durch eine stärkere öffentliche Kontrolle der verwendeten Mittel, die Wirtschaftlichkeit der Haushaltsführung bei diesen Fonds. Angesichts der überragenden Bedeutung der verfolgten Ziele ist es unter Berücksichtigung des Grundsatzes der Verhältnismäßigkeit und des Erfordernisses des Schutzes personenbezogener Daten gerechtfertigt, diese Informationen allgemein zu veröffentlichen, da sie nicht über das hinausgehen, was in einer demokratischen Gesellschaft und zur Verhütung von Unregelmäßigkeiten erforderlich ist. Unter Berücksichtigung der Stellungnahme des Europäischen Datenschutzbeauftragten vom 10. April 2007 ist es angebracht, die Mittelempfänger darüber zu unterrichten, dass ihre Daten der Öffentlichkeit zugänglich gemacht und von Rechnungsprüfungs- und Untersuchungseinrichtungen verarbeitet werden können.

Sinn der Veröffentlichungspflicht war es, insbesondere durch eine stärkere öffentliche Kontrolle der eingesetzten Haushaltsmittel sowie eine verbesserte Wirtschaftlichkeit der Haushaltsführung in den Fonds zu gewährleisten (vgl. Erwgg.[42] 14 VO (EG) 1437/2007). Die beispiellose Alimentation durch die Allgemeinheit macht eine effektive und transparente Kontrolle des Vollzugs der Geldflüsse an die Landwirte als beihilfeberechtigte Mit-

---

42 Erwägungsgründe sind gem. Art. 296 Abs. 2 AEUV unabdingbarer Bestandteil von Rechtsakten. Sie sind ein zentrales Element der teleologischen Auslegung im Unionsrecht. Näher zur Bedeutung der Erwägungsgründe im Unionsrecht: *Gumpp*, in: ZfpW 2022, 446 ff.

telempfänger notwendig und unabdingbar.[43] Gerade um etwaige Vorurteile zu bekämpfen, dass die finanziellen Mittel, für welche die Allgemeinheit aufkommt, nur denjenigen Unternehmen zu Gute kommen würden, die nach allgemeiner gesellschaftlicher Anschauung als hinreichend vermögend angesehen werden.[44] Eingeräumte Befugnisse zur Verfügung über öffentliche Finanzmittel durch Beihilfengewährungen sollen nicht zur Realisierung individueller Gewinnbestrebungen von Empfangsberechtigten missbraucht werden.[45] Eine Datenlage zur Herstellung einer öffentlichen Debatte über solche Förderungen in der Zivilgesellschaft ist nur durch größtmögliche und niedrigschwellige Transparenz möglich.[46] Dies ist auch vor dem agrarspezifischen Hintergrund zu sehen, dass die Verteilung der Agrarbeihilfen schon lange in der Kritik steht.[47] Konkret bezieht sich die Kritik insbesondere auf das Gefälle der Förderung von Großproduzenten und kleineren Landwirten.[48] Des Weiteren ist es auch von gesellschaftlicher Relevanz zu wissen, welche lebensmittelverarbeitenden, aber auch branchenfremden Unternehmen in welchem Umfang Förderung erhalten.[49] Dies ist auch deshalb notwendig, da zum Teil in der Vergangenheit auch auf den ersten Blick „abwegige" Marktakteure wie z. B. Akkordeon- oder Amateurfußballclubs Agrarbeihilfen erhalten haben.[50] Kernzweck ist daher die Steigerung der fiskalischen Kontrolle beim Einsatz von Haushaltsmitteln im Bereich der Beihilfenzahlung zur Verbesserung der sog. *Budgetpublizität* auf Unionsebene. Es handelt sich um eine *ex post* Transparenz, da sie auf bereits getätigte Ausgaben Bezug nimmt.[51] Die Veröffentlichung soll die konkrete Beihilfenverwendung nachvollziehbar machen und so eine öffentliche Debatte über die Verwendung von Haushalsmitteln ermöglichen und vorantreiben.[52] Das Ziel war es, den Bürgern durch die gesteigerte Transparenz zu zeigen, dass die Union eine dienstleistungsorientierte Verwaltung hat, die sich ihrer Rechenschaftsbedürftigkeit gegenüber den Bürgern der Union als Basis der Legitimation bewusst ist.[53] Des Weiteren soll die Verwaltung durch den

---

43 *Belger*, Agrarbeihilfen, S. 180.

44 *Belger*, Agrarbeihilfen, S. 180.

45 *Guckelberger*, in: EuZW 2011, 126 (126).

46 *Guckelberger*, in: EuZW 2011, 126 (126).

47 Vgl. im Überblick: WD, Transparenz von Agrarbeihilfen, 14.12.2005, WF V 201/05, S. 3.

48 Exemplarisch als frühe zeitgenössische Einschätzung bei der Einführung: WD, Transparenz von Agrarbeihilfen, 14.12.2005, WF V 201/05, S. 3.

49 Exemplarisch als zeitgenössische Einschätzung: WD, Transparenz von Agrarbeihilfen, 14.12.2005, WF V 201/05, S. 3.

50 Mit einer Auflistung ungewöhnlicher Beispiele unter Nachweis einzelner Presseberichterstattungen: *Guckelberger*, in: EuZW 2011, 126 (126).

51 *Jung*, Unionsbeihilfen, S. 121.

52 *Jung*, Unionsbeihilfen, S. 121.

53 *Norer/Prichenfried*, in: FS Holzer, 59 (59).

öffentlichen Druck zu einer sparsameren Haushaltsführung angehalten und Betrügereien verhindert werden.[54] Insgesamt wurde die Budgetpublizität in der Union durch die legislativen Anpassungen erheblich gestärkt.[55] Neben dem bloßen fiskalischen Kontrollinteresse wird ebenso ein grundsätzlicher Paradigmenwechsel weg von einem geheimen Staat (Arkanstaat) hin zu einer Verwaltung, welche die Öffentlichkeit als Ideal und als Regelfall ansieht, vollzogen.[56]

2. Leitentscheidung in der Rs. Schecke

a) Verwaltungsgerichtliche Verfahren im Vorfeld

Bei den skizzierten Veröffentlichungspflichten haben sich jedoch früh Zweifel mit Blick auf die Vereinbarkeit mit dem grundrechtlichen Datenschutz in der Union aufgetan.[57] So gab es in Deutschland einige verwaltungsgerichtliche Entscheidungen, die sich zum Teil für[58] wie auch gegen[59] die Rechtmäßigkeit ausgesprochen haben. Die betroffenen Personen haben typischerweise Rechtsschutz im Eilverfahren gesucht. Bei der verwaltungsgerichtlichen Rechtsprechung, die im Zuge dieser vielen gleichgelagerten Fälle ergangen ist, gab es mehrere verschiedene Argumentationsansätze. Manche Verwaltungsgerichte haben etwa bereits die Einwilligung in die Veröffentlichung angenommen, wodurch bereits kein Eingriff vorliegen würde.[60] Andere Verwaltungsgerichte haben zwar einen Eingriff angenommen, diesen aber rechtmäßig befunden.[61] Wiederum andere Gerichte haben aus Gründen eines vorrangigen Interesses der Antragsteller und aus Gründen der Verhält-

54 *Norer/Prichenfried*, in: FS Holzer, 59 (59).

55 *Wollenschläger*, in: AöR 2010, 364 (370); *Guckelberger*, in: EuZW 2011, 126 (126).

56 *Wollenschläger*, in: AöR 2010, 364 (373).

57 Exemplarisch als zeitgenössische Stimmen aus dem Schrifttum: *Norer/Prichenfried*, in: FS Holzer, 59 (73 f.). Allein beim VG Wiesbaden, das letztlich vorgelegt hat, waren 70 gleichgelagerte Eilanträge anhängig: *Wagner*, in: Jaeger/Hasslinger, Jahrbuch BeihilfenR 2014, 569 (573).

58 OVG Koblenz, Beschl. v. 10.7.2009 – 10 B10607/09 –, juris; OVG Münster, Beschl. v. 24.4.2009 – 16 B 485/09 –, juris; OVG Bautzen, Beschl. v. 10.3.2010 – 3 B 366/09 –, juris.

59 OVG Mecklenburg-Vorpommern, Beschl. v. 4.4.2009 – 2 M 7/09 –, juris, Rn. 13 ff. Bei der Einordnung der verwaltungsgerichtlichen Rechtsprechung ist zu beachten, dass es sich um Eilanträge handelt, die Argumentation also auf einem summarischen Prüfungsmaßstab beruht.

60 Exemplarisch: OVG Koblenz, Beschl. v. 10.7.2009 – 10 B 10607/09 –, juris, Rn. 27 ff.; VG Minden, Beschl. v. 14.4.2009 – 2 L 195/09 –, juris, Rn. 8

61 OVG Bautzen, Beschl. v. 10.3.2010 – 3 B 366/09 –, juris.

nismäßigkeit und einer Abwägung der widerstreitenden Interessen den Anträgen stattgegeben.[62]

b) Teilweise Ungültigerklärung in der Rs. Schecke

Die Zweifel an der Grundrechtskonformität der Veröffentlichungspflichten fanden ihren Höhepunkt im Verfahren in der Rs. *Schecke*[63] vor dem EuGH[64] im Jahre 2010. Dem Verfahren lag nachfolgender Sachverhalt zugrunde:

Die in Hessen befindlichen landwirtschaftlichen Betriebe *Volker und Markus Schecke GbR* sowie *Hartmut Eifert*, auch Inhaber eines anderen landwirtschaftlichen Betriebes, hatten für das Jahr 2008 bei der zuständigen Behörde Anträge auf Agrarbeihilfen aus dem Europäischen Garantiefonds für die Landwirtschaft (EGFL) und dem Europäischen Landwirtschaftsfonds für die Entwicklung des ländlichen Raums (ELER) gestellt, die im Dezember 2008 positiv beschieden worden sind. Nach den Verordnungen 1290/2005/EG und 259/2008/EG besteht die Pflicht, Empfänger von Agrarbeihilfen unter Nennung der Höhe der erhaltenen Beihilfe, ihres Namens, Wohnorts und Postleitzahl im Internet zu veröffentlichen. Mit ihren Klagen vor dem VG Wiesbaden haben die *Volker und Markus Schecke GbR* und *Hartmut Eifert* beantragt, das Land Hessen zu verpflichten, die sie betreffenden Daten nicht zu veröffentlichen.[65] Da das VG die Verordnung über die Pflicht zur Veröffentlichung der Daten von Beihilfenempfängern für unvereinbar mit dem Grundrecht auf Schutz personenbezogener Daten hielt, hat es das Verfahren ausgesetzt und dem EuGH im Wege des Vorabentscheidungsverfahrens gem. Art. 267 Abs. 1 lit. b AEUV vorgelegt.[66]

So hat der EuGH im Rahmen seiner Entscheidung in der Rs. *Schecke* vom 9. November 2010 die Unvereinbarkeit dieser Veröffentlichungspflichten nach dem damaligen Rechtsrahmen mit den Gewährleistungen der Charta der Grundrechte festgestellt. Zentrales Argument des EuGH in der Entscheidung für die Rechtswidrigkeit war die fehlende Abwägung der Interessen im Gesetzgebungsprozess und damit einhergehend keine Auseinandersetzung mit möglicherweise milderen Mitteln in Bezug auf die Daten natürlicher Personen.[67] Der EuGH hat das mit der Datenbank verfolgte Ziel der Trans-

---

62 OVG Mecklenburg-Vorpommern, Beschl. v. 4.4.2009 – 2 M 77/09 –, juris, Rn. 13 ff.

63 EuGH, verb. Rs. C-92/09 u. C-93/09 (*Schecke*), ECLI:EU:C:2010:662.

64 Gerichtshof der Europäischen Union iSd Art. 19 Abs. 1 EUV (abgekürzt als EuGH).

65 Vertieft zu den Rechtsschutzimplikationen im Fall, insbesondere in Bezug auf die Möglichkeit einer Nichtigkeitsklage gem. Art. 263 AEUV siehe: *Kühling/Klar*, JURA 2011, 771 (772).

66 Das vorlegende Gericht wollte zunächst die Vorfrage der Gültigkeit der VO klären um dann weitere Auslegungsfragen gem. Art. 267 Abs. 1 lit. a AEUV an den EuGH zu richten.

67 EuGH, verb. Rs. C-92/09 u. C-93/09 (*Schecke*), ECLI:EU:C:2010:662, Rn. 80 ff.

parenz öffentlicher Mittel als grundsätzlich legitimen Belang eingeordnet.[68] Der Schutz personenbezogener Daten überwog jedoch im hiesigen Fall.[69] Dieses Ergebnis gilt jedoch lediglich für die Regelung in Bezug auf natürliche Personen. In Bezug auf juristische Personen hat der EuGH die Norm als rechtmäßig und vereinbar mit der GRC angesehen.[70] Zentrales Argument des EuGH ist, dass Daten natürlicher Personen ein anderes Gewicht im Vergleich zu juristischen Personen haben und dass juristische Personen in der Rechtsordnung grundsätzlich und anerkannt erweiterten Offenlegungspflichten ausgesetzt sind.[71] Der Entscheidung kommt eine besondere Bedeutung zu, da es die erste Entscheidung war, in welcher der EuGH die Charta der Grundrechte als Prüfungsmaßstab angewendet hat.[72]

3. Aktueller Rechtsrahmen

Als notwendige „*Sanierungsmaßnahme*“[73] in Folge der Entscheidung wurde der Rechtsrahmen in seiner bis heute in dieser Gestalt existierenden Form jedoch nur minimal legislativ ergänzt und angepasst. Die Regelung wurde lediglich durch Ergänzung eines Schwellenwertes von 1.250 € angepasst. Der aktuelle Rechtsrahmen ist in Art. 98 ff. VO 2116/2021 und Art. 57 ff. DurchführungsVO 908/2014[74] niedergelegt. Daneben sind im deutschen Recht die Regelungen des AFIG[75], darin insbesondere § 2 AFIG von Bedeutung:

Artikel 98 VO 2116/2021

Veröffentlichung von Informationen über Begünstigte

(1) Die Mitgliedstaaten gewährleisten jedes Jahr die nachträgliche Veröffentlichung der Begünstigten des EGFL und des ELER für die Zwecke von Artikel 49 Absätze 3 und 4 der Verordnung (EU) 2021/1060 und gemäß den Absätzen 2, 3 und 4 des vorliegenden Artikels, gegebenenfalls

68 EuGH, verb. Rs. C-92/09 u. C-93/09 (*Schecke*), ECLI:EU:C:2010:662, Rn. 67.

69 EuGH, verb. Rs. C-92/09 u. C-93/09 (*Schecke*), ECLI:EU:C:2010:662, Rn. 77 ff.

70 EuGH, verb. Rs. C-92/09 u. C-93/09 (*Schecke*), ECLI:EU:C:2010:662, Rn. 87.

71 EuGH, verb. Rs. C-92/09 u. C-93/09 (*Schecke*), ECLI:EU:C:2010:662, Rn. 87.

72 *Schild*, in: MMR-Aktuell, 2010, 310712; *Kilian*, in: NJW 2011, 1325 (1326) verwendet daher den Begriff „*Neuland*“.

73 Den Begriff in diesem Kontext verwendend: *Ennöckl*, in: ÖJZ 2011, 595 (599).

74 Durchführungsverordnung (EU) Nr. 908/2014 der Kommission vom 6. August 2014 mit Durchführungsbestimmungen zur Verordnung (EU) Nr. 1306/2013 des Europäischen Parlaments und des Rates hinsichtlich der Zahlstellen und anderen Einrichtungen, der Mittelverwaltung, des Rechnungsabschlusses und der Bestimmungen für Kontrollen, Sicherheiten und Transparenz, ABl.2014 L 255/59, ABl. 2016 L 157/1.

75 Agrar- und Fischereifonds-Informationen-Gesetz vom 26. November 2008 (BGBl. I S. 2330), das zuletzt durch Artikel 1 des Gesetzes vom 20. Februar 2024 (BGBl. 2024 I Nr. 53) geändert worden ist

einschließlich der Informationen über Gruppen, denen die Begünstigten gemäß Artikel 59 Absatz 4 der vorliegenden Verordnung angehören, die ihnen von den genannten Begünstigten gemäß Artikel 59 Absatz 4 der vorliegenden Verordnung übermittelt wurden.

(2) Artikel 49 Absatz 3 Buchstaben a, b, d bis j und l sowie Artikel 49 Absatz 4 der Verordnung (EU) 2021/1060 gelten, soweit zutreffend, für Begünstigte des ELER und des EGFL. Die Anwendung von Artikel 49 Absatz 3 Buchstabe e dieser Verordnung gilt nur für den Zweck des Vorhabens. Artikel 49 Absatz 3 Buchstabe k dieser Verordnung gilt für den ELER.

(3) Für die Zwecke dieses Artikels bezeichnet der Ausdruck

a) „Vorhaben“ eine Maßnahme, einen Sektor oder eine Interventionskategorie;

b) „Gesamtkosten des Vorhabens“ die Beträge der Zahlungen, die der Begünstigte in dem betreffenden Agrar-Haushaltsjahr für jede(n) aus dem EGFL oder dem ELER finanzierte(n) Maßnahme, Sektor oder Interventionskategorie erhalten hat. Die zu veröffentlichenden Beträge der Zahlungen für die aus dem ELER finanzierten Interventionskategorien entsprechen dem Gesamtbetrag der öffentlichen Zahlungen, einschließlich der Beteiligung der Union und der nationalen Beteiligung;

c) „Standortindikator oder Geolokalisierung für das Vorhaben“ die Gemeinde, in der der Begünstigte wohnt oder eingetragen ist, sowie gegebenenfalls die Postleitzahl bzw. den Teil der Postleitzahl, der für die betreffende Gemeinde steht.

(4) Jeder Mitgliedstaat stellt die Informationen gemäß Artikel 49 Absätze 3 und 4 der Verordnung (EU) 2021/1060 auf einer einzigen Internetseite zur Verfügung. Diese Informationen bleiben vom Zeitpunkt ihrer ersten Veröffentlichung an zwei Jahre lang zugänglich. Die Mitgliedstaaten veröffentlichen die Informationen gemäß Artikel 49 Absatz 3 Buchstaben a und b der Verordnung (EU) (EU) 2021/1060 nicht, wenn sich der Betrag der Unterstützung, die ein Begünstigter in einem Jahr erhalten hat, auf maximal 1 250 EUR beläuft.

Erwgg. 81 VO 2116/2021

Soll das Ziel erreicht werden, dass die Verwendung der Mittel aus dem EGFL und dem ELER einer öffentlichen Kontrolle unterliegt, so müssen bestimmte Informationen über Begünstigte öffentlich bekannt gemacht werden. Zu diesen Informationen sollten Angaben über die Identität des Begünstigten, den gewährten Betrag, den Fonds, aus dem dieser gezahlt wird, sowie über das betroffene spezifische Ziel des Vorhabens gehören. Diese Informationen sollten so veröffentlicht werden, dass dabei so wenig wie möglich in die Rechte der Begünstigten auf Achtung ihres

Privatlebens und auf Schutz ihrer personenbezogenen Daten eingegriffen wird. Die beiden Rechte sind in den Artikeln 7 und 8 der Charta der Grundrechte der Europäischen Union verankert.

Erwgg. 82 VO 2116/2021

In Anbetracht des Erfordernisses von mehr Transparenz bei der Verteilung von GAP-Mitteln aus dem EGFL und dem ELER, einschließlich zu Eigentumsstrukturen in Verbindung mit GAP-Begünstigten, sollte die Liste der Begünstigten von GAP-Mitteln, die nachträglich von den Mitgliedstaaten veröffentlicht wird, auch die Identifizierung von Unternehmensgruppen ermöglichen. Dies würde erheblich zur Überwachung von Eigentumsstrukturen beitragen und die Untersuchung von möglichem Missbrauch von Unionsmitteln, möglichen Interessenkonflikten und möglicher Korruption begünstigen

Erwgg. 83 VO 2116/2021

Durch die Veröffentlichung von Einzelheiten über das Vorhaben, für die der Landwirt beihilfeberechtigt ist, sowie über den Zweck und das spezifische Ziel der Beihilfe erlangt die Öffentlichkeit konkrete Kenntnis über die geförderte Tätigkeit und den Zweck, für den die Beihilfe gewährt wurde. Eine solche öffentlich zugängliche Übersicht hätte vorbeugende und abschreckende Wirkung und würde dazu beitragen, die finanziellen Interessen der Union zu schützen.

Erwgg. 84 VO 2116/2021

Die Veröffentlichung dieser Informationen in Verbindung mit den in dieser Verordnung vorgesehenen allgemeinen Informationen sorgt für mehr Transparenz, was die Verwendung von Unionsmitteln im Rahmen der GAP betrifft, und verbessert somit die Sichtbarkeit und das Verständnis für diese Politik. Dadurch gewinnen die Bürger mehr Einsicht in den Entscheidungsprozess, und es wird sichergestellt, dass die Verwaltung über größere Legitimität verfügt, wirksamer arbeitet und den Bürgern gegenüber stärker in die Verantwortung genommen wird. Zudem erhalten die Bürger Kenntnis von konkreten Beispielen für die Bereitstellung „öffentlicher Güter“ durch die Landwirtschaft, wodurch die nationale Unterstützung und Unterstützung durch die Union des Agrarsektors an Legitimität gewinnt.

Erwgg. 85 VO 2116/2021

Daraus folgt, dass eine generelle Veröffentlichung der einschlägigen Informationen nicht über das hinausgeht, was in einer demokratischen Gesellschaft erforderlich ist, um die finanziellen Interessen der Union zu schützen und das übergeordnete Ziel einer öffentlichen Einsicht in die Verwendung der Mittel aus dem EGFL und dem ELER zu erreichen.

Erwgg. 86 VO 2116/2021

Um den Datenschutzerfordernissen zu entsprechen, sollten die Begünstigten des EGFL und des ELER über die Veröffentlichung ihrer Daten informiert werden, bevor diese Veröffentlichung stattfindet. Sie sollten auch darauf hingewiesen werden, dass ihre Daten zum Schutz der finanziellen Interessen der Union von Rechnungsprüfungs und Untersuchungseinrichtungen der Union und der Mitgliedstaaten verarbeitet werden können. Darüber hinaus sollten die Begünstigten auf ihre Rechte gemäß der Verordnung (EU) 2016/679 und auf die Verfahren für die Ausübung dieser Rechte hingewiesen werden.

§2 AFIG

Veröffentlichung

(1) Die für das Zahlen von Mitteln aus dem Europäischen Garantiefonds für die Landwirtschaft und dem Europäischen Landwirtschaftsfonds für die Entwicklung des ländlichen Raums (Agrarfonds) zuständigen Stellen des Bundes und, soweit diese Mittel von den Ländern gezahlt werden, die hierfür zuständigen Stellen der Länder veröffentlichen die Informationen nach Artikel 98 Absatz 1 bis 3 der Verordnung (EU) 2021/2116 in Verbindung mit Artikel 49 Absatz 3 der Verordnung (EU) 2021/1060 in Verbindung mit den Artikeln 58 bis 62 der Durchführungsverordnung (EU) 2022/128 der Kommission vom 21. Dezember 2021 mit Durchführungsbestimmungen zur Verordnung (EU) 2021/2116 des Europäischen Parlaments und des Rates hinsichtlich der Zahlstellen und anderen Einrichtungen, der Finanzverwaltung, des Rechnungsabschlusses, der Kontrollen, der Sicherheiten und der Transparenz (ABl. L 20 vom 31.1.2022, S. 131; L 154 vom 15.6.2023, S. 50; L 159 vom 22.6.2023, S. 152) in der jeweils geltenden Fassung im Wege der Direkteingabe auf einer gemeinsamen, von der Bundesanstalt für Landwirtschaft und Ernährung (Bundesanstalt) betriebenen Internetseite nach Maßgabe des Artikels 98 Absatz 4 Unterabsatz 1 der Verordnung (EU) 2021/2116 in Verbindung mit Artikel 49 Absatz 4 der Verordnung (EU) 2021/1060 in Verbindung mit Artikel 58 sowie den Anhängen VIII und IX der Durchführungsverordnung (EU) 2022/128. Satz 1 gilt im Fall einer Gemeinde oder eines Gemeindeverbandes nur, wenn der Gemeinde oder dem Gemeindeverband die Aufgaben nach diesem Gesetz durch Landesrecht übertragen worden sind.

(2) Die für das Zahlen von Mitteln aus dem Fischereifonds zuständigen Verwaltungsbehörden des Bundes und der Länder veröffentlichen die Informationen nach Artikel 49 Absatz 3 der Verordnung (EU) 2021/1060 im Wege der Direkteingabe auf einer von der Bundesanstalt betriebenen Internetseite, auf der auch die weiteren Informationen zum Fischereifo-

nds nach Artikel 49 Absatz 1 der Verordnung (EU) 2021/1060 bereitgestellt werden. Absatz 1 Satz 2 gilt entsprechend.

(3) Jede veröffentlichende Stelle trägt die datenschutzrechtliche Verantwortung für die von ihr veröffentlichten Informationen, insbesondere für die Rechtmäßigkeit ihrer Erhebung, die Zulässigkeit der Veröffentlichung und die Richtigkeit der Informationen. Sofern Betroffene von mehreren veröffentlichenden Stellen Zahlungen erhalten haben, können sie ihre Datenschutzrechte bei jeder dieser veröffentlichenden Stellen geltend machen. Ist die Stelle, bei der der Betroffene seine Rechte nach Satz 2 geltend macht, nicht die für diesen Fall zuständige Stelle, hat sie den Antrag nach Klärung der Verantwortlichkeiten an die insoweit zuständige Stelle weiterzuleiten.

(4) Die Bundesanstalt erstellt im Benehmen mit dem Bundesamt für Sicherheit in der Informationstechnik ein Sicherheitskonzept für die Internetseiten nach den Absätzen 1 und 2, das den nach den Artikeln 24, 25 und 32 der Verordnung (EU) 2016/679 des Europäischen Parlaments und des Rates vom 27. April 2016 zum Schutz natürlicher Personen bei der Verarbeitung personenbezogener Daten, zum freien Datenverkehr und zur Aufhebung der Richtlinie 95/46/EG (Datenschutz-Grundverordnung) (ABl. L 119 vom 4.5.2016, S. 1; L 314 vom 22.11.2016, S. 72; L 127 vom 23.5.2018, S. 2) in der jeweils geltenden Fassung erforderlichen technischen und organisatorischen Maßnahmen entspricht. Das Sicherheitskonzept ist in regelmäßigen Abständen daraufhin zu überprüfen, ob es dem Stand der Technik entspricht.

(5) Die Einsicht in die Internetseiten nach den Absätzen 1 und 2 steht jedem verwaltungskostenfrei zu.

(6) Die nach Absatz 1 zu veröffentlichenden Informationen werden zwei Jahre nach dem ersten Tag ihrer Veröffentlichung gelöscht. Die nach Absatz 2 zu veröffentlichenden Informationen werden nach Maßgabe des Artikels 49 Absatz 3 Unterabsatz 2 der Verordnung (EU) 2021/1060 gelöscht.

Nachfolgend ein exemplarischer Auszug der deutschen Umsetzung der Beihilfentransparenzdatenbank:

Bundesanstalt für Landwirtschaft und Ernährung

Seitenübersicht | Kontakt | Impressum | Datenschutz | Barrierefreiheit

Startseite | EU-Agrarfonds | Suche | Begünstigten anzeigen

Startseite

EU-Agrarfonds

- Hintergrund der Veröffentlichung
- EU-Agrarförderung
- **Suche**
- Ansprechpartner
- Häufig gestellte Fragen

EU-Fischereifonds

Links

Öffentliche Zahlungen für das EU-Haushaltsjahr 2022

(Zahlungen für den Zeitraum 16.10.2021 - 15.10.2022)

Zurück

[redacted]

EGFL: Basisprämie

Infolge der Reform der Gemeinsamen Agrarpolitik (GAP) wurde die bis einschließlich 2014 geltende Betriebsprämie durch ein System aus Direktzahlungen bestehend aus Basisprämie, Umverteilungsprämie, Greeningprämie und ggf. Junglandwirteprämie ersetzt.Die Basisprämie entspricht in ihrem Charakter im Grundsatz der bisherigen Betriebsprämie. Sie basiert ebenfalls auf einem System von Zahlungsansprüchen, die den Betriebsinhabern grundsätzlich im Jahr 2015 auf Antrag entsprechend dem Umfang der von ihnen angemeldeten beihilfefähigen Flächen neu zugewiesen wurden. Der Betriebsinhaber meldet in jedem Antragsjahr seine beihilfefähigen Flächen und Zahlungsansprüche an, wobei die Aktivierung eines Zahlungsanspruchs mit einem Hektar beihilfefähiger Fläche zur Auszahlung der Basisprämie führt.

Alle Zahlungsansprüche in einer Region (in der Regel = Bundesland) hatten zu Beginn der derzeitigen Förderperiode in 2015 denselben Wert. Die je Region unterschiedlich hohen Werte der Zahlungsansprüche wurden zwischen 2017 und 2019 schrittweise abgebaut, so dass sie seit 2019 in ganz Deutschland einen einheitlichen Wert haben.

Die Basisprämie dient der Einkommenssicherung und Risikoabsicherung der landwirtschaftlichen Betriebe sowie auch als finanzieller Ausgleich für die weit höheren Umweltschutz-, Tierschutz- und Verbraucherschutzstandards in der EU im Vergleich zu den Produktionsauflagen von Mitbewerbern auf dem Weltmarkt. Sie ist wie alle anderen Direktzahlungen unmittelbar an die Einhaltung zahlreicher weiterer Auflagen gebunden (sog. "Cross-Compliance-Instrument"). Neben 13 schon bestehenden EU-Verordnungen und Richtlinien des Natur-, Umwelt-, Tier- und Verbraucherschutzes, deren Einhaltung laufend und streng überprüft wird, sind Vorgaben zur Erosionsvermeidung als zusätzlich zu erbringende Leistungen ebenso vorgeschrieben worden wie Maßnahmen zur Erhaltung der Bodenfruchtbarkeit und zum Gewässerschutz. Ebenso ist die Beseitigung von Landschaftselementen wie Hecken, Baumreihen und Feldgehölzen verboten. Durch Mindestanforderungen an die Bodenbedeckung bei aus der Produktion genommenen Flächen und dem Erhalt von ökologisch wertvollen Strukturelementen als Rückzugsgebiete für wildlebende Tierarten in intensiv genutzten Agrarlandschaften leisten die Direktzahlungen so einen Beitrag zum Erhalt landeskultureller Werte und zum Klimaschutz.

27.409,02 €

EGFL: Umverteilungsprämie

Für die ersten 46 Hektar eines Betriebes, die mit Zahlungsansprüchen aktiviert werden, wird eine gestaffelte Umverteilungsprämie gewährt (höherer Betrag für die ersten 30 Hektar, niedriger Betrag für bis zu weitere 16 Hektar). Diese Prämie wirkt sich insbesondere für kleine und mittlere Betriebe günstig aus.

1.951,80 €

EGFL: Greening-Prämie

Betriebsinhaber, die ein Anrecht auf Zahlung der Basisprämie haben, müssen auf ihren beihilfefähigen Acker- und Dauergrünlandflächen bestimmte dem Klima- und Umweltschutz förderliche Landbewirtschaftungsmethoden, das sogenannte □Greening□, einhalten. Als Ausgleich wird ihnen für alle beihilfefähigen Flächen des Betriebes, die mit Zahlungsansprüchen aktiviert werden, die Greeningprämie gewährt.

13.332,84 €

EGFL: Erstattung nicht genutzter Mittel der Krisenreserve

In jedem Haushaltsjahr werden die Direktzahlungen aller landwirtschaftlichen Betriebe, die einen Freibetrag von 2.000 Euro überschreiten um ca. 1,5% gekürzt. Diese Mittel stehen zur Finanzierung von gezielten Maßnahmen im Falle einer Krise im Agrarsektor zur Verfügung. Werden die Mittel nicht genutzt, weil keine Krise vorlag oder Krisenmaßnahmen über andere Quellen finanziert wurden, erhalten landwirtschaftliche Betriebe, die Direktzahlungen beantragen, im folgenden Haushaltsjahr eine Erstattung in Höhe des gekürzten Beitrags. Wird die Krisenreserve nur zum Teil genutzt, erfolgt die Erstattung anteilig.

950,21 €

ELER: Ausgleichszulage benachteiligte Gebiete

Quelle: https://agrar-fischerei-zahlungen.de/Suche. Letzter Abruf: 1.2.2024

4. Aktuelle Verfahren seit der Rs. Schecke

Seit der Entscheidung in der Rs. *Schecke* und der nachfolgenden Reform unter Einführung eines Schwellenwertes haben die Landwirte, denen die Reformansätze noch nicht weit genug gegangen sind, gerichtliche Schritte eingeleitet. In dieser Konsequenz hatten die Bundesverwaltungsgerichte von Österreich[76] und Deutschland[77] bereits in der Sache zu entscheiden. Das österreichische Bundesverwaltungsgericht begründet seine Entscheidung aus dem Jahr 2015 zu Gunsten der Rechtmäßigkeit damit, dass der geschaffene De-Minimis-Schwellenwert ein plausibler Ausgleich zwischen dem Transparenzanliegen und dem Schutz personenbezogener Daten sei.[78] Dabei nimmt das Gericht insbesondere Bezug auf den umfassenden Konsultationsprozess, der im Zuge des Reformprozesses eingeleitet worden ist und zu einer ordnungsgemäßen Abwägung führen soll.[79] In dieser Konsequenz sind die Ausnahmen und Einschränkungen in Bezug auf Art. 7 und 8 GRC auf das absolut notwendige Maß zu beschränken.[80] Das deutsche Bundesverwaltungsgericht hat in seiner Entscheidung aus dem Jahre 2019 ebenfalls zu Gunsten der Rechtmäßigkeit entschieden. In seiner Entscheidung nimmt es dabei auch Bezug auf die Entscheidung des österreichischen Bundesverwaltungsgerichts.[81] Das BVerwG sieht dabei ebenfalls einen ordnungsgemäßen Abwägungsprozess seitens des Unionsgesetzgebers im hiesigen Fall. Dabei setzt sich das Gericht auch intensiv mit möglicherweise milderen Mitteln auseinander, die es alle als weniger effektiv einordnet.[82] Ferner sei die Maßnahme insgesamt abgewogen, da die bestehenden Schutzinstrumente in der aktuellen Regelung einen angemessenen Ausgleich finden.[83] Die abstrakte, technisch mögliche Gefahr eines Missbrauchs von Daten ist demgegenüber nicht ausreichend, um die Rechtswidrigkeit des Rechtsaktes zu begründen.[84] In dieser Konsequenz haben beide Gerichte mangels Entscheidungserheblichkeit von einer Gültigkeitsvorlage an den EuGH gem. Art. 267 Abs. 1 lit. a AEUV abgesehen.[85] Auf die Argumentation der Spruchkörper in den zuvor skizzierten Verfahren wird in besonderem Maße bei der Prüfung der Vereinbarkeit mit den Gewährleistungen der Charta der Grundrechte Bezug genommen.

76 BVwG, Urt. v. 20.10.2015 – W224 2113499-1.
77 BVerwG, Urt. v. 24.10.2019 – C 21/17 (OVG Lüneburg) –, juris.
78 BVwG, Urt. v. 20.10.2015 – W224 2113499-1,1.5.3.2.
79 BVwG, Urt. v. 20.10.2015 – W224 2113499-1,1.5.3.2.
80 BVwG, Urt. v. 20.10.2015 – W224 2113499-1,1.5.3.2.
81 BVerwG, Urt. v. 24.10.2019 – C 21/17 (OVG Lüneburg) –, juris, Rn. 8.
82 BVerwG, Urt. v. 24.10.2019 – C 21/17 (OVG Lüneburg) –, juris, Rn. 17 ff.
83 BVerwG, Urt. v. 24.10.2019 – C 21/17 (OVG Lüneburg) –, juris, Rn. 23 f.
84 BVerwG, Urt. v. 24.10.2019 – C 21/17 (OVG Lüneburg) –, juris, Rn. 24 f.
85 BVwG, Urt. v. 20.10.2015 – W224 2113499-1,1.5.3.2; BVerwG, Urt. v. 24.10.2019 – C 21/17 (OVG Lüneburg) –, juris, Rn. 8.

III. Stand der juristischen Forschung (Forschungslücke)

Vorab sind der Stand der rechtswissenschaftlichen Forschung und die bestehende Forschungslücke zu klären. Forschungsgegenstand der Arbeit ist abstrakt formuliert das Spannungsverhältnis zwischen dem Bedürfnis nach Transparenz sowie dem Schutz der finanziellen Interessen der Union im Rahmen des Systems der Direktzahlungen bei der Durchführung der GAP und dem Datenschutz der Landwirte. Ein Ausgleich soll durch die aktuelle Regelung der Transparenzdatenbank, also den Untersuchungsgegenstand der Arbeit, getroffen werden. Grundlegend in Bezug auf die Vollständigkeit der Untersuchung mit Blick auf das gesamte Feld der Agrarbeihilfen ist dabei die Dissertation von *Belger* aus dem Jahr 2012.[86] Dieser geht auch auf die Transparenzpflichten im Rahmen der Direktzahlungen ein, handelt diese jedoch allein im letzten Kapitel seines Werkes als einen von mehreren Abschnitten zum Themenkomplex der Agrarbeihilfen exemplarisch ab. Einen stärkeren Fokus auf die datenschutzrechtlichen Implikationen des Leistungssystems im Rahmen der GAP legt *List* in seiner ebenfalls 2012 erschienenen Dissertation.[87] Dieser legt den Schwerpunkt seiner Arbeit zwar auch grundlegend auf das Spannungsverhältnis zwischen den finanziellen Interessen und dem Recht auf Datenschutz der Leistungsempfänger, den Schwerpunkt der Überlegungen bildet dabei aber der Datenaustausch im Rahmen des integrierten Verwaltungs- und Kontrollsystem (InVeKoS) also des innerstaatlichen Informationsaustausches.[88] Die Offenlegungspflichten thematisiert er zwar auch, nimmt diese jedoch schwerpunktmäßig in Bezug auf seine weiteren Ausführungen zum InVeKos, also in stärkerem Bezug auf interstaatlichen Datenaustausch.[89] Beiden Werken ist gemein, dass sie zum einen entstanden sind, als der angepasste Rechtsrahmen der Publizitätspflichten noch nicht gegolten hat, und sich zum anderen die Rechtsprechung im Bereich der Unionsgrundrechte, speziell im Datenschutzrecht, seitdem erheblich fortentwickelt hat.[90] Ein neueres Werk, das sich intensiv mit den Agrarbeihilfen auseinandersetzt, ist die 2019 erschienene Dissertation von *Jung*[91]. Dieser bearbeitet die Vergabe von Unionsbeihilfen am Beispiel der Landwirtschaftsbeihilfen. Dabei geht er zwar auch auf den Transparenzgrundsatz beim System der Agrardirektzahlungen ein, diskutiert diesen jedoch nicht im Spannungsverhältnis zu den Individualinteressen, konkret den datenschutzrechtlichen Belangen der Leistungsempfänger.[92] Am grund-

86 *Belger*, Agrarbeihilfen.
87 *List*, Reichweite des Datenschutzes, S. 93.
88 Vgl.: *List*, Reichweite des Datenschutzes, S. 51.
89 *List*, Reichweite des Datenschutzes, S. 120 ff.
90 Ein Überblick über die Entwicklungen bis 2016: *Skouris*, in: NVwZ 2016, 1359.
91 *Jung*, Unionsbeihilfen.
92 *Jung*, Unionsbeihilfen, S. 119 ff.

legendsten und ausführlichsten wurde die Thematik des Konfliktes von Datenschutz und Budgetpublizität im Jahre 2010 von *Wollenschläger* bearbeitet.[93] Dieser geht in umfassender Tiefe auf das Konfliktfeld von Datenschutz und Budgetöffentlichkeit ein. Es ist jedoch zu beachten, dass der Beitrag vor der Leitentscheidung des EuGH in der Rs. *Schecke* vom 9.10.2010 veröffentlicht worden ist. Der Beitrag thematisiert mithin nicht die finale Argumentation, mit welcher der EuGH das alte Rechtsregime für unvereinbar mit dem Primärrecht erachtet hat. Dies ist gerade deshalb beachtlich, weil es sich dabei um die erste Entscheidung des EuGH zur Charta der Grundrechte handelt, womit der EuGH dogmatisch „Neuland"[94] betreten hat. Insoweit orientieren sich die Ausführungen von *Wollenschläger* stark an den Ausführungen der *GA Sharpston* in Ihren Schlussanträgen.[95] Zwar liegen die Entscheidung und die Schlussanträge inhaltlich eng beieinander, dennoch ist zu beachten, dass die in diesem Zusammenhang veröffentlichten Reaktionen im Schrifttum auf die Entscheidung sowie der daraufhin geänderte Rechtsrahmen nicht einbezogen werden konnten. Mithin gibt es noch keine vertiefte Auseinandersetzung mit dem aktuellen Rechtsrahmen der Publizitätspflichten, insbesondere mit Blick auf die seitdem ergangene Judikatur des EuGH zur GRC, welche sich seit der Rs. *Schecke* konkret im Datenschutzrecht konstant weiterentwickelt hat und immer weiter konturiert worden ist.[96] Die Entwicklungen in der Rechtsprechung des EuGH werden im weiteren Fortgang der Arbeit eingebracht und berücksichtigt. Insgesamt ist ein Großteil der Ausführungen im Schrifttum in Reaktion auf die Entscheidung kurz nach ihrer Veröffentlichung ergangen. Auch in der Kommentarliteratur wird Bezug genommen auf die Veröffentlichungspflichten. Insbesondere sind auch einige kritische Stimmen mit Blick auf die Vereinbarkeit mit der GRC anzutreffen.[97] Die Diskussion um die Veröffentlichungspflichten erhält auch durch die neuere Rechtsprechung mitgliedstaatlicher Höchstgerichte (die Bundesverwaltungsgerichte von Deutschland[98] und Österreich[99]) aktuellen Auftrieb. Dabei sieht das deutsche BVerwG die Veröffentlichungspflichten

---

93 *Wollenschläger*, in: AöR 2010, 364 ff.

94 *Pfisterer*, in: EuR 2016, 553 (559).

95 *GA Sharpston*, Schlussantr. verb. Rs. C-92/09 u. C-93/09 (*Schecke*), ECLI:EU:C:2010:353.

96 Vgl. bis 2016: *Skouris*, in: NVwZ 2016, 1359 ff.

97 Einige kritische Stimmen: *Härtel*, in: Streinz, EUV/AEUV/GRC, Art. 40 AEUV, Rn. 49; *dies.*, in: Ruffert, EuropSekWirtschR, § 7, Rn. 174; *dies.*, in: Ehlers/Fehling/Pünder, VwR-BT, Bd. I, § 31, Rn. 61; *dies.*, in: Terhechte, EUVwR, § 37, Rn. 111; *Martinez*, in: Calliess/Ruffert, EUV/AEUV/GRC, Art. 40 AEUV, Rn. 105.

98 BVerwG, Urt. v. 24.10.2019 – C 21/17 (OVG Lüneburg) –, juris.

99 BVwG, Urt. v. 20.10.2015 – W224 2113499-1.

aus dem damals noch geltenden Art. 111 VO 1306/2013[100] mit Blick auf die Vereinbarkeit mit den Gewährleistungen der Charta der Grundrechte als rechtmäßig an, weshalb es von einer Gültigkeitsvorlage an den EuGH gem. Art. 267 Abs. 1 lit. b AEUV absieht.[101] Bei den besonderen Transparenzpflichten handelt es sich klassisch um ein Spezifikum des Agrarrechts, welches auf die noch auszuführenden Besonderheiten dieses Rechtsbereiches zurückzuführen ist.[102] Das Element der Transparenzdatenbank in Bezug auf Förderleistungen von Hoheitsträgern an private Marktakteure hat sich jedoch auch in anderen unionsrechtlich determinierten Bereichen verbreitet, die mit der Leistungsverwaltung verknüpft sind. Ein wichtiger Anwendungsfall findet sich in der allgemeinen Gruppenfreistellungs-Verordnung (AGVO)[103], wonach gewährte Beihilfen gem. Art. 9 Abs. 1 AGVO auf einer Webseite zu veröffentlichen sind. Vorbild war die aus dem Agrarförderrecht bekannte Transparenzdatenbank. Diese Transparenzvorschriften im Kontext staatlicher Beihilfen werden in umfassender Art und Weise mit den aus dem Agrarbeihilfenrecht bekannten Transparenzpflichten innerhalb der Untersuchung verglichen. Ein solcher umfassender Vergleich steht im Schrifttum noch aus. Insoweit ist das Thema der Publizitätspflichten im Allgemeinen und speziell in Bezug auf die Agrarbeihilfen immer noch von Aktualität und offenen Fragen geprägt.

IV. Gang der Untersuchung

Eingangs wird das für den Fortgang der Bearbeitung relevante Leitbild des wohlgeordneten Rechts, sowie im Anschluss der regulatorische Rechtsrahmen skizziert. Dabei wird zunächst das regulatorische Umfeld der Veröffentlichungspflichten, nämlich das materielle Agrarbeihilfenrecht, als inhaltlicher Bezugspunkt der Veröffentlichung überblickartig dargestellt.[104]

100 Verordnung (EU) Nr. 1306/2013 des Europäischen Parlaments und des Rates vom 17. Dezember 2013 über die Finanzierung, die Verwaltung und das Kontrollsystem der Gemeinsamen Agrarpolitik und zur Aufhebung der Verordnungen (EWG) Nr. 352/78, (EG) Nr. 165/94, (EG) Nr. 2799/98, (EG) Nr. 814/2000, (EG) Nr. 1290/2005 und (EG) Nr. 485/2008 des Rates, L 347/549.

101 BVerwG, Urt. v. 24.10.2019 – C 21/17 (OVG Lüneburg) –, juris, Rn. 8.

102 *Jung*, Unionsbeihilfen, S. 120; *Busse*, in: *Dombert/Witt*, § 27, Rn. 242.

103 Verordnung (EU) Nr. 651/2014 der Kommission vom 17. Juni 2014 zur Feststellung der Vereinbarkeit bestimmter Gruppen von Beihilfen mit dem Binnenmarkt in Anwendung der Artikel 107 und 108 des Vertrags über die Arbeitsweise der Europäischen Union, L 187/1.

104 Gegen ein solches Vorgehen bei der Untersuchung der Veröffentlichungspflichten: *Wollenschläger*, in: AöR 2010, 364 (372). Dies ist jedoch kritisch zu sehen, da die Beihilfeninstrumente und ihre Zielsetzungen relevante Aspekte bei der Betrachtung von Informationsveröffentlichungen sind. Schließlich definiert der Förderrahmen,

Danach wird die Datenbank in den Kontext der zentralen Rechtsinstitute der DSGVO[105] als maßgeblicher horizontaler Rechtsakt in den Kontext des unionalen Datenschutzrechts gesetzt. Im weiteren Fortgang orientiert sich die Struktur der Untersuchung konsequent am Leitbild des wohlgeordneten Rechts und seiner Kriterien in der nachfolgenden Anordnung. Zunächst wird der Leitbegriff der *Transparenz* im Zusammenhang mit der Datenbank erläutert und in den rechtlichen Kontext der spezifischen Zielsetzungen eingeordnet. Schwerpunkt ist dabei die Erarbeitung des Schutzzweckes der Datenbank. Unter besonderer Beachtung der Erkenntnisse, die bei der Betrachtung der Transparenz gewonnen worden sind, werden sodann die *Effektivität und Effizienz* des Rechtsrahmens *de lege lata* untersucht. Im nächsten Schritt wird die Datenbank im Zusammenhang mit der *Nachhaltigkeit* untersucht. In diesem Abschnitt wird das Kriterium im Zusammenhang mit den Erkenntnissen der Transparenz ausgewertet. Ferner finden die Wertungen des materiellen Agrarförderrechts an dieser Stelle besonderen Einzug, wegen der ökologischen Aspekte des Rechtsbereichs. Im nächsten Schritt werden die Transparenzpflichten, die Agrarbeihilfenempfängern auferlegt werden, mit den bereichsspezifischen Transparenzpflichten im Themenkomplex der staatlichen Beihilfenempfänger im Rahmen der *Kohärenz* verglichen. Dabei werden Parallelen und Divergenzen dieser ähnlichen Regelungsstrukturen sowie die Gründe für Gemeinsamkeiten und Abweichungen herausgearbeitet. Im anschließenden Teil der Untersuchung wird die Vereinbarkeit der aktuellen Regelung der Veröffentlichungspflichten mit der GRC als Teil der *Ziele, Werte und Rechtsprinzipien* geprüft. Im Zuge dessen wird auch die ergangene Rechtsprechung deutscher Verwaltungsgerichte, des EuGH sowie des BVerwG, in der aktuellen Entscheidung zu den Veröffentlichungspflichten ausgewertet. Die zu diesem Thema ergangene aktuelle nationale höchstrichterliche Rechtsprechung wird kritisch beleuchtet. In diesem Abschnitt werden zugleich klassische Problemfelder des primärrechtlichen Datenschutzes, die in der Entscheidung aufgeworfen worden sind, wie z. B. der Datenschutz juristischer Personen, die Eingriffssystematik der Art. 7 und 8 GRC sowie die Besonderheiten der jeweiligen Unionsgrundrechte auf der Ebene der Schranken-Schranke. Auf der Ebene der Schranken-Schranke ist insbesondere die gerichtliche Kontrolldichte, welche in diesem Zusammenhang von Relevanz ist, betrachtet. Bei der Prüfung des Grundsatzes der Verhältnismäßigkeit werden die erarbeiteten Erkenntnisse der anderen

---

was veröffentlicht wird, wodurch für den weiteren Fortgang auch die veröffentlichten Informationen von Bedeutung sind.

105 Verordnung (EU) 2016/679 des Europäischen Parlaments und des Rates vom 27. April 2016 zum Schutz natürlicher Personen bei der Verarbeitung personenbezogener Daten, zum freien Datenverkehr und zur Aufhebung der Richtlinie 95/46/EG (Datenschutz-Grundverordnung).

Kriterien des Leitbildes fruchtbar gemacht und argumentativ eingebracht. Dieser Abschnitt ist der Schwerpunkt der Untersuchung. Auf Basis dieser Prüfung – welche die Defizite grundrechtlichen Defizite aufzeigt – werden rechtspolitische Gestaltungsmöglichkeiten *de lege ferenda* zur Anpassung des bestehenden Rechtsrahmens nach der geäußerten Kritik entwickelt. Dabei wird auch die Frage behandelt, ob das Bundesverwaltungsgericht durch seine Nichtvorlage an den EuGH wegen einer bestehenden Vorlagepflicht gem. Art. 267 Abs. 3 AEUV das Recht auf den gesetzlichen Richter gem. Art. 101 Abs. 1 S. 2 GG[106] verletzt hat.

V. Das Leitbild des wohlgeordneten Rechts

Maßgeblich für Inhalt und Struktur der Untersuchung ist das von *Härtel*[107] entwickelte Leitbild des wohlgeordneten Rechts. Das Leitbild kann bildlich als Leitfaden[108], Richtschnur[109] oder systematisch als ein Metakriterium[110] für eine gute gesetzgeberische Arbeit eingeordnet werden. Leitbilder im Recht haben die Aufgabe, Wert-, Ordnungs-, und Gerechtigkeitsvorstellungen zu bündeln und zu kanalisieren.[111] Durch Leitbilder im Recht soll die beliebige und unreflektierte Anwendung konstitutionellen Rechts durch eine ordnungs- und systembildende Struktur erfasst werden.[112] Dies führt zur Bildung von einzelnen Orientierungs- und Koordinationspunkten für rechtsförmiges hoheitliches Handeln.[113] Beim Umgang mit dem Begriff des Leitbildes ist jedoch zu beachten, dass es keinen feststehenden rechtlichen Begriff des Leitbildes gibt.[114] Dennoch gibt es im Schrifttum einige wiederkehrende Charakterisierungsansätze. Leitbilder gehen den Gesetzen voraus und sind

---

106 Grundgesetz für die Bundesrepublik Deutschland vom 23.05.1949 (BGBl. S. 1) zuletzt geändert durch Gesetz vom 19.12.2022 (BGBl. I S. 2478) m. W. v. 24.12.2022.

107 Grundlegend: *Härtel*, Europäische Rechtsetzung, S. 19 ff.; *dies.*, in: Ruffert, EuropSekWirtschR, § 7, Rn. 13; *dies.*, in: Hatje/Müller-Graff, EU-Orga- und VerfR, § 16, Rn. 72; *dies.*, in: Härtel, Wege der Ernährungswirtschaft, S. 37 ff.; *dies.*, in: NuR 2011, 825 (826 ff.)

108 *Flaskühler*, Föderale Klimaschutzgesetzgebung, S. 56.

109 *Fritzsche*, Innovative Lebensmittel, S. 458. Wobei *Flaskühler* den nach dem allgemeinen Begriffsverständnis ebenso synonymen Begriff der „*Leitschnur*" verwendet, vgl.: *Flaskühler*, Föderale Klimaschutzgesetzgebung, S. 57.

110 *Olbrisch*, Lebensmittelqualität, S. 55.

111 *Ackermann*, Wohlgeordnetes Agrarwettbewerbsrecht, S. 30; *Flaskühler*, Föderale Klimaschutzgesetzgebung, S. 57; *Monien*, Prinzipien als Wegbereiter eines globalen Umweltrechts?, S. 67; *Volkmann*, in: Der Staat 2009, 157 (159); *Gusy/Müller*, in: ZAR 2013, 265 (268); *Peuker*, Verfassungswandel durch Digitalisierung, S. 177.

112 *Volkmann*, in: Der Staat 2009, 157 (159).

113 *Ackermann*, Wohlgeordnetes Agrarwettbewerbsrecht, S. 31 f.

114 *Peuker*, Verfassungswandel durch Digitalisierung, S. 175.

damit eine Art Vorverständnis für das Recht.[115] Sie prägen dabei die Rechtsordnung, ohne zwangsläufig Teil selbiger zu sein.[116] Leitbilder können dabei sowohl auf der Ebene der Rechtsetzung als auch der Rechtsanwendung durch alle Hoheitsgewalt ausübenden Organe Anwendung finden.[117] Das Leitbild des wohlgeordneten Rechts ist im Kontext des universellen und konstanten Bestrebens von Hoheitsträgern, eine gute Gesetzgebung und Regierungstätigkeit zu schaffen („*Good Governance*") zu betrachten.[118] Kerninhalt sind die fünf Kriterien des wohlgeordneten Rechts: Transparenz, Effektivität und Effizienz, Nachhaltigkeit, Kohärenz sowie die grundlegenden Werte der Verfassung, insbesondere der Grund- und Menschenrechte. Dabei kann das wohlgeordnete Recht einerseits als Evaluationsmaßstab für bestehendes Recht herangezogen werden.[119] Andererseits kann es auch im Rahmen eines Gesetzgebungsprozesses für eine komplette Neukonzeptionierung herangezogen werden.[120] Ihm kommt daher sowohl aus der *ex ante* als auch aus der *ex post* Perspektive eine Bedeutung zu, um Schwachstellen und auf dieser Basis mögliche Nachbesserungsbedarfe sowie bestehende Defizite zu identifizieren.[121] Anders formuliert bezieht sich das wohlgeordnete Recht sowohl auf den Prozess der Gesetzgebung als auch auf sein Ergebnis.[122] Die einzelnen Kriterien wirken dabei als Zielvorgaben und Optimierungsgebote auf den einfachen Gesetzgeber ein und erzeugen damit einen Rechtfertigungsdruck für seine Legislatur.[123] Optimierungsgebote zeichnen sich dadurch aus, dass sie keinen festen Tatbestand und keine Rechtsfolge oder subsumtionsfeste Anordnungen haben.[124] Im Ergebnis sollen Gesetze unter den Gesichtspunkten der Bestimmtheit und der Normenklarheit verständlicher und für private und öffentliche Stellen anwendungsfreundlicher werden.[125] Ziel des wohlgeordneten Rechts ist damit die Harmonisierung

115 *Olbrisch*, Lebensmittelqualität, S. 55; *Ackermann*, Wohlgeordnetes Agrarwettbewerbsrecht, S. 31; *Peuker*, Verfassungswandel durch Digitalisierung, S. 178.

116 *Ackermann*, Wohlgeordnetes Agrarwettbewerbsrecht, S. 31; *Gusy/Müller*, in: ZAR 2013, 265 (268) unter Verweis auf eine Reihe von Leitbildern aus dem politischen Kontext.

117 *Ackermann*, Wohlgeordnetes Agrarwettbewerbsrecht, S. 31.

118 Vgl.: *Balland*, Wohlgeordnetes Mobilitätsrecht, S. 33 verweist in Fn. 36 in diesem Zusammenhang auf eine Auswahl maßgeblicher Rechtsakte.

119 *Balland*, Wohlgeordnetes Mobilitätsrecht, S. 33.

120 *Balland*, Wohlgeordnetes Mobilitätsrecht, S. 33.

121 *Flaskühler*, Föderale Klimaschutzgesetzgebung, S. 57.

122 *Monien*, Prinzipien als Wegbereiter eines globalen Umweltrechts?, S. 64; *Jahrmarkt*, Internationales Klimaschutzrecht, S. 48.

123 *Fritzsche*, Innovative Lebensmittel, S. 459; siehe zum Inhalt dessen, was letztlich vom Gesetzgeber gefordert werden kann, unter besonderer Beachtung des Begriffs des „*optimalen*": *Hollwitz*, Wohlgeordnetes Agrarstrukturverbesserungsgesetz, S. 132 mwN.

124 *Drefs*, Öffentlichkeitsarbeit des Staates, S. 50 mwN.

125 *Wirbel*, Strategien zur Bekämpfung von Lebensmittelverschwendung, S. 235.

der Gesamtrechtsordnung durch Betrachtung einzelner Teilaspekte.[126] Mit Blick auf diese Zielsetzungen kann das wohlgeordnete Recht in systematischer Hinsicht als eine rechtsgebietsübergreifende Ordnungsidee verstanden werden.[127]

Der Einsatz des Leitbildes des wohlgeordneten Rechts bietet sich im Rahmen der vorliegenden Arbeit insbesondere deshalb an, weil verschiedene Rechtsgebiete auf den Untersuchungsgegenstand einwirken.[128] Insbesondere das europäische Agrar-, Datenschutz-, Haushalts-, und Beihilfenrecht. Das wohlgeordnete Recht verfolgt einen sektorübergreifenden Ansatz zur Integration einzelner rechtlicher Instrumente in der Gesamtrechtsordnung.[129] Des Weiteren wird das wohlgeordnete Recht primär, aber nicht ausschließlich mit dem Unionsrecht assoziiert.[130] Daher ist das wohlgeordnete Recht als Ausgangspunkt prädestiniert für die strukturgebende Untersuchungsmethode des Erkenntnisgewinns dieser Arbeit.

1. Kriterien des wohlgeordneten Rechts

a) Transparenz

Mit Blick auf die Bedeutung der Terminologie im Zusammenhang mit den Veröffentlichungspflichten als zentralem Untersuchungsgegenstand der Arbeit erscheint es geboten, zunächst den Begriff der Transparenz näher und vertieft einzuordnen. Das Kriterium der Transparenz hat im Kontext dieser Arbeit eine doppelte Bedeutung. Zum einen als allgemeines Strukturelement einer guten Gesetzgebung, zum anderen als materieller Gesichtspunkt, weil der Zweck des Untersuchungsgegenstandes die Herstellung von Transparenz ist. Nach der Etymologie handelt es sich beim Begriff der „Transparenz" um eine sehr offene Terminologie, die aufgrund ihrer Offenheit in verschiedensten Kontexten auftaucht.[131] Diese Offenheit führt zu einer gewissen Konturenlosigkeit des Begriffs.[132] Transparenz meint nach seinem allgemeinen Begriffsverständnis die Durchsichtigkeit, Durch-

---

126 *Sauer*, Biogasanlagen, S. 53.

127 *Monien*, Prinzipien als Wegbereiter eines globalen Umweltrechts?, S. 64.

128 *Balland*, Wohlgeordnetes Mobilitätsrecht, S. 32; *Sauer*, Biogasanlagen, S. 53.

129 *Balland*, Wohlgeordnetes Mobilitätsrecht, S. 32.

130 *Mödinger*, Bessere Gesetzgebung, S. 59 mwN.

131 *Kläger*, Transparenz im Kartellverfahren, S. 24; *Sobotta*, Transparenz im Rechtsetzungsverfahren der Union, S. 30.

132 *Kläger*, Transparenz im Kartellverfahren, S. 25; *Sobotta*, Transparenz im Rechtsetzungsverfahren der Union, S. 33; siehe auch aus dem englischsprachigen Schrifttum: *Fidell*, HLJ, Vol. 62, no. 2, 457 (457), der den Begriff als ein *„buzzword"* bezeichnet sowie: *Vesterdorf*, FILJ, 1998, 902 (902), der plakativ die Bezeichnung *„vogue word"* verwendet.

schaubarkeit, Klarheit oder Zugänglichkeit von Handlungen und Prozessen gegenüber Außenstehenden.[133] Inhaltlich geht es also um die Gewährung eines Plus an Informationen gegenüber einer an einem Prozess oder Vorgang nicht-beteiligten Person im direkten Vergleich zu einer weniger offenen Situation.[134] Das Antonym zur Transparenz bildet das Geheimnis.[135] Im politisch-verwaltungstechnischen Kontext versteht man in der Regel die offene Kommunikation zwischen einem Hoheitsträger und den Bürgerinnen und Bürgern.[136] Gerade im politischen Kontext wird der Begriff fast schon inflationär verwendet, was diesen hinsichtlich seiner inhaltlichen Aussagekraft in gewisser Weise entwertet. Hinter der Transparenz im politischen Sinne steht damit in Kombination mit den Kommunikationsgrundrechten das übergeordnete Interesse an einem öffentlichen Diskurs und der daraus resultierenden diskursiven Kontrolle.[137]Im juristischen, konkret im öffentlich-rechtlichen Zusammenhang sind mit Transparenz vor allem die Durchschaubarkeit und der unbeschränkte Zugang zu Entscheidungsabläufen, insbesondere im Regierungshandeln, in Verwaltung und Justiz, gemeint.[138] Wichtige Ziele, die durch staatliche Transparenz verfolgt werden, sind unter anderem die Steigerung der Legitimität staatlicher Entscheidungsprozesse, die Erleichterung der Steuerbarkeit staatlichen Handelns sowie die Reduktion von Korruption.[139] Öffentliche Informationen von staatlicher Seite sind eine grundlegende Voraussetzung für die Mitwirkung an einem Willensbildungsprozess *ex ante* sowie der nachträglichen Kontrolle aus der *ex post* Sicht und damit zur Verwirklichung von Teilhabe und der Kontrolle des Staates durch die Bürger.[140] Transparenz ist daher übergreifend zu

---

133 *Kläger*, Transparenz im Kartellverfahren, S. 25; *Manthey*, Datenschutzrechtliches Transparenzgebot; S. 40; *Bröhmer*, Transparenz als Verfassungsprinzip, S. 18 mwN zur allgemeinen Etymologie: *Reuter*, Transparenz öffentlicher Einkaufsdaten, S. 115. Die Einordnung der Begriffe „*durchschaubar*" und „*durchsichtig*" muss nicht als ein weiteres Kriterium gedeutet werden. Man kann sie auch als weitere Umschreibungen und Synonyme des Begriffs deuten, siehe: *Belger*, Agrarbeihilfenrecht, S. 177 mwN, so verwendet: *Kläger*, Transparenz im Kartellverfahren, S. 25 die Begriffe „*Offenheit*" und „*Transparenz*" ausdrücklich synonym.

134 *Belger*, Agrarbeihilfenrecht, S. 177 f.; *Bröhmer*, Transparenz als Verfassungsprinzip, S. 18,377.

135 *Kirchhof*, Transparenz des öffentlich-rechtlichen Rundfunks, S. 11.

136 *Wrede*, Die Transparenz im börslichen Stromgroßhandel, S. 38.

137 *Brockhaus*, Geheimnisschutz und Transparenz, S. 281.

138 *Merkt*, Unternehmenspublizität, S. 11; *Reuter*, Transparenz öffentlicher Einkaufsdaten, S. 115; *Kirchhof*, Transparenz des öffentlich-rechtlichen Rundfunks, S. 20; *Jurawitz*, Transparenzregister, S. 17.

139 *Reuter*, Transparenz öffentlicher Einkaufsdaten, S. 115; *Kirchhof*, Transparenz des öffentlich-rechtlichen Rundfunks, S. 20.

140 *Jurawitz*, Transparenzregister, S. 17; *Wolff*, Unionales Dokumentenzugangsrecht, S. 42.

verstehen als ein (rechts)politischer Sammelbegriff zur Umschreibung der Verpflichtung eines Hoheitsträgers, eine größere Offenheit in Bezug auf Herrschaftsprozesse zu gewährleisten.[141] Insoweit dient Transparenz dazu, das allgemeine Informationsinteresse der Gesellschaft gegenüber ihren staatlichen Institutionen zu befriedigen.[142] Grundsätzlich sollte es daher jede Art von Verwaltung anstreben, sich über ein hohes Maß an Transparenz zu legitimieren.[143] Die Breite des Begriffsverständnisses macht eine jeweilige sektorale Standortbestimmung und eine nähere Konturierung des Begriffs im Einzelfall jedoch unabdingbar. Ein wichtiger Transparenzaspekt in Bezug auf das wohlgeordnete Recht ist auch beim demokratischen Gesetzgebungsprozess erkennbar. Die Ergebnisse eines Entscheidungsprozesses wie auch seine Begründung können im Vorfeld und Nachhinein durch Transparenz besser begriffen und verstanden werden.[144] Zudem können auch kurzgefasste Formulierungen von Normen sowie eine leichte Grammatik ebenso zu einer verbesserten Transparenz beitragen.[145] Die redaktionelle Qualität des Rechts ist damit auch ein demokratischer Aspekt der Transparenz.[146] Diese Transparenz von Normenkomplexen ist eine zentrale Basis für eine umfassende Evaluation des untersuchungsgegenständlichen Rechtsrahmens.[147] Weitere rechtsstaatliche Aspekte der Transparenz, die zentral sind für eine Norm, die dem Leitbild des wohlgeordneten Rechts entspricht, sind das Bestimmtheitsgebot[148] und das Gebot der Normenklarheit[149] denen eine besondere Bedeutung zukommt.[150] Zweck ist es, eine leichte Verhaltenssteuerung durch ein möglichst leicht befolgbares Gesetz zu ermöglichen.[151] Im Ergebnis soll der Grad der Komplexität der Normen im Sinne der Ad-

141 *Kirchhof*, Transparenz des öffentlich-rechtlichen Rundfunks, S. 20.

142 *Kempka*, Spannungsverhältnis zwischen Transparenz und Datenschutz, S. 21.

143 *Guckelberger*, in: EuZW 2011, 126 (126).

144 *Jahrmarkt*, Internationales Klimaschutzrecht, S. 50.

145 *Flaskühler*, Föderale Klimaschutzgesetzgebung, S. 62; *Ennuschat*, in: DVBl 2004, 986 (988).

146 *Olbrisch*, Lebensmittelqualität, S. 59.

147 *Olbrisch*, Lebensmittelqualität, S. 59.

148 Exemplarisch aus der Rechtsprechung des Bundesverfassungsgerichts für das deutsche Verfassungsrecht: BVerfG (Erster Senat), Urt. v. 26.4.2022 – 1 BvR 1619/17, Rn. 272 ff. = BVerfGE 162, 1 (125 f.), Beschl. v. 10.11.2020 – 1 BvR 3214/15, Rn. 87 ff. = BVerfGE 156, 11 (44 ff.).

149 BVerfG (Erster Senat), Urt. v. 26.4.2022 – 1 BvR 1619/17, Rn. 272 ff. = BVerfGE 162, 1 (125 f.); Beschl. v. 10.11.2020 – 1 BvR 3214/15, Rn. 87 ff. = BVerfGE 156, 11 (44 ff.).

150 *Härtel*, Europäische Rechtsetzung, S. 23; *dies.*, in: Hatje/Müller-Graff, EU-Orga- und VerfR, § 16, Rn. 72, *dies.*, in: NuR 2011, 825 (827); *Fritzsche*, Innovative Lebensmittel, S. 460; *Balland*, Wohlgeordnetes Mobilitätsrecht, S. 36; *Jahrmarkt*, Internationales Klimaschutzrecht, S. 50.

151 *Fritzsche*, Innovative Lebensmittel, S. 460.

ressaten durch eine eindeutige Rechtsetzungstechnik erleichtert werden.[152] Übergreifendes Ziel ist die Reduktion der Komplexität des Rechts und damit einhergehend eine erleichterte Verhaltenssteuerung der Normadressaten.[153]

b) *Effektivität und Effizienz*

Die Effektivität einer Norm meint im Kontext des wohlgeordneten Rechts ihre rechtliche und faktische Wirksamkeit.[154] Diese faktische Wirksamkeit ist gegeben, wenn die Norm in ihrem Anwendungsbereich ihren bezweckten Regelungsgehalt innerhalb ihres Anwendungsbereiches voll entfalten kann und das Ziel erreicht wird.[155] Die Effektivität ist stets im Zusammenhang mit dem spezifisch verfolgten Ziel zu sehen. Daher wird im weiteren Fortgang zwischen den besonderen Zielsetzungen, die hinter der Datenbank stehen, differenziert. Wichtige Faktoren, die im Zusammenhang mit der Zielerreichung stehen, sind die Qualität und die Wirksamkeit der Zielerreichung.[156] Mithin drückt Effektivität das Verhältnis von erreichtem zu definiertem Ziel aus.[157] Dem Begriff der Effektivität kommt auf unionsrechtlicher Ebene eine hervorgehobene Bedeutung durch den „*Effet utile*“ als zentralen Auslegungsgrundsatz im Unionsrecht bei.[158] Will man die Effektivität von Unionsrecht bewerten, so müssen die gesonderten Maßstäbe dieser „europarechtlichen Spezialdefinition“ berücksichtigt werden.[159] Die Effizienz auf der anderen Seite meint die Art und Weise, wie man das Ziel erreicht.[160] Effizienz hat im juristischen Diskurs eine Vielzahl von kontextabhängigen Bedeutungen.[161] Die Effizienz meint den Weg, wie man zum Ziel des Normgehaltes unter Beachtung ökonomischer und fiskalischer Erwägungen kommt.[162] Das Kri-

---

152 *Olbrisch*, Lebensmittelqualität, S. 59.

153 *Ackermann*, Wohlgeordnetes Agrarwettbewerbsrecht, S. 43.

154 *Olbrisch*, Lebensmittelqualität, S. 60; *Härtel*, in: NuR 2011, 825 (827).

155 *Olbrisch*, Lebensmittelqualität, S. 60; *Christiansen*, Effektive und Effiziente Widerrufsrechte, S. 33.

156 *Christiansen*, Effektive und Effiziente Widerrufsrechte, S. 33; *Ackermann*, Wohlgeordnetes Agrarwettbewerbsrecht, S. 40.

157 *Christiansen*, Effektive und Effiziente Widerrufsrechte, S. 33.

158 Den *Effet utile* in den Zusammenhang mit der Effektivität im wohlgeordneten Recht setzend: *Ackermann*, Wohlgeordnetes Agrarwettbewerbsrecht, S. 41. Vertieft zum *Effet utile* als Auslegungsgrundsatz im Unionsrecht: *Schwietert*, Effet utile und Kartellzivilrecht, S. 34 ff.; *Potacs*, in: EuR 2009, 465; *Vedder*, in: Vedder/Heintschell v. Heinegg, EuR, Art. 288 AEUV, Rn. 31.

159 *Christiansen*, Effektive und Effiziente Widerrufsrechte, S. 33.

160 *Härtel*, in: Hatje/Müller-Graff, EU-Orga- und VerfR, § 16, Rn. 72; *dies.*, in: NuR 2011, 825 (827).

161 *Bertram*, Grundrechte im digitalen Zeitalter, 87 (88).

162 *Flaskühler*, Föderale Klimaschutzgesetzgebung, S. 60; *Ackermann*, Wohlgeordnetes Agrarwettbewerbsrecht, S. 39; *Härtel*, in: Hatje/Müller-Graff, EU-Orga- und VerfR, § 16, Rn. 72; *dies.*, in: NuR 2011, 825 (827).

terium der Effizienz drückt damit die Wirtschaftlichkeit eines Aufwandes im Zusammenhang einer Zweck-Mittel-Relation aus.[163] Mit Blick auf diese Erwägungen tauchen im Zusammenhang mit der Effizienz regelmäßig auch Themen wie mögliche Deregulierungsansätze sowie regulierte Selbstregulierung auf.[164] Anders ausgedrückt beschreibt das Effizienzkriterium das Verhältnis von Aufwand zu Ertrag.[165] Die Effizienz umschreibt damit die Betrachtung der tatsächlichen Vorgehensweise zur Zielerreichung.[166] Dabei können als Kriterium in Bezug auf die Effizienz im Zusammenhang mit dem wohlgeordneten Recht sowohl die Normentstehung als auch der Norminhalt betrachtet werden.[167] In rechtlicher Hinsicht kommen dem Effizienzkriterium zwei Funktionen zu. Einerseits dient es als Richtwert für die Bewertung des Rechts, andererseits ist es ein Ziel, das im Rahmen der Gesetzgebung anzustreben ist.[168] In Abgrenzung zur Effizienz beschreibt die Effektivität das Ergebnis, ob eine Norm wirklich wirksam ist.[169] Auf der Makroebene ist ein Aspekt der Effizienz nach dem Verständnis des wohlgeordneten Rechts die Koordinierung von verschiedenen Regelungen für die optimale Zielerreichung.[170] Beide Terminologien des Doppelkriteriums können auf das Rechtsstaatsprinzip und darin insbesondere auf den Einzelaspekt des Grundsatzes der Verhältnismäßigkeit als Strukturelement zurückgeführt werden.[171] Ein weiterer verfassungsrechtlicher Anknüpfungspunkt auf der Ebene des deutschen Verfassungsrechts kann ferner Art. 3 Abs. 1 GG sein.[172] Bei nähe-

---

163 *Bertram*, Grundrechte im digitalen Zeitalter, 87 (88).

164 *Ackermann*, Wohlgeordnetes Agrarwettbewerbsrecht, S. 42; *Flaskühler*, Föderale Klimaschutzgesetzgebung, S. 61.

165 *Walker*, Klimaschutz in föderalen Mehrebenensystemen, S. 44; *Ackermann*, Wohlgeordnetes Agrarwettbewerbsrecht, S. 42; *Flaskühler*, Föderale Klimaschutzgesetzgebung, S. 60; *Pielow*, in: ZUR 2010, 115 (115).

166 *Ackermann*, Wohlgeordnetes Agrarwettbewerbsrecht, S. 41.

167 Unter Verweis auf die Bedeutung der ökonomischen Analyse des Rechts im Zusammenhang mit dem Norminhalt: *Ackermann*, Wohlgeordnetes Agrarwettbewerbsrecht, S. 42; *Flaskühler*, Föderale Klimaschutzgesetzgebung, S. 60; *Härtel*, in: Hatje/Müller-Graff, EU-Orga und VerfR, § 16, Rn. 72, dort Fn. 194. Zur Effizienz in der ökonomischen Analyse des Rechts: *Towfigh*, in: Towfigh/Petersen, Ökonomische Methoden im Recht, Rn. 87 ff.; Ebenso: *Flaskühler*, Föderale Klimaschutzgesetzgebung, S. 61; *Bertram*, Grundrechte im digitalen Zeitalter, 87 (89) führt aus, dass die Effizienz in der ökonomischen Analyse des Rechts am tiefsten untersucht worden sei.

168 *Bertram*, Grundrechte im digitalen Zeitalter, 87 (88).

169 *Ackermann*, Wohlgeordnetes Agrarwettbewerbsrecht, S. 39 f.; *Härtel*, in: Hatje/Müller-Graff, EU-Orga- und VerfR, § 16, Rn. 72; *dies.*, in: NuR 2011, 825 (827).

170 Siehe: *Walker*, Klimaschutz in föderalen Mehrebenensystemen, S. 45.

171 *Balland*, Wohlgeordnetes Mobilitätsrecht, S. 37.

172 *Walker*, Klimaschutz in föderalen Mehrebenensystemen, S. 45 mwN zu diesem Herleitungsansatz, wobei es sich bei den Ausführungen um ähnliche Gedanken wie zur Kohärenz handelt, die ebenfalls in Art. 3 Abs. 1 GG bzw. im Rechtstaatsprinzip ihre Grundlage findet.

rer Betrachtung lassen sich Effektivität und Effizienz und die dahinter stehenden Erwägungen systematisch auch den Prüfungsstufen des Grundsatzes der Verhältnismäßigkeit zuordnen.[173] Eine hoheitliche Handlung ist effektiv, wenn sie geeignet ist, das gesetzte Ziel zu erreichen („*ob*") und effizient, wenn die Art und Weise der Zielerreichung erforderlich und angemessen ist („*wie*").[174] Bei der Prüfungsstation der Angemessenheit führt eine höhere Effektivität einer bestimmten Maßnahme zu einer erhöhten Wertigkeit bei der Gewichtung des Eingriffsinteresses.[175] Auf der Ebene der Angemessenheit wird nämlich eine Kosten-Nutzen-Relation zwischen dem Schutz- und dem Fördereffekt, der mit der Maßnahme verfolgt wird, und den schutzwürdigen Interessen der vom Eingriff betroffenen Personen gebildet.[176] Andere Stimmen im Schrifttum sehen Effizienz und Verhältnismäßigkeit trotz struktureller Parallelen in einem Exklusivitätsverhältnis wegen der divergierenden Zielsetzungen.[177] Effektivität und Effizienz stehen darüber hinaus in einem engen Zusammenhang mit der Kohärenz.[178]

c) Nachhaltigkeit

Der Nachhaltigkeit nach dem Verständnis des wohlgeordneten Rechts liegt ein dreidimensionales Modell zugrunde. Um dem Nachhaltigkeitsprinzip als Teilaspekt des wohlgeordneten Rechts gerecht zu werden, muss eine Norm in ökonomischer, sozialer und ökologischer Hinsicht auf intergenerationale Gerechtigkeit angelegt sein.[179] Der dreidimensionale Ansatz ist insbesondere auf der Ebene des internationalen Rechts ebenso anzutreffen.[180] Der Prüfungspunkt der Nachhaltigkeit ist ein erweitertes Instrument der Folgen-

---

173 *Ackermann*, Wohlgeordnetes Agrarwettbewerbsrecht, S. 42; *Walker*, Klimaschutz in föderalen Mehrebenensystemen, S. 45; *Flaskühler*, Föderale Klimaschutzgesetzgebung, S. 61.

174 *Flaskühler*, Föderale Klimaschutzgesetzgebung, S. 61; *Ackermann*, Wohlgeordnetes Agrarwettbewerbsrecht, S. 42; *Walker*, Klimaschutz in föderalen Mehrebenensystemen, S. 45.

175 *Walker*, Klimaschutz in föderalen Mehrebenensystemen, S. 45.

176 *Cornils*, in: Grabenwarter, EU-GrundR, § 7, Rn. 108; zum Teil findet sich im Unionsrecht auch auf der Ebene der Erforderlichkeit eine Zweck-Mittel-Relation vor: *Becker*, in: v. d. Gröben/Schwarze/Hatje, Art. 52 GRC, Rn. 6.

177 *Bertram*, Grundrechte im digitalen Zeitalter, 87 (98).

178 *Balland*, Wohlgeordnetes Mobilitätsrecht, S. 39; dies ebenfalls andeutend: *Walker*, Klimaschutz in föderalen Mehrebenensystemen, S. 43 ff.

179 *Härtel*, Europäische Rechtsetzung, S. 19; *dies.*, in: Härtel, Wege der Ernährungswirtschaft, S. 37 (46). *dies.*, in: Hatje/Müller-Graff, EU-Orga- und VerfR, § 16, Rn. 72; *dies.*, in: NuR 2011, 825 (827); *Flaskühler*, Föderale Klimaschutzgesetzgebung, S. 63; *Gärditz*, in: Nachhaltigkeit durch Organisation und Verfahren, S. 351 (351).

180 *Fritzsche*, Innovative Lebensmittel, S. 458, unter Verweis auf: *Kahl*, in: ZLR 2017, 147 (150 ff.).

abschätzung für einen Gesetzgebungsprozess.[181] Der Umweltschutz als zentraler Nachhaltigkeitsaspekt findet seine normative Verankerung im Primärrecht in der Querschnittsklausel des Art. 11 AEUV sowie in Art. 37 GRC. Die nachhaltige Entwicklung der Union als übergreifendes Ziel ist in Art. 3 Abs. 3 EUV niedergelegt.[182] Die Aspekte des dreidimensionalen Ansatzes sind im Einzelfall jedoch schwer zu trennen, da eine Maßnahme typischerweise auf alle Ziele Einwirkung hat, wobei regelmäßig nicht alle gleichzeitig verwirklicht werden können.[183] Daneben gibt es auch die formelle Nachhaltigkeit. Diese bezieht sich auf die Beständigkeit der Normen.[184] Damit ist die Gestaltung zukunftsverträglichen, beständigen und stabilen Rechts gemeint.[185] Von zentraler Bedeutung ist in diesem Zusammenhang die Vereinbarkeit mit dem höherrangigen Recht, um ein beständiges Rechtssystem, möglichst ohne externe Brüche durch Normen aufhebende Richtersprüche und damit einhergehend legislativen Nachbesserungsbedarf zu schaffen.

d) Kohärenz

Das unionsrechtliche Kohärenzgebot findet seine grundlegende normative Basis in der Querschnittsklausel aus Art. 7 AEUV. Unter Kohärenz versteht man übergreifend die Widerspruchsfreiheit der Rechtsordnung.[186] Die Rechtsfigur des Kohärenzgebotes in dieser Terminologie ist eine unionsautonome Schöpfung, wobei sich das Verbot der Widersprüchlichkeit der Rechtsordnung inhaltlich auch im deutschen Verfassungsrecht finden lässt.[187] Aus dem Grundgesetz lässt sich ein Kohärenzgebot als Gebot der Systemgerechtigkeit und der Folgerichtigkeit aus Art. 3 Abs. 1 GG sowie dem Rechtsstaatsprinzip ableiten.[188] Das Kohärenzgebot ist ein materielles Verfassungsprinzip auf Unionsebene und systematisch mit den aus dem deutschen Verfassungsrecht bekannten Staatszielbestimmungen vergleich-

181 *Flaskühler*, Föderale Klimaschutzgesetzgebung, S. 63; *Ackermann*, Wohlgeordnetes Agrarwettbewerbsrecht, S. 47.

182 *Ackermann*, Wohlgeordnetes Agrarwettbewerbsrecht, S. 47.

183 *Balland*, Wohlgeordnetes Mobilitätsrecht, S. 35 mwN.

184 *Mödinger*, Bessere Rechtsetzung, S. 50.

185 *Mödinger*, Bessere Rechtsetzung, S. 50; *Härtel*, in: Hatje/Müller-Graff, EU-Orga- und VerfR, § 16, Rn. 72.

186 *Balland*, Wohlgeordnetes Mobilitätsrecht, S. 33; *Olbrisch*, Lebensmittelqualität, S. 58; *Härtel*, in: Hatje/Müller-Graff, EU-Orga/VerfR, § 16, Rn. 72.

187 *Flaskühler*, Föderale Klimaschutzgesetzgebung, S. 59 f.

188 Grundlegend zum Gebot der Folgerichtigkeit: BVerfG (Erster Senat), Urt. v. 30.7.2008, 1 BvR 3262/07, 402, 906/08, Rn. 135 = BVerfGE 121, 317 (362 f.). In Bezug auf die dogmatische Herleitung: *Schuster*, Kohärenzprinzip, S. 75. Auf Art. 3 Abs. 1 GG rekurrierend: *Ackermann*, Wohlgeordnetes Agrarwettbewerbsrecht, S. 38.

bar.[189] Verpflichtungsadressat des Kohärenzgebots ist die Union, die Abstimmung im Verhältnis zu den Mitgliedstaaten hingegen ist vom Grundsatz der loyalen Zusammenarbeit gem. Art. 4 Abs. 3 AEUV umfasst.[190] Das Kohärenzgebot des Art. 7 AEUV (nicht zu verwechseln mit der Rechtsfigur der Kohärenz im Rahmen der Grundfreiheitsprüfung[191]) ist objektiv-rechtlicher Natur.[192] Es unterliegt grundsätzlich einer gerichtlichen Kontrolle, womit es vollumfänglich justiziabel ist.[193] Typischerweise wird die Kohärenz im grundrechtlichen Kontext in der Geeignetheit verortet.[194] Im Rahmen ihres politischen wie auch gesetzgeberischen Handelns haben die Organe der Union einen gewissen Beurteilungsspielraum und eine weite Einschätzungsprärogative in Bezug auf die Kohärenz.[195] Diese verringerte gerichtliche Kontrolldichte führt zu einer Verminderung der Justiziabilität des Kohärenzgebotes und mindert in Folge dessen die Effektivität des Rechtsschutzes für Adressaten.[196] Die Einordnung als unionales Verfassungsprinzip schließt die Funktionsübernahme als rechtspolitische Leitschnur nicht aus.[197] Diese Form der Kohärenz wird im Schrifttum als Kohärenz im engeren Sinne bezeichnet.[198] Ebenso kann diese Form der Kohärenz als Mikrokohärenz bezeichnet werden, da primär die Norm und ihre inneren Wertungen und

---

189 *Schuster*, Kohärenzprinzip, S. 52, diese weist jedoch darauf hin, dass die Einordnung in diesem Vergleich nicht zu verwechseln ist mit den Prinzipien gem. Art. 3 EUV.

190 *Kotzur*, in: Geiger/Khan/Kotzur/Kirchmaier, EUV/AEUV, Art. 7 AEUV, Rn. 4 f.; *Streinz*, in: Streinz, EUV/AEUV/GRC, Art. 7 AEUV, Rn. 3; *Ruffert*, in: Calliess/Ruffert, EUV/AEUV/GRC, Art. 7 AEUV, Rn. 4, wobei dieser die Mitgliedstaaten allgemein im Bereich koordinierter Politiken als gebunden ansieht und die vereinzelt auftretenden Verweise auf das Kohärenzgebot als Begründung heranzieht. Unter Verweis auf *Ruffert* ebenso ohne Zusammenhang zum Gebot der loyalen Zusammenarbeit aus Art. 4 Abs. 3 AEUV: *Ackermann*, Wohlgeordnetes Agrarwettbewerbsrecht, S. 38.

191 *Frenz*, in: EuR 2012, S. 344 ff.; A. A.: *Schuster*, Kohärenzprinzip, S. 61 f., die eine dogmatische Trennung vorschlägt und die Kohärenz dem Grundsatz loyaler Zusammenarbeit zuordnet.

192 *Schröder*, in: Pechstein/Nowak/Häde, EUV/GRC/AEUV, Art. 7 AEUV, Rn. 7.

193 *Schuster*, Kohärenzprinzip, S. 50; *Streinz*, in: Streinz, EUV/AEUV/GRC, Art. 7 AEUV, Rn. 7.

194 *Hollwitz*, Wohlgeordnetes Agrarstrukturverbesserungsgesetz, S. 144 ff. unter Skizzierung weiterer dogmatischer Einordnungen wie etwa die Qualifikation als eigenständige Schranken-Schranke, außerhalb des Grundsatzes der Verhältnismäßigkeit mwN.

195 *Schuster*, Kohärenzprinzip, S. 50; *Schröder*, in: Pechstein/Nowak/Häde, EUV/GRC/AEUV, Art. 7 AEUV, Rn. 7; *Ruffert*, in: Calliess/Ruffert, EUV/AEUV/GRC, Art. 7 AEUV, Rn. 5; *Streinz*, in: Streinz, EUV/AEUV/GRC, Art. 7 AEUV, Rn. 8.

196 *Schuster*, Kohärenzprinzip, S. 50; *Ackermann*, Wohlgeordnetes Agrarwettbewerbsrecht, S. 31; *Schröder*, in: Pechstein/Nowak/Häde, EUV/GRC/AEUV, Art. 7 AEUV, Rn. 7; *Ruffert*, in: Calliess/Ruffert, EUV/AEUV/GRC, Art. 7 AEUV, Rn. 5; *Streinz*, in: Streinz, EUV/AEUV/GRC, Art. 7 AEUV, Rn. 8.

197 *Schuster*, Kohärenzprinzip, S. 51.

198 *Schuster*, Kohärenzprinzip, S. 71.

Zielsetzungen der Untersuchungsgegenstand sind. Dies ist jedoch nicht dahingehend zu deuten, dass absolute Widerspruchsfreiheit in jedem Fall gefordert werden kann.[199] Im Kollisionsfall muss jedoch eine inhaltliche und konzeptionelle Abstimmung erkennbar sein.[200] Insgesamt lässt sich Kohärenz definieren als das stimmige Ineinandergreifen hoheitlicher Handlungen, sodass sich das Regelungssystem ergänzt und sich widersprechende Normbefehle und Wertungswidersprüche vermieden werden.[201] Übergreifend kann man das Kohärenzkriterium daher als ein Optimierungsgebot zur Verklammerung von Politikbereichen einordnen.[202] Das Gebot der Kohärenz folgt daher keinem „Alles-oder-Nichts-Prinzip", sondern ist einer Konkordanz zugänglich.[203] In diesem Zusammenhang erwähnt Art. 7 AEUV selbst eine Schranke für die Wertungen des Kohärenzgebotes, nämlich den Grundsatz der begrenzten Einzelermächtigung.[204] Das Kohärenzgebot fordert jedoch auch die gegenseitige bereichsübergreifende Abstimmung von Entscheidungsträgern und daraus resultierend eine widerspruchsfreie Politikgestaltung.[205] Auch unterhalb einer die Rechtswidrigkeit begründenden Widersprüchlichkeit können Unstimmigkeiten zwischen den Rechtsbereichen zu einer Schwächung der Rechtsordnung führen.[206] Gemeint ist damit sowohl die Widerspruchsfreiheit einzelner Regelungen auf gleicher Ebene zueinander als auch im Verhältnis zum höherrangigen Recht.[207] Ziel ist die Herstellung eines zusammenhängenden und harmonischen Ganzen in sinnstiftender Art und Weise.[208] Im Ergebnis soll eine Makrostruktur im Sinne einer Einheit und Widerspruchsfreiheit der Rechtsordnung geschaf-

---

199 *Flaskühler*, Föderale Klimaschutzgesetzgebung, S. 60.

200 *Flaskühler*, Föderale Klimaschutzgesetzgebung, S. 60.

201 *Schuster*, Kohärenzprinzip, S. 56.

202 *Härtel*, Europäische Gesetzgebung, S. 24; *Olbrisch*, Lebensmittelqualität, S. 55; *Schuster*, Kohärenzgebot, S. 48 f.

203 *Schuster*, Kohärenzgebot, S. 48 f.

204 Ebenso: *Schuster*, Kohärenzgebot, S. 48.

205 *Ackermann*, Wohlgeordnetes Agrarwettbewerbsrecht, S. 37; *Kotzur*, in: Geiger/Khan/Kotzur/Kirchmaier, EUV/AEUV, Art. 7 AEUV, Rn. 2.

206 *Balland*, Wohlgeordnetes Mobilitätsrecht, S. 38, unter Nennung einzelner Beispiele aus dem Energierecht. Ebenso können auch praktisch-ökomische Folgen aus der Inkohärenz einer Regelung herrühren, wie z. B. das Erzeugen von Push-Faktoren, die eine Abwanderung von Wirtschaftsteilnehmern in andere Volkswirtschaften zur Folge haben. Dies beeinträchtigt die globale Kohärenz: *Monien*, Prinzipien als Wegbereiter eines globalen Umweltrechts?, S. 66. Allgemein zur Kohärenz im globalen Zusammenhang: *Fritzsche*, Innovative Lebensmittel, S. 459.

207 *Flaskühler*, Föderale Klimaschutzgesetzgebung, S. 59.

208 *Schuster*, Kohärenzprinzip, S. 55; *Ruffert*, in: Calliess/Ruffert, EUV/AEUV/GRC, Art. 7 AEUV, Rn. 2.

fen werden.[209] Bezugspunkt sind dabei sowohl die Gesamtrechtsordnung als auch die isoliert betrachtete Teilrechtsordnung.[210] Diese Schwächung ist insbesondere unter Berücksichtigung der verhaltenssteuernden Zielsetzung des Rechts zu sehen.[211] Eine solche Schwächung ist speziell bei sich widersprechenden Ge- oder Verbotsnormen, aber auch unterhalb dieser Schwelle erkennbar.[212] Diese Form der Kohärenz kann mit Blick auf den weiteren Bezugspunkt auch als Makrokohärenz bezeichnet werden. Durch den Vergleich mit einer anderen ähnlichen oder vergleichbaren Materie kann die Makrokohärenz eine wertvolle Methode des Erkenntnisgewinns sein. Die gewonnenen Erkenntnisse können insbesondere im Bereich der Vereinbarkeit mit dem höherrangigen Recht sowie der möglichen Gestaltung von Reformansätzen zur Verbesserung der Qualität der Rechtsetzung herangezogen werden.

e) Ziele, Werte und Rechtsprinzipien der Verfassung

Der fundamentalste Aspekt des wohlgeordneten Rechts ist die Achtung der Ziele, Werte und Rechtsprinzipien der Verfassung einschließlich der Grund- und Menschenrechte. Ein wohlgeordnetes Recht ist nach diesen Werten und Leitprinzipien auszurichten.[213] Die Werte entstammen auf der Unionsrechtsebene im Primärrecht, insbesondere Art. 2 EUV.[214] Die besondere Bedeutung ergibt sich aus der maßstabsbildenden Funktion des Verfassungsrechts, das wegen seiner hierarchischen Überordnung ein indisponibler Rechtmäßigkeits- und Gültigkeitsmaßstab für die unteren Normebenen ist.[215]

2. Verhältnis der Kriterien zueinander

Die Teilaspekte des wohlgeordneten Rechts stehen nicht klar trennbar nebeneinander, denn sie bedingen und überschneiden sich zum Teil.[216] Inner-

209 *Fritzsche*, Innovative Lebensmittel, S. 459; *Schipper*, Lebensmittelkennzeichnung, S. 69; *Jahrmarkt*, Internationales Klimaschutzrecht, S. 49; *Härtel*, in: NuR 2011, 825 (827) verwendet die Bezeichnung „*Einheit der Verfassung*". Anders: *Schuster*, Kohärenzprinzip, S. 67 f., welche eine Trennung zwischen der Einheit der Rechtsordnung und der Kohärenz als getrennte Gebote einordnet. Trotz starker Parallelen fordert das Kohärenzgebot keine „Einheit", weshalb eine terminologische Trennung geboten ist.

210 *Fritzsche*, Innovative Lebensmittel, S. 459; *Jahrmarkt*, Internationales Klimaschutzrecht, S. 49.

211 *Monien*, Prinzipien als Wegbereiter eines globalen Umweltrechts?, S. 66.

212 *Monien*, Prinzipien als Wegbereiter eines globalen Umweltrechts?, S. 66.

213 *Härtel*, Rechtsetzung in Europa, S. 20 ff.; *Ackermann*, Wohlgeordnetes Agrarwettbewerbsrecht, S. 36; *Olbrisch*, Lebensmittelqualität, S. 57.

214 *Ackermann*, Wohlgeordnetes Agrarwettbewerbsrecht, S. 47.

215 *Olbrisch*, Lebensmittelqualität, S. 57 mwN.

216 *Ackermann*, Wohlgeordnetes Agrarwettbewerbsrecht, S. 49.

halb des Schrifttums gibt es auch weitergehende Differenzierungsansätze innerhalb des wohlgeordneten Rechts. *Monien*[217], *Schipper*[218] und *Balland*[219] teilen das wohlgeordnete Recht nach formellen und materiellen Kriterien ein. Sie ordnen die Nachhaltigkeit, die Wahrung der Ziele, Werte und Rechtsprinzipien der Verfassung einschließlich der Grund- und Menschenrechte sowie die Nachhaltigkeit als materielle Kriterien ein.[220] Demgegenüber bilden Kohärenz, Transparenz, Effektivität und Effizienz die formellen Kriterien.[221] *Schipper* differenziert innerhalb der Kriterien des wohlgeordneten Rechts weiter in rechtspolitische und gesetzestechnische Kriterien[222]. Wobei sie innerhalb der gesetzestechnischen Kriterien weiter formell und materiell differenziert.[223] Die von *Schipper* vorgenommene Differenzierung entspricht im Kern jedoch der von *Monien* und *Balland* vorgeschlagenen Einteilung.[224] Diese Unterscheidungen sagen jedoch nichts über das Verhältnis der Kriterien in systematischer Hinsicht aus, sondern beschreiben eher den Inhalt.[225] In Bezug auf das Verhältnis der Einzelaspekte fallen neben inhaltlichen und praktischen Überschneidungen auch gemeinsame dogmatische Herleitungen und Ableitungen auf. Dabei kommt den primär- und verfassungsrechtlichen Zielen-, Werten-, und Prinzipien eine besondere Rolle zu. Transparenz und Kohärenz sind ebenso wie Grundrechte im Primärrecht explizit verankert und damit auch Prinzipien des Unionsverfassungsrechts.[226] Die Nachhaltigkeit als Querschnittsthematik ist auch an vielen Stellen normativ verankert als eine Zielvorstellung. Ebenso können Effektivität und Effizienz hoheitlichen Handelns, im Falle von Handlungsformen, welche in subjektive Rechte eingreifen beim Grundsatz der Verhältnismäßigkeit relevant sein.[227] Die formelle Nachhaltigkeit deckt auch den Einklang mit höherrangigem Recht ab. Die Ziele, Werte und Prinzipien bilden damit die Wurzel und auch das Fundament der anderen Teilaspekte des wohlgeordneten Rechts. Besondere Bedeutung kommt dem Punkt der Ziele, Werte und Normen in Bezug auf die Grundrechte als zentrale subjektive Ge-

---

217 *Monien*, Prinzipien als Wegbereiter eines globalen Umweltrechts?, S. 65.

218 *Schipper*, Lebensmittelkennzeichnung, S. 59.

219 *Balland*, Wohlgeordnetes Mobilitätsrecht, S. 34 ff.

220 *Balland*, Wohlgeordnetes Mobilitätsrecht, S. 34 ff.; *Monien*, Prinzipien als Wegbereiter eines globalen Umweltrechts?, S. 65.

221 *Balland*, Wohlgeordnetes Mobilitätsrecht, S. 34 ff.; *Monien*, Prinzipien als Wegbereiter eines globalen Umweltrechts?, S. 65.

222 *Schipper*, Lebensmittelkennzeichnung, S. 60 ff.

223 *Schipper*, Lebensmittelkennzeichnung, S. 65 ff.

224 Mit Bezugnahme auf *Monien*: *Ackermann*, Wohlgeordnetes Agrarwettbewerbsrecht, S. 49 f.

225 Ähnlich: *Ackermann*, Wohlgeordnetes Agrarwettbewerbsrecht, S. 50.

226 *Ackermann*, Wohlgeordnetes Agrarwettbewerbsrecht, S. 50.

227 *Ackermann*, Wohlgeordnetes Agrarwettbewerbsrecht, S. 50.

währleistungen zu, an denen sich eine gute Gesetzgebung zu orientieren hat. Ferner bestehen neben der dogmatischen Verknüpfung der einzelnen Ziele auch praktische Überschneidungsbereiche.[228] So ist die Kohärenz eine notwendige Bedingung für effektives Recht, da widersprüchliches Recht nicht geeignet ist, das Ziel zu erreichen.[229] Ähnliches gilt auch für die Transparenz, da eine Norm, die für den Adressaten nicht nachvollziehbar ist, kaum effektiv zur Verhaltenssteuerung beiträgt.[230] Darüber hinaus können auch Effizienzeinbußen durch einen erhöhten Vollzugsaufwand hervorgerufen werden. Die Natur der Ziele, Werte und Rechtsprinzipien der Verfassung einschließlich der Grund- und Menschenrechte (als eine Art Mutterprinzip) hat auch Folgen für die Prüfungsstruktur des wohlgeordneten Rechts. Üblicherweise wird das Kriterium wegen seiner fundamentalen Bedeutung für die anderen Kriterien zuerst dargestellt und untersucht. Dies ergibt auch Sinn mit Blick auf die systematische Überordnung des Kriteriums wie auch der Natur der Grundrechte als Prüfungsmaßstab für die Rechtmäßigkeit als äußerste Grenze und damit als ein obligatorisches Kriterium der Evaluation am Maßstab des wohlgeordneten Rechts. Die Vereinbarkeit mit Grundrechten bildet somit die Mindestbasis für eine weitere Prüfung. Auf der anderen Seite sind alle weiteren Kriterien auch in den Zielen, Werten und Rechtsprinzipien verankert. Des Weiteren handelt es sich bei den Kriterien des wohlgeordneten Rechts auch um Erwägungen, die alle auf der Ebene der Verhältnismäßigkeit im Rahmen einer Grundrechtsprüfung Beachtung finden. Nachhaltigkeit und Transparenz können auch legitime Zwecke sein, die einen Grundrechtseingriff rechtfertigen können und die gegen die subjektiven Interessen der Normadressaten auf der Ebene der Angemessenheit abgewogen werden müssen. Die Kohärenz ist von besonderer Bedeutung für die Frage der Eignung, ebenso wie für die Frage der Effektivität. Ein widersprüchliches und untaugliches Mittel, welches in die Rechte eines Adressaten eingreift, ist nicht geeignet und daher wäre ein Eingriff auch nicht gerechtfertigt. Die Effizienz ist ein wichtiger Aspekt für die Bestimmung milderer Mittel auf der Ebene der Erforderlichkeit sowie bei der Abwägung im Rahmen der Angemessenheit. Die Einzelerwägungen des wohlgeordneten Rechts können somit in einer Grundrechtsprüfung konsolidiert werden. Im Zuge einer umfassenden Grundrechtsprüfung können daher Erkenntnisse der Evaluation aus den anderen Kriterien fruchtbar gemacht werden. Ferner können die Kriterien so auch verknüpft werden, wie z. B. die Wertungen aus der Prüfung der Kohärenz und der Effektivität. Zentraler Schwerpunkt dieser Untersuchung und damit auch der Schwerpunkt innerhalb der Evaluation am Maßstab des wohlgeordneten Rechts ist die Prüfung der Vereinbarkeit

228 *Ackermann*, Wohlgeordnetes Agrarwettbewerbsrecht, S. 50.
229 *Ackermann*, Wohlgeordnetes Agrarwettbewerbsrecht, S. 50 mwN.
230 *Ackermann*, Wohlgeordnetes Agrarwettbewerbsrecht, S. 51.

der skizzierten Veröffentlichungspflichten mit dem unionalen Datenschutzgrundrecht. Die Einordnung als Schwerpunkt bezieht sich dabei sowohl auf den Umfang innerhalb der Evaluation als auch auf den Sinn und Zweck der Untersuchung. Eine Norm ist im Falle der Feststellung einer Unvereinbarkeit mit Grundrechten (unions)rechtswidrig. Im Falle einer Divergenz mit einzelnen Prinzipien des wohlgeordneten Rechts ist die Rechtsfolge nicht zwangsläufig die Rechtswidrigkeit. Mit Blick darauf und der Konsolidierung der vorangegangenen Erwägungen innerhalb der Verhältnismäßigkeitsprüfung wird die Vereinbarkeit mit den Grundrechten als letztes Kriterium geprüft. Im Rahmen der anderen Kriterien werden nämlich Strukturen und Argumentationstopoi, die im Rahmen der Verhältnismäßigkeit aufgeworfen und behandelt. Die erarbeiteten Strukturen werden insbesondere im Rahmen der Verhältnismäßigkeit eingebracht. Die Anordnung dieses Kriteriums kann somit zu Beginn oder zum Ende der Evaluation erfolgen. Mit Blick auf die fundamentale Bedeutung des Kriteriums als absolute Rechtmäßigkeitsgrenze ist es jedoch zu Beginn oder zum Schluss zu prüfen und somit nicht willkürlich anzuordnen. Die konkrete Anordnung ist wie im Einzelfall von den strukturellen Besonderheiten und Schwerpunkten des untersuchungsgegenständlichen Rechtsrahmens abhängig zu machen. Insbesondere ist dabei zu beachten, ob eine Grundrechtsprüfung innerhalb der Evaluation vorgesehen ist und wie breit ihr Umfang als Schwerpunkt der Untersuchung angelegt ist. Die anderen Kriterien können demgegenüber beliebig angeordnet werden. Innerhalb der anderen Kriterien gibt es keine Hierarchisierung, jedoch wie bereits aufgezeigt viele Schnittmengen. Als Folge dessen bietet es sich an, die Kriterien im Einzelfall individuell mit Blick auf die spezifischen Schnittmengen und Überschneidungen anzuordnen. Der jeweilige logische Aufbau der Untersuchung diktiert mithin weitgehend die Struktur der Anordnung der Kriterien des wohlgeordneten Rechts im Einzelfall. Dies hat den Vorteil, dass die sich überschneidenden, divergierenden oder konfligierenden Wertungen auch außerhalb des Aufbaus der Rechtmäßigkeitsprüfung betrachtet werden können.

B. Regulatorisches Umfeld

Bevor eine Evaluation der aktuellen Regelung der Beihilfentransparenzdatenbank vorgenommen wird, sollen zunächst die Grundlagen des für das Verständnis der Datenbank notwendigen regulatorischen Umfeldes gelegt werden. Die Grundlagen sind notwendig, da die Evaluation am Maßstab des wohlgeordneten Rechts auch auf die inhaltlichen Aussagen und Wertungen der veröffentlichten Daten Bezug nimmt. Zu diesem Zwecke wird zunächst ein Überblick über die GAP und die Agrarförderpolitik im Allgemeinen, die konkreten Förderinstrumente sowie den Vollzug und dessen Probleme skizziert. Im nächsten Schritt wird eine datenschutzrechtliche Einordnung der Transparenzdatenbank unter besonderer Berücksichtigung der technischen Spezifika für ein übergreifendes Verständnis der Funktionsweise und der rechtlichen Strukturen vorgenommen.

I. Überblick über die GAP

1. Übergreifende Aspekte der GAP

Übergreifend ist zunächst festzustellen, dass die GAP eine Sonderstellung im Binnenmarktrecht, insbesondere bei den Grundfreiheiten, und im Bereich europäischer Wirtschaftspolitik hat. Diese Sonderstellung ist auf die natürliche Produktionsweise und damit verbunden die Witterungsabhängigkeit der Produktion sowie die existenzielle Relevanz unter dem Gesichtspunkt der Ernährungssicherung für jede Gesellschaft zurückzuführen.[231] Dies macht sich insbesondere im Verhältnis zu den Grundfreiheiten des Binnenmarktes und den allgemeinen Wettbewerbsregeln praktisch besonders bemerkbar.[232] Hintergrund ist das starke interventionistische Interesse der Union in diesem Politikfeld zur Regulierung des Marktes.[233] Die GAP und im Speziellen die Agrarförderpolitik haben dabei eine wechselhafte Entwicklung, vor allem in Bezug auf die eingesetzten Förderansätze und Förderinstrumente, sowie die politischen Schwerpunkte hinter sich.[234] Was jedoch über die Zeit konstant

---

231 *Poppe*, Öffentliche Risikovorsorge im Agrarrecht, S. 77; *Härtel*, in: Streinz, EUV/AEUV/GRC, Art. 40 AEUV, Rn. 21; *Kreitz*, in: LKV 2022, 241 ff.; *Poppe/Wedemeyer*, in: EuZW 2022, 1103 (1104).

232 *Kreitz*, in: LKV 2022, 241 (242 ff.).

233 *Jung*, Unionsbeihilfen, S. 105; *Kreitz*, in: LKV 2022, 241 (244.). Zur Entwicklung der Interventionspolitik: *Kreitz*, in: EuZW 2022, 896 ff.; *Poppe/Wedemeyer*, in: EuZW 2022, 1103 (1104 ff.).

234 Zur historischen Entwicklung: *Härtel*, in: Streinz, EUV/AEUV/GRC, Art. 38 AEUV, Rn. 3 ff.; *Kreitz*, in: EuZW 2022, 896 ff.; *Poppe/Wedemeyer*, in: EuZW 2022, 1103 (1104 ff.).

geblieben ist, sind die Ziele der GAP, die heute in Art. 39 AEUV zu finden sind.[235] Daneben verfolgt auch die aktuelle GAP Ziele, die zum Teil über die Auflistung des Art. 39 AEUV hinausgehen. Diese finden sich in Art. 5 und 6 VO 2021/2115[236]. Sie weisen eine höhere Regelungsdichte als das Primärrecht auf und haben daher mehr als eine deklaratorische Bedeutung. Innerhalb der GAP wird zwischen zwei Formen der Förderung getrennt (*Zwei-Säulen-Struktur*). Diese werden aus zwei verschiedenen Fonds finanziert (vgl. Art. 4 VO 2021/2116). Die Direktzahlungen an die Landwirte sind der ersten Säule als zentraler Teil der gemeinsamen Marktorganisation zuzuordnen. Die vergebenen Mittel entstammen dem EGFL.[237] Die Direktzahlungen sind und bleiben absehbar das Hauptinstrument zur Verwirklichung der GAP.[238] Die zweite Säule betrifft in Abgrenzung zur gemeinsamen Marktorganisation die Förderung der Entwicklung des ländlichen Raumes. Die Abwicklung der ersten Säule erfolgt lediglich aus Unionsmitteln, wohingegen die zweite Säule in Kofinanzierung mit den Mitgliedstaaten organisiert ist.[239] Die Abwicklung der Finanzierung erfolgt über den ELER.[240] Die Veröffentlichungen nach Art. 98 Abs. 1 VO 2021/2116 umfassen ausweislich des Wortlautes Informationen über die Begünstigten beider Fonds, die veröffentlicht werden.

2. Grundkonzeption des aktuellen Rechtsrahmens

a) Allgemeines zur Konzeption der aktuellen GAP

Die Bilanz der GAP ist sowohl in ökonomischer als auch in ökologischer Hinsicht über die Jahre unbefriedigend geblieben.[241] Dies ist insbesondere auf das Setzen falscher Anreize durch die GAP zurückzuführen. Dennoch hat sich die Richtung der Politikgestaltung über die Jahrzehnte hin zu einer immer stärkeren Ökologisierung dieses Politikbereiches entwickelt, welche Anreize zu einer Ressourcen- und klimaschonenden Wirtschaft geben

---

235 Zu den Zielen der GAP: *Härtel*, in: Streinz, EUV/AEUV/GRC, Art. 39 AEUV, Rn. 5 ff.; *Belger*, Agrarbeihilfenrecht, S. 48 ff.; *Kreitz*, in: NuR 2023, 30 ff.

236 Verordnung (EU) 2021/2115 des europäischen Parlaments und des Rates vom 2. Dezember 2021 mit Vorschriften für die Unterstützung der von den Mitgliedstaaten im Rahmen der Gemeinsamen Agrarpolitik zu erstellenden und durch den Europäischen Garantiefonds für die Landwirtschaft (EGFL) und den Europäischen Landwirtschaftsfonds für die Entwicklung des ländlichen Raums (ELER) zu finanzierenden Strategiepläne (GAP-Strategiepläne) und zur Aufhebung der Verordnung (EU) Nr. 1305/2013 sowie der Verordnung (EU) Nr. 1307/2013.

237 Vgl.: Art. 4 lit. a und 5 VO 2021/2116.

238 *Härtel*, in: Ruffert, EuropSekWirtschR, § 7, Rn. 193.

239 *Poppe*, Öffentliche Risikovorsorge im Agrarrecht, S. 99.

240 Vgl.: Art. 4 lit. b, 6 VO 2021/2116.

241 *Wolf*, in: ZUR 2022, 131 (132); detailliert: *Kreitz*, in: EuZW 2022, 896 (896 ff.).

soll.[242] Dies geschieht durch eine immer stärkere ökologische Ausgestaltung und Knüpfung der Vorgaben für die Direktzahlungen.[243] Diese Form der Verknüpfung von Beihilfen und ökologischen Auflagen bezeichnet man allgemein auch als *Green Funding*.[244] Dies ist jedoch erst seit der letzten Reform so. Vorher lag das Schwergewicht der ökologischen Entwicklung bei der zweiten Säule.[245] Diese Reform war auch notwendig mit Blick auf die Einwirkung der Landwirtschaft auf Problemfelder wie den Verlust der Biodiversität, nitratbelastete Gewässer und den Klimawandel. Diesen ökologischen Zielen kommt wegen der Querschnittsklausel des Art. 11 AEUV besonderes Gewicht bei.[246] Die stärkere Ökologisierung ist auch in der Entwicklung des Sekundärrechts erkennbar. Dies zeigt sich bei der Betrachtung der Ziele des Art. 5 VO 2021/2115. Die Ziele orientieren sich zwar an den Zielen des Art. 39 AEUV („*in Übereinstimmung mit den Zielen der GAP*"), gehen jedoch insbesondere beim Umweltschutz deutlich weiter bei einer höheren Detailschärfe. Dies ist speziell bei dem Verweis des Art. 5 lit. b VO 2021/2115 auf das *Übereinkommen von Paris*[247] und die darin verrechtlichten Klimaschutzziele erkennbar. Daneben sind weitere neue Aspekte der letzten Reform die noch stärkere Verknüpfung der Förderung mit ökologischen Zielsetzungen sowie die Erweiterung mitgliedstaatlicher Handlungsspielräume.[248] Es handelt sich insoweit um eine Abkehr vom bestehenden Regelungsansatz, der eine sehr hohe materielle und verfahrensrechtliche Regelungsdichte auf unionsrechtlicher Ebene vorgesehen hat.[249] Die Regelungsdichte wird zu Gunsten nationaler Autonomie im Zusammenhang mit der Erstellung der GAP-Strategiepläne reduziert. Hintergrund der Steigerung nationaler Verfahrensautonomie ist es, insbesondere dem europäischen Subsidiaritätsprinzip gem. Art. 5 Abs. 3 EUV eine größere Geltung zu verschaffen.[250] Zentraler Rechtsakt im deutschen Recht sind das GAP-Direktzahlungs-Gesetz (GAPDZG)[251] sowie die Verordnung zur Durchführung der

242 *Kreitz*, in: EuZW 2022, 896 (900); *Köck*, in: ZUR 2019, 67 (71).

243 *Poppe/Wedemeyer*, in: EuZW 2022, 1103 (1111); *Kreitz*, in: EuZW 2022, 896 (900); *Köck*, in: ZUR 2019, 67 (71).

244 *Krönke*, in: NVwZ 2022, 1606 (1606 f.).

245 *Poppe/Wedemeyer*, in: EuZW 2022, 1103 (1111).

246 *Poppe/Wedemeyer*, in: EuZW 2022, 1103 (1111).

247 Das Übereinkommen wurde für die Bundesrepublik Deutschland ratifiziert durch G v. 28.9.2016 (BGBl. II S. 1082) und trat gem. Bek. v. 20.10.2016 (BGBl. II S. 1240) am 4.11.2016 in Kraft. Im Namen der EU genehmigt durch B (EU) 2016/1841 zur Genehmigung des Übereinkommens von Paris v. 5.10.2016 (ABl. L 282 S. 1).

248 *Busse*, in: Schulze/Jannsen/Kadelbach, EuR, § 26, Rn. 110; *Kreitz*, in: EuZW 2022, 896 (900).

249 *Holzer*, in: Jahrbuch des Agrarrechts, Bd. XV 2021, 67 (90); *Mögele*, in: Landwirtschaft und Naturschutzrecht, 173 (187).

250 *Poppe/Wedemeyer*, in: EuZW 2022, 1103 (1105).

251 GAP-Direktzahlungen-Gesetz vom 16. Juli 2021 (BGBl. I S. 3003).

Direktzahlungen (GAPDZV)[252]. Übergreifend werden den Mitgliedstaaten im Zuge der Reform weitreichende neue Gestaltungsspielräume gewährt.[253] Die Union definiert lediglich Parameter wie z. B. einen *numerus clausus* der Fördermaßnahmen, die Ziele sowie bestimmte Grundanforderungen.[254] Ein zentraler neuer Baustein liegt in den nationalen Strategieplänen, die für eine Periode von sieben Jahren seitens der Mitgliedstaaten eingereicht werden.[255] Das vorherige System basierte auf einem engmaschigen Rechtsregime, mit einer hohen Regelungsdichte, in Bezug auf Kontrolle, Durchführung und Sanktionen auf Unionsebene geregelt hat.[256] Dieser bisher verfolgte „*one size fits all*"-Ansatz hat sich in einer Union mit 27 Mitgliedstaaten und vielfältigen sozialen, klimatischen, regionalen und agrarpolitischen Umständen als zu schwerfällig erwiesen.[257] Die skizzierten Divergenzen in den Mitgliedstaaten führen zur Notwendigkeit eines höheren Grades nationaler Autonomie unter gleichzeitiger Schaffung eines Rechtsrahmens, der einer Rechtszersplitterung vorbeugt. Der Strategieplan enthält eine Aufzählung der einzelnen Förderinstrumente und der damit verfolgten Zielsetzungen, die auf Basis einer Bedarfsanalyse festzulegen sind, um den nationalen Besonderheiten bei der Umsetzung der Landwirtschaftsförderung besser Rechnung zu tragen.[258] Eine gewisse Einheitlichkeit wird durch den Genehmigungsvorbehalt zugunsten der Kommission gewährleistet.[259] Trotz dieses Genehmigungsvorbehaltes sind die Strategiepläne immer noch nationale Handlungsformen.[260] Mit dem Instrument der Strategiepläne gibt es im Unionsrecht bereits positive Erfahrungen aus dem Bereich der Kohäsionspolitik und der Politik des ländlichen Raumes.[261]

b) Die aktuellen Förderinstrumente

Nachfolgend werden die zentralen Förderinstrumente des aktuellen Rechtsrahmens skizziert und ihr Inhalt kurz dargestellt. Diese Ausführungen sind

252 GAP-Direktzahlungen-Verordnung vom 24. Januar 2022 (BGBl. I S. 139).
253 *Busse*, in: Schulze/Jannsen/Kadelbach, EuR, § 26, Rn. 111.
254 *Holzer*, in: Jahrbuch des Agrarrechts, Bd. XV 2021, 67 (90).
255 *Busse*, in: Schulze/Jannsen/Kadelbach, EuR, § 26, Rn. 110.
256 *Holzer*, in: Martnez, Jahrbuch des Agrarrechts, Bd. XV 2021, 67 (90); *Mögele*, in: Landwirtschaft und Naturschutzrecht, 173 (187).
257 *Mögele*, in: Landwirtschaft und Naturschutzrecht, 173 (187); *Poppe/Wedemeyer*, in: EuZW 2022, 1103 (1105); *Wolf*, in: ZUR 2022, 195 (205); *Kreitz*, in: EuZW 2022, 896 (899).
258 *Busse*, in: Schulze/Jannsen/Kadelbach, EuR, § 26, Rn. 111; *Kreitz*, in: EuZW 2022, 896 (899).
259 *Poppe/Wedemeyer*, in: EuZW 2022, 1103 (1105).
260 *Poppe/Wedemeyer*, in: EuZW 2022, 1103 (1105).
261 *Poppe/Wedemeyer*, in: EuZW 2022, 1103 (1105).

die Basis, um sich ein Bild vom Inhalt der zugeordneten Zahlungen in der Suchmaschine zu machen.

Fundament des Systems ist die Einkommensgrundstützung gem. Art. 21 ff. VO 2021/2115. Diese erhält ein landwirtschaftlicher Betrieb mit dem Zweck der Unterstützung einer nachhaltigen Flächenbewirtschaftung.[262] Das Instrument soll ein Mindesteinkommen gewährleisten und den Auftrag aus Art. 39 Abs. 1 lit. b AEUV umsetzen (vgl. Erwgg. 56 S. 1 VO 2021/2115). Die Einkommensgrundstützung berücksichtigt jedoch nicht die Risikoneigung der Bewirtschaftung durch spezifische Ertrags-, und Preisvolatilitäten des jeweiligen Betriebes.[263] Trotz des Ziels der Einkommensgrundstützung aus Art. 39 Abs. 1 lit. b AEUV soll sich die Förderung immer weiter von ihren Wurzeln der Mindestalimentation verabschieden (vgl. Erwgg. 56 S. 5 VO 2021/2115). Die Einkommensgrundstützung ist ein bundeseinheitlicher Beihilfenbetrag, der nach Hektar förderfähiger Fläche vergeben wird.[264] Maßgebliches Kriterium für die Förderfähigkeit der Flächen im Rahmen der flächenbezogenen Direktzahlungen ist die tatsächliche Verwendung zur Landwirtschaft.[265] Es muss daher die Voraussetzung des „aktiven Landwirtes" erfüllt sein (vgl. Art. 21 Abs. 3 VO 2021/2115). Hintergrund ist der Ausschluss von Mitnahmeeffekten durch nicht primär in der Landwirtschaft tätige Personen oder Personengruppen.[266] Der Mittelumfang für die Einkommensgrundstützung ist davon abhängig, wie viele der zur Verfügung stehenden Mittel für die anderen Förderinstrumente aufgewendet werden.[267] Das vorangegangene Modell flächenbezogener landwirtschaftlicher Förderung war weder ökonomisch noch ökologisch haltbar.[268] Die Bezeichnung ist etwas irreführend, da das Instrument für sich nicht geeignet ist, die ökologischen Herausforderungen als Anreizeffekt für eine nachhaltige Landwirtschaft zu stemmen.[269]

Die ergänzende Umverteilungsstützung für Nachhaltigkeit gem. Art. 29 VO 2021/2115 erhalten ergänzend alle Landwirte, denen auch die Einkommensgrundstützung zugutekommt.[270] Die Mitgliedstaaten haben einen weiten Gestaltungsspielraum bei der Umsetzung der obligatorischen Regelungsanordnung. Bei der nationalen Bestimmung des Förderumfanges darf der Förderbetrag pro Hektar den nationalen Durchschnittsbetrag pro Hektar

262 *Busse*, in: Dombert/Witt, AgraR, § 27, Rn. 212; *Kreitz*, in: EuZW 2022, 896 (899).
263 *Poppe*, Öffentliche Risikovorsorge im Agrarrecht, S. 307.
264 *Busse*, in: Dombert/Witt, AgraR, § 27, Rn. 214; *Kreitz*, in: EuZW 2022, 896 (899).
265 *Müller/Hunsalzer*, in: IR 2022, 50 (51).
266 Zum alten Recht: *Härtel*, in: Streinz, EUV/AEUV/GRC, Art. 40 AEUV, Rn. 26.
267 *Busse*, in: Dombert/Witt, AgraR, § 27 Rn. 213; *Kreitz*, in: EuZW 2022, 896 (899).
268 *Wolf*, in: ZUR 2022, 195 (205).
269 Siehe: *Poppe/Wedemeyer*, in: EuZW 2022, 1103 (1111), welche ausführen, dass die Bezeichnung als eine „*irreführende Umetikettierung*" wahrgenommen werden könnte.
270 *Busse*, in: Dombert/Witt, AgraR, § 27, Rn. 217; *Kreitz*, in: EuZW 2022, 896 (899).

nicht übersteigen (vgl. Art. 29 Abs. 4 VO 2021/2115). Der finanzielle Umfang beträgt mindestens 10 % der Finanzausstattung (Erwgg. 59 S. 1 VO 2021/2115).

Ein weiteres, beibehaltenes Instrument ist die Junglandwirteprämie gem. Art. 30 VO 2021/2115. Zweck der Junglandwirteprämie ist die Förderung eines geordneten Generationswechsels auf den Höfen.[271] Darüber hinaus steht hinter dem Instrument auch die ökonomische Wertung, dass der Aufbau eines Unternehmens in der Landwirtschaft ein sehr kostenintensives Unterfangen ist (vgl. Erwgg. 61 S. 1 VO 2021/2115). Neben der Gründung ist aber auch die Modernisierung ein förderwürdiger Aspekt für Junglandwirte (vgl. Erwgg. 77 S. 1 VO 2021/2115). In diesem Zusammenhang besteht nach Einschätzung des Unionsgesetzgebers derzeit eine Investitionslücke für Junglandwirte, welche durch die Prämie geschlossen werden kann (vgl. Erwgg. 80 S. 1 VO 2021/2115). Diese Regelung fügt sich auch in die bestehenden Privilegierungen der Landwirtschaft im Erb-, und Familienrecht ein.[272] Dabei kommt der Förderung jedoch kein eigenkapitalbildender Charakter zu.[273] Vielmehr geht es eher darum, einen Puffer für erhöhte Startkosten der Bewirtschaftung zu ermöglichen, wie etwa obligatorische Genehmigungen oder strategische Beratungsleistungen, die typischerweise mit einer Unternehmensgründung fällig werden.[274] Diese Förderung ist jedoch rein fakultativ und nicht obligatorisch. Vor der letzten Reform war dies noch obligatorisch (vgl. Art. 50 Abs. 1 VO 1307/2013[275]). Die Anforderungen an die Definition eines förderfähigen Junglandwirtes regelt Art. 4 Abs. 6 VO 2021/2115. Darin wird eine Rahmendefinition, die in den Strategieplänen zu beachten ist, festgelegt (vgl. Erwgg. 20 VO 2021/2115).

Das System der Konditionalitäten gem. Art. 12 ff. VO 2021/2115 ist ein zentraler Baustein der Förderarchitektur seit der letzten Reform. Von herausragender Bedeutung ist in diesem Zusammenhang insbesondere die Ökokonditionalität gem. Art. 12 ff. VO 2021/2115. Das Instrument der Ökokonditionalitäten ersetzt das vorherige System aus „*Greening*“ und der „*Cross Compliance*“ und fügt sie zusammen.[276] Konkreter wurde das

271 *Norer*, in: Pechstein/Nowak/Häde, EUV/GRC/AEUV, Art. 40 AEUV, Rn. 28.

272 *Jensen*, Privilegierung der Landwirtschaft, S. 421.

273 *Jensen*, Privilegierung der Landwirtschaft, S. 421.

274 *Jensen*, Privilegierung der Landwirtschaft, S. 381.

275 Verordnung (EU) Nr. 1307/2013 des Europäischen Parlaments und des Rates vom 17. Dezember 2013 mit Vorschriften über Direktzahlungen an Inhaber landwirtschaftlicher Betriebe im Rahmen von Stützungsregelungen der Gemeinsamen Agrarpolitik und zur Aufhebung der Verordnung (EG) Nr. 637/2008 des Rates und der Verordnung (EG) Nr. 73/2009 des Rates.

276 *Kreitz*, in: EuZW 2022, 896 (899); *Martinez*, in: Calliess/Ruffert, EUV/AEUV/GRC, Art. 40 AEUV, Rn. 74.

„Greening" als eigenständige Förderregelung entfernt.[277] Die grundlegende Struktur des *„Cross Compliance"*-Mechanismus ist jedoch konstant geblieben. *„Cross Compliance"* verknüpft monetäre Leistungen an die Erfüllung von ökologischen Auflagen und Anforderung an die Bewirtschaftung.[278] Diese bezwecken den Schutz der Umwelt, des Klimas, der Gesundheit von Menschen, Tieren und Pflanzen sowie den Erhalt des Qualitätszustandes landwirtschaftlicher Flächen.[279] Der funktionelle Ansatz der *„Cross Compliance"* trennte daher nicht zwischen Agrar- und Umweltschutz, was zu einer Gemengelage von verfolgten Schutzzwecken führt.[280] Die Verpflichtungen aus dem bestehenden System des *„Greenings"* wurden überarbeitet und mit dem vorhandenen *„Cross Compliance"*-System, bestehend aus den (GAB)[281]und den (GLÖZ)-Standards,[282] kombiniert. Diese Maßstäbe sollen Ausdruck des gesteigerten Ehrgeizes der Union und der Mitgliedstaaten zum Umwelt- und Klimaschutz sein (vgl. Erwgg. 42 S. 3 VO 2021/2115). Die für das ursprüngliche *„Greening"*-System typischen Ausnahmen sind weggefallen, wobei die nationalstaatliche Regelungsautonomie Spielräume im Hinblick auf den Anwendungsbereich hat.[283] Das vorherige dreistufige System der Umweltarchitektur der GAP (*Greening*, *Cross Compliance* sowie Agrarumwelt- und Klimaschutzmaßnahmen) wurde als zu ineffektiv für die Zielerreichung und zu komplex für die Rechtsanwendung kritisiert.[284] Auch die alten Regelungen der *Cross Compliance* wurden im Schrifttum bereits länger dahingehend kritisiert, dass es sich um umweltrechtliche Mindestanforderungen handle, die man auch ohne Leistungskopplung durchsetzen sollte.[285] Hinter der Kritik steht der Gedanke, dass die Förderung eine Honorierung ökologischer Leistung und des Aufwandes zu Gunsten der Allgemeinheit durch die Landwirte ist, es würden also öffentliche Güter (*Public goods*) bereitgestellt.[286] *De lege ferenda* steht neben der Kopplung an umweltrechtliche Standards auch die Kopplung an soziale Zielsetzungen im Raum.[287]

---

277 *Mögele,* in: Landwirtschaft und Naturschutzrecht, 173 (181); *Kreitz*, in: EuZW 2022, 896 (899).

278 *Krimphove*, in: NuR 2022, 764 (764).

279 *Krimphove*, in: NuR 2022, 764 (764).

280 *Krimphove*, in: NuR 2022, 764 (764).

281 Vertieft zum GAB: *Krimphove*, in: NuR 2022, 764 (765 ff.).

282 Vertieft zum GLÖZ: *Krimphove*, in: NuR 2022, 764 (767 f.).

283 *Mögele,* in: Landwirtschaft und Naturschutzrecht, 173 (182); *Kreitz*, in: EuZW 2022, 896 (900).

284 *Holzer,* in: Jahrbuch des Agrarrechts, Bd. XV 2021, 67 (80); *Kreitz*, in: EuZW 2022, 896 (900); anders als die *Cross Compliance* als isolierte Regelung: *Krimphove*, in: NuR 2022, 764 (764).

285 *Wolf,* in: ZUR 2022, 195 (206); *Köck*, in: ZUR 2019, 67 (72).

286 *Wolf,* in: ZUR 2022, 195 (206).

287 *Norer*, in: Pechstein/Nowak/Häde, EUV/AEUV/GRC, Art. 40 AEUV, Rn. 35.

Kerninstrument und innovative, zentrale Neuerung der ökologischen Steuerung der Landwirtschaft durch die GAP sind die im Rahmen der letzten Reform entstandenen Ökoregelungen (*Eco Schemes)*.[288] Dies sind zwingend in den Mitgliedstaaten einzuführende Agrarumwelt- und Klimaschutzmaßnahmen, deren Umsetzung für die Landwirte jedoch nicht obligatorisch, mithin freiwillig ist.[289] Der starke ökologische Fokus ist auch normativ in der Verordnung verankert. Jede Öko-Regelung muss mindestens zwei der in Art. 31 Abs. 4 lit. a–g VO 2021/2115 aufgeführten Ziele für Umwelt, Klima und Tierwohl erfüllen. Innovativ an der neuen Regelungstechnik ist, dass die maßgebliche Bemessungsgrundlage für die Förderhöhe nicht Kosten und Aufwendungen sind, die den Landwirten anfallen, sondern lediglich der ökologische Mehrwert der Maßnahmen.[290] Der Nachhaltigkeit und Klimaeffizienz der Bewirtschaftung von Flächen sollen weitere ökonomische Anreize gegeben werden.[291] Durch *Eco Shemes* können freiwillige Maßnahmen der 1. und 2. Säule zur Erreichung von Umwelt- und Klimazielen verknüpft werden.[292] Die ökologischen Anforderungen übersteigen aber die Kriterien der Ökokonditionalität.[293]

c) Fiskalische Ausgangslage und Probleme bei der GAP

Nachdem die rechtlichen Rahmenbedingungen der GAP untersucht und die zentralen Förderinstrumente skizziert worden sind, gilt es, den Vollzug, die fiskalischen Gegebenheiten und Probleme in der Union bei diesen Themenkomplexen zu betrachten. Der Gesamthaushalt der EU finanziert sich gem. Art. 311 Abs. 2 AEUV im Wesentlichen über Eigenmittel, welche die Mitgliedstaaten erheben und bereitstellen, wobei manche Mitgliedstaaten Privilegien innerhalb der Finanzierungsstruktur haben.[294] Weitere Finanzierungsquellen sind z. B. Erlöse aus gezahlten Kartellgeldbußen, Beiträge von Drittstaaten für bestimmte Programme, Anteile an der Mehrwertsteuer

---

288 *Holzer*, in: Jahrbuch des Agrarrechts, Bd. XV 2021, 67 (81,94); *Poppe/Wedemeyer*, in: EuZW 2022, 1103 (1112); *Kreitz*, in: EuZW 2022, 896 (900).

289 *Martinez*, in: Calliess/Ruffert, Art. 40 AEUV, Rn. 74; *Kreitz*, in: EuZW 2022, 896 (900).

290 *Martinez*, in: Calliess/Ruffert, Art. 40 AEUV, Rn. 74; *Kreitz*, in: EuZW 2022, 896 (900).

291 *Holzer*, in: Jahrbuch des Agrarrechts, Bd. XV 2021, 67 (81); *Kreitz*, in: EuZW 2022, 896 (900).

292 *Holzer*, in: Jahrbuch des Agrarrechts, Bd. XV 2021, 67 (81); *Kreitz*, in: EuZW 2022, 896 (900).

293 *Härtel*, in: Ruffert, EuropSekWirtschR, § 7, Rn. 195; *Kreitz*, in: EuZW 2022, 896 (900).

294 *Wirth*, Europäische Staatsanwaltschaft, S. 26; vertieft zum Eigenmittelsystem: *Häde*, in: Pechstein/Nowak/Häde, EUV/AEUV/GRC, Art. 311 AEUV, Rn. 11 ff.

und die Steuern von Bediensteten der Union.[295] Bezüglich der Ausgaben der Union gibt es keine Konkretisierungen im Primärrecht, wobei die Befugnis, Mittel zu verwenden, ein Annex zur Befugnis der Ausübung übertragener Kompetenzen ist.[296] Sektorspezifisch hat dies zur Folge, dass aus der Beihilfenkompetenz auch eine Finanzierungskompetenz folgt.[297] Im agrarspezifischen Kontext ist jedoch auf die besondere Finanzierungskompetenz gem. Art. 40 Abs. 3 AEUV hinzuweisen. Anders als bei mitgliedstaatlichen Haushalten werden die Unionsmittel vor allem mittelbar an Akteure im Binnenmarkt ausgeschüttet, weshalb der Haushalt sehr anfällig für Betrügereien ist.[298] Dieser Befund ist u. a. auf die Abhängigkeit der Zahlstellen von den Angaben der Antragssteller zurückzuführen. Falsche und nur schwer im bürokratischen Weg ermittelbare Tatsachen können demnach leicht fingiert werden. Dieser Effekt wird umso stärker, je höher der Anteil der Beihilfenvergabe am Gesamthaushalt ist. Anders ist es in den Mitgliedstaaten, wo der Haushalt primär die Organisation des Staates als Hoheitsträger und den Erhalt des Gewaltmonopols finanziert. Die Bedeutung des Schutzes ihrer finanziellen Interessen hat auch die Union erkannt, was an der Wertung des Art. 310 Abs. 6 AEUV erkennbar ist. Der Norm kommt jedoch eher eine deklaratorische Funktion mit Blick auf den Verweis auf Art. 325 AEUV zu.[299] Gleichwohl verdeutlicht sie die Bedeutung des Schutzes der finanziellen Interessen der Union, die eine erhebliche Bedeutung als Querschnittsaufgabe hat. Im Ergebnis ist daher eine enge Verzahnung zwischen der Verausgabung von Unionsmitteln im Rahmen der Agrarförderpolitik und den Anforderungen, die sich aus der europäischen Finanzverfassung ergeben, erkennbar. Der gemeinsame Agrarmarkt ist nämlich in quantitativer Hinsicht ein einzigartig kriminogener Bereich, der die betrügerische Erlangung von Fördermitteln betrifft.[300] Es handelt sich bei den Agrarbeihilfen um einen klassischen Problemkreis von Betrügereien zu Lasten des Unionshaushaltes.[301] Auf dem Agrarmarkt werden die größten Schäden für den Unionshaushalt durch Betrügereien hervorgerufen.[302] Dies geschieht beispielsweise durch die Angabe zu großer Flächen oder durch die Nichteinhaltung gesondert ge-

---

295 Mit weiteren Beispielen: *Wirth*, Europäische Staatsanwaltschaft, S. 26 f.; *Häde,* in: Pechstein/Nowak/Häde, EUV/AEUV/GRC, Art. 311 AEUV, Rn. 85 ff.

296 *Wirth*, Europäische Staatsanwaltschaft. S. 27.

297 *Jung*, Unionsbeihilfen, S. 80 mwN.

298 *Wirth*, Europäische Staatsanwaltschaft, S. 27.

299 *Häde*, in: Pechstein/Nowak/Häde, EUV/AEUV/GRC, Art. 310 AEUV, Rn. 58.

300 Anstelle vieler: *Satzger*, in: Streinz, EUV/AEUV/GRC, Art. 325 AEUV, Rn. 3 mwN.

301 *Frenz*, in: Pechstein/Nowak/Häde, EUV/AEUV/GRC, Art. 325 AEUV, Rn. 2; *Waldhoff*, in: Calliess/Ruffert, EUV/AEUV/GRC, Art. 325 AEUV, Rn. 3.

302 *Wirth*, Europäische Staatsanwaltschaft, S. 35 mwN.

förderter Umweltmaßnahmen.[303] An dieser Stelle zeigt sich bei Betrachtung der Agrarförderung besonders der Charakter des Unionshaushaltes als eines schwerpunktmäßigen Förderhaushaltes.[304] Eine genaue Schätzung des wirtschaftlichen Schadens ist aufgrund der hohen Dunkelziffer kaum möglich.[305] Derlei Betrügereien erzeugen nicht bloß einen hohen volkswirtschaftlichen Schaden für die Union und damit auch mittelbar den Steuerzahler. Gleichzeitig droht auch ein politischer Vertrauensverlust in die Institutionen und Systeme der Union, vor dem Hintergrund der Umverteilung im Binnenmarkt.[306] In ökonomischer Hinsicht ist die Betrugsanfälligkeit auf den stark planwirtschaftlichen Charakter der Beihilfengewährung im Bereich der Marktordnungspolitik zurückzuführen.[307] In verwaltungsorganisatorischer Hinsicht dürften die Missstände auch am Auseinanderfallen von unionaler Rechtsetzung und nationalem Vollzug liegen.[308] In diesem Zusammenhang entsteht der Eindruck, dass nationale Behörden beim Umgang mit „fremdem Geld" – das nicht aus Haushaltsmitteln der Nationalstaaten kommt – weniger sorgsam umgehen als mit mitgliedstaatlichen nationalen Mitteln.[309] In rechtspraktischer Hinsicht scheint speziell die Förderung des ländlichen Raumes derzeit am anfälligsten für Betrügereien zu sein, da im Jahre 2020 die erfassten Schadenbeträge aus der Entwicklung des ländlichen Raumes 61,8 % des Gesamtschadenvolumens ausmachen, obwohl der Umfang an den Gesamtzahlungen nur 25,3 % ausmacht.[310] Die höhere Betrugsanfälligkeit der Förderung des ländlichen Raumes dürfte an der anspruchsbasierten Struktur der Agrardirektzahlungen als Gegenstück liegen, da die dort bestehenden Kontrollinstrumente zur Betrugsprävention wirkungsvoller sind.[311] Ferner gibt es auch erhebliche regionale Unterschiede im Auftreten von Betrügereien auf den Agrarmärkten. So sticht insbesondere Italien als Negativbeispiel mit größeren systematischen Betrugsansätzen in letzter Zeit

303 KOM (2021) 578 final, S. 39; *Frenz*, in: Pechstein/Nowak/Häde, EUV/AEUV/GRC, Art. 325 AEUV, Rn. 2.

304 *Makowicz*, Untersuchungen des Europäischen Amtes für Betrugsbekämpfung in Polen, S. 23, unter Verwendung des Begriffs „*Subventionshaushalt*".

305 *Plump*, Europäisches Strafrecht, S. 404; *Magiera*, in: Grabitz/Hilf/Nettesheim, EuR, Art. 325 AEUV, Rn. 21.

306 *Spitzer/Stiegel*, in: Vedder/Heintschell v. Heinegg, EuR, Art. 325 AEUV, Rn. 10.

307 *Plump*, Europäisches Strafrecht, S. 404; *Satzger*, in: Streinz, EUV/AEUV/GRC, Art. 325 AEUV, Rn. 3; *Magiera*, in: Grabitz/Hilf/Nettesheim, EuR, Art. 325 AEUV, Rn. 22.

308 *Magiera*, in: Grabitz/Hilf/Nettesheim, EuR, Art. 325 AEUV, Rn. 24; *Satzger*, in: Streinz, EUV/AEUV/GRC, Art. 325 AEUV, Rn. 3; *Waldhoff*, in: Calliess/Ruffert, EUV/AEUV/GRC, Art. 325 AEUV, Rn. 3.

309 *Magiera*, in: Grabitz/Hilf/Nettesheim, EuR, Art. 325 AEUV, Rn. 24; *Satzger*, in: Streinz, EUV/AEUV/GRC, Art. 325 AEUV, Rn. 3.

310 KOM (2021) 578 final, S. 39.

311 KOM (2021) 578 final, S. 39.

hervor.[312] Bei der Organisation der Verwaltungsstrukturen treffen die Union wie auch die Mitgliedstaaten die Verpflichtung, Maßnahmen zu ergreifen, um Betrügereien oder andere gegen die finanziellen Interessen der Union gerichtete Handlungen, die abschreckend und effektiv sind (vgl. Art. 325 Abs. 1 AEUV). Diese Anordnung hat der EuGH im Kern schon vor Inkrafttreten der Lissabonner Vertragsreform in der Rs. *Griechischer Maisskandal*[313] aufgestellt.[314] In dieser Entscheidung hat der EuGH die allgemeine Verpflichtung entwickelt, dass die Mitgliedstaaten verpflichtet sind, Verletzungen gegen das Unionsrecht sachlich und verfahrensrechtlich ebenso wie Verstöße gegen nationales Recht zu bekämpfen und zu sanktionieren.[315] Diese sog. Assimilierungspflicht bildet einen Mindeststandard zum Schutz der finanziellen Interessen der Union.[316]

d) Umweltpolitische Tragweite der GAP

Neben dem monetären Kontrollaspekt ist bei der Veröffentlichung unter Beachtung des Aspektes der Nachhaltigkeit als materielles Kriterium auch die ökologische Position zu beachten. Die Landwirtschaft ist aufgrund der natürlichen Produktionsweise in einem stetigen Austauschverhältnis mit der Natur, ebenso kann die Landwirtschaft sie auch negativ beeinflussen.[317] Der Agrarförderpolitik ist es jedoch historisch kaum gelungen, eine effektive Lenkungswirkung zu erzeugen. Im Gegenteil, es wurden seit Beginn der GAP weitreichende Anreize zur Überproduktion gegeben, die zu extremen Bildern wie Butterbergen und Milchseen in den 70er und 80er Jahren geführt haben.[318] Die Union hat sich für die GAP daher in zweifacher Hinsicht zu rechtfertigen, nämlich fiskalisch wie auch ökologisch. Zwischen den Aspekten besteht auch eine gewisse Konnexität. Die Union agiert als Treiber im Kampf gegen den Klimawandel und für eine groß angelegte ökologische Wende. Bei der Bewältigung dieser Mammutaufgabe stehen ihr jedoch auch nur endliche finanzielle Mittel zur Problembewältigung zur Verfügung. Daher ist sie in der Pflicht, die vorhandenen Mittel effektiv einzusetzen und

---

312 Vgl. OLAF Jahresbericht 2021, S. 16 f., im erfassten Zeitraum wurden Unregelmäßigkeiten bei der Förderung der Landwirtschaft im Gelände Flughafens Rom *Fiumicino* seit mindestens 2005, sowie der Umgehung von GLÖZ Anforderungen beim Anbau von Biowein aufgedeckt.

313 EuGH, Rs. C-68/88 (*Kommission/Griechenland*), ECLI:EU:C:1989:339, Rn. 23 ff.

314 Siehe: *Satzger*, in: Streinz, EUV/AEUV/GRC, Art. 325 AEUV, Rn. 4, der die Entscheidung, als die „*Keimzelle*“ für Art. 325 AEUV bezeichnet.

315 EuGH, Rs. C-68/88 (*Kommission/Griechenland*), ECLI:EU:C:1989:339, Rn. 23 ff.

316 *Satzger*, in: Streinz, EUV/AEUV/GRC, Art. 325 AEUV, Rn. 4.

317 *Kreitz*, in: LKV 2022, 241 (245).

318 *Härtel*, in: Streinz, EUV/AEUV/GRC, Art. 38 AEUV, Rn. 5; *Kreitz*, in: EuZW 2022, 896 (896).

die Anreize für den Umweltschutz möglichst umfassend zu setzen. Der Agrarsektor ist nämlich eine wichtige Triebfeder bei der Reduktion von Treibhausgasen und dem Schutz des Weltklimas.[319] Die Landwirtschaft steht in einem mehrdimensionalen Verhältnis zum Umweltschutz.[320]Dem Agrarsektor kommt dabei eine doppelte Verantwortung zu. Zum einen aufgrund der Mitverursachung der Klimaentwicklung durch die Agrarindustrie als Emittenten.[321] Zum anderen kann durch eine richtig gestaltete Land- und Forstwirtschaft, aber auch durch Ökosystemleistungen CO2 gebunden und der Klimawandel dadurch aktiv bekämpft werden.[322] Die Landwirtschaft ist zugleich Verursacher als auch Betroffener von negativen Umweltveränderungen.[323] Ein wichtiges Handlungsinstrument zur Verhaltenssteuerung der Produktionsweise der Landwirte ist die bereits dargestellte Struktur der Kopplung von Beihilfen an ökologische Auflagen. Diese Form der ökologisch konditionierten Politikgestaltung durch die Verknüpfung von Leistungen mit (Vergaberecht) oder ohne Gegenleistung (Förderrecht) wird im Allgemeinen als *Green Funding* bezeichnet.[324] Die Agrarförderpolitik der GAP ist ein klassisches Beispiel für das *Green Funding*.[325]Diese Form der Politikgestaltung ist aktuell sektorübergreifend bei der Gestaltung unionaler Industriepolitik mit den Vorhaben des „*European Green Deal*"[326] und dem Aufbauplan „*Next Generation EU*"[327] erkennbar. Diese Form der Kopplung von Leistung und Gegenleistung ist ein konstituierender Aspekt eines europäischen Klimaverwaltungsrechts.[328]

3. Auswertung

Die Agrarförderpolitik ist aufgrund ihrer ökologisch-lenkenden Wirkung und der bei den Landwirten erzeugten ökonomischen Abhängigkeit ein umweltpolitisch wichtiges Feld. Die gesetzten ökologischen Anreize müssen dabei für die Landwirte tragbar, aber gleichzeitig auch ehrgeizig genug an-

319 Stellvertretend für viele: *Poppe/Wedemeyer*, in: EuZW 2022, 1103 (1111).
320 *Härtel*, in: NuR 2019, 577 (577).
321 *Härtel*, in: NuR 2019, 577 (577).
322 *Härtel*, in: NuR 2019, 577 (577).
323 *Härtel*, in: NuR 2019, 577 (577).
324 *Krönke*, in: NVwZ 2022, 1606 (1606). Ebenso aber ohne die Terminologie: *Burgi*, in: NVwZ 2021, 1401 (1406); *Steengrafe*, Ökologische Aspekte im Beschaffungswesen, S. 31.
325 *Krönke*, in: NVwZ 2022, 1606 (1607).
326 Vgl. *Krönke*, in: NVwZ 2022, 1606 (1606), dort Fn. 5 mit einer Auflistung aller Mitteilungen und Rechtsakte zur Verwirklichung der politischen Programmatik der Kommission in diesem Bereich.
327 KOM (2020) 456 final.
328 *Burgi*, in: KlimaRZ 2022, 79 (84); *ders.*, in: NVwZ 2021, 1401 ff.

gesetzt sein, um die Landwirte als Akteure beim Umwelt- und Klimaschutz in die Verantwortung zu nehmen. Diese Verpflichtung ergibt sich im Primärrecht etwa aus Art. 3 Abs. 3 S. 2 EUV, Art. 11 AEUV und Art. 37 GRC.[329] Ebenso finden die Zielsetzungen ihre Basis auch sekundärrechtlich in den Zielen der aktuellen GAP. Umwelt-, und klimapolitischen Belangen kommt jedoch nicht bloß auf Unionsebene eine hervorgehobene Bedeutung zu, sondern auch unter dem Rechtsregime des Grundgesetzes, was insbesondere in Art. 20a GG bekräftigt wird.[330] Dabei ist auch zu beachten, dass es sich schließlich um finanzielle Mittel der Allgemeinheit aus dem Unionshaushalt handelt, die umverteilt werden. Daraus resultiert eine gesteigerte Verantwortung der Landwirtschaft, die in einem stetigen Austauschverhältnis mit der Natur steht, um Gemeinwohlbelange zu beachten. Daher kann man den Landwirten auch mit Recht vielfältige Verpflichtungen aufgeben. Diese können einerseits, wie es die aktuellen Förderinstrumente tun, auf ein ökologisches Wirtschaften mit dem Zwecke des Umweltschutzes auf Grund der praktischen Verknüpfung gerichtet sein. Andererseits begründen der Umfang an Leistungen und die Ungereimtheiten beim Vollzug, die den Landwirten gewährt werden, auch ein gesteigertes Maß an Rechtfertigungspflichten, die zu dulden sind. Die Betrugsanfälligkeit des Sektors macht eine möglichst umfassende Compliance beim Mitteleinsatz notwendig. Die bestehenden Kritikpunkte sind jedoch nicht dahingehend zu deuten, dass es einen Generalverdacht zu Lasten der Landwirte als Betrüger und Umweltverschmutzer gibt. Die grundlegende Maxime bei der Betrachtung der GAP als Politikfeld und dem Bewerten des Wirtschaftens der Landwirte ist stets die existenzielle Bedeutung der Landwirtschaft für die Ernährungssicherung und die Ernährungssouveränität in der Union.[331] Dies ist jedoch nicht allein auf die Betrachtung der Ernährungssouveränität beschränkt, sondern auch im Lichte des völkerrechtlich verbrieften Rechts auf Nahrung zu betrachten.[332]

In diesem Kontext ist ergänzend auch darauf hinzuweisen, dass die Förderung der europäischen Landwirte nicht bloß durch die Fördertöpfe der GAP und die Finanzierung durch die Union erfolgt, sondern aus einem komplexen Zusammenspiel von nationaler und europäischer Förderung besteht. Hintergrund ist die weitreichende und umfassende Privilegierung der Landwirtschaft in verschiedenen Rechtsbereichen, insbesondere im Steuer-

---

329 *Härtel*, in: NuR 2019, 289 (289).

330 Die besondere Bedeutung bekommt seit dem „*Klimabeschluss*" des Bundesverfassungsgerichts unter dem Grundgesetz eine noch stärkere Tragweite: BVerfG (Erster Senat), Beschl. v. 24.03.2021 – 1 BvR 2656/18, 78, 96, 288/20 = BVerfGE 157, 30.

331 *Härtel*, in: NuR 2019, 577 (577).

332 *Härtel*, in: Streinz, EUV/AEUV/GRC, Art. 38 AEUV, Rn. 2; *dies.*, in: NuR 2019, 577 (579).

recht. Ein Beispiel ist § 57 EnergieStG.[333] Die Norm regelt mit dem sog. „Agrardieselprivileg“ Steuerentlastungen, die den Landwirten auf Antrag gewährt werden, wenn sie nachweisen können, dass Energieerzeugnisse gem. § 2 Abs. 1 Nr. 4 EnergieStG zum Betrieb landwirtschaftlicher Fahrzeuge eingesetzt werden. Der Anteil der Einsparungen durch das Dieselprivileg machte im Zeitraum zwischen 2017-2021 im Durschnitt 4,3 % des Gewinns der empfangenden Landwirte aus.[334] Dies ist ein ökonomisch erheblicher Teil, gleichwohl würde ein Wegfall nicht zu einer Existenzgefährdung führen.[335] In Folge des Urteils des Bundesverfassungsgerichts zum zweiten Nachtragshaushaltsgesetz aus 2021 vom 15. November 2023[336] und der Kassation des Gesetzes hat sich ein immenser Mehrbedarf ergeben, den die Bundesregierung versucht hat, durch Einsparungen zu schließen. In diesem Kontext stand auch die Streichung des Agrardieselprivilegs, als eine im Raum.[337] Zwar wurden die politischen Pläne zur Abschaffung schnell verworfen, gleichwohl haben diese zuvor erhebliche und stark polarisierte Proteste seitens der Bauern und ihrer Sympathisanten hervorgerufen.[338] Die Debatte belegt, dass die ökonomisch und politisch komplexe und nur schwer berechenbare Gemengelage an Interessen. Diese macht ein beständiges Wirtschaften durch Mitwirkung am politischen Prozess nur bedingt möglich, da eine starke Abhängigkeit von öffentlicher Förderung aus verschiedenen Quellen besteht, die unter stark divergierenden politischen Vorzeichen agieren. Dabei zeigt sich, dass ökologische Reformen, die im Abbau von Beihilfen zu Lasten der Landwirte möglichst schrittweise und unter Einbeziehung landwirtschaftlicher Interessengruppen erfolgen sollten. Ziel sollte es sein, ökologische Politik möglichst sozialverträglich zu gestalten, auch um extreme Reibungen im politischen Diskurs zu vermeiden und die Ernährungssouveränität zu sichern.

---

333 Energiesteuergesetz vom 15. Juli 2006 (BGBl. I S. 1534; 2008 I S. 660, 1007), das zuletzt durch Artikel 3 des Gesetzes vom 27. März 2024 (BGBl. 2024 I Nr. 107) geändert worden ist:

334 *Lakner*, Streit um den Agrardiesel- Der Versuch einer Einordnung.

335 *Lakner*, Streit um den Agrardiesel- Der Versuch einer Einordnung.

336 BVerfG (Zweiter Senat), Urt. v. 15. November 2023 – 2 BvF 1/22.

337 *Poppe*, in: Agrardiesel – Eine rechtliche Entwirrung der Argumente und Einordnung.

338 *Lakner*, Streit um den Agrardiesel- Der Versuch einer Einordnung.

II. Einordnung der Datenbank in den Kontext der DSGVO

Nachfolgend wird die Transparenzdatenbank für Empfänger von Agrarfördermitteln in den Kontext der DSGVO als zentrale horizontale Regulierung im unionalen Datenschutzrecht gesetzt. Zunächst wird der Anwendungsbereich der DSGVO skizziert, woraufhin im nächsten Abschnitt eine Einordnung der Datenbank unter die zentralen Regelungen, Anforderungen und Rechtsinstitute der DSGVO vorgenommen wird. Im Zuge dessen werden insbesondere auch die technischen Schutzmaßnahmen der Datenbank näher untersucht. Bezugspunkt für die Aus- und Durchführung der Veröffentlichung der Daten ist das deutsche Recht. Zentrale Norm ist dabei § 2 AFIG.

1. Verarbeitung personenbezogener Daten

Zentraler Ausgangspunkt für die Eröffnung des sachlichen Anwendungsbereichs der DSGVO ist die Frage, ob *„personenbezogene Daten"* iSd Art. 4 Nr. 1 DSGVO vorliegen. Die publizierten Informationen zu den Fördersummen sowie die Lokalisierung können den Namen der jeweiligen natürlichen Personen zugeordnet werden, soweit der Grenzwert iHv 1.250 € überschritten wird und deshalb auch die Namen mitveröffentlicht werden (vgl. Art. 98 Abs. 4 UAbs. 2 VO 2116/2021). Die veröffentlichten Informationen über die geförderten Landwirte sind daher personenbezogene Daten iSd Art. 4 Nr. 1 DSGVO. Wegen des sachlichen Anwendungsbereichs der DSGVO, die allein natürliche Personen schützt (vgl. Art. 1 Abs. 1 DSGVO) beziehen sich diese nachfolgenden Ausführungen lediglich auf natürliche Personen nach dem unionsrechtlich-autonomen Verständnis des Rechtsbegriffs. Der Umstand, dass es sich bei der Veröffentlichung um eine staatliche Informationsverarbeitung handelt, ist unerheblich, da es Sonderregelungen für hoheitliche Informationsveröffentlichungen lediglich im Zusammenhang mit der Gefahrenabwehr und der Strafverfolgung gibt (vgl. Art. 2 Abs. 2 lit. d DSGVO). In Bezug auf juristische Personen, welche unionsrechtlich autonom bestimmt werden, handelt es sich nur um personenbezogene Daten, wenn der Name der juristischen Person auf die hinter ihr stehende natürliche Person oder eine Vielzahl natürlicher Personen verweist.[339] Bezugspunkt der Betrachtung bleibt jedoch stets die natürliche Person, die hinter der juristischen Person steht und dem Schutz durch die DSGVO unterfällt.[340]

Des Weiteren handelt es sich bei der Veröffentlichung der Angaben zu den Fördermittelempfängern auch um eine *„Verarbeitung personenbezogener*

339 EuGH, verb. Rs. C-92/09 u. C-93/09 (*Schecke*), ECLI:EU:C:2010:662, Rn. 53.
340 *Schild*, in: Wolff/Brink, BeckOK-DatenschutzR, Art. 4 DSGVO, Rn. 7.

Daten" iSd Art. 4 Nr. 2 DSGVO. Die Veröffentlichung personenbezogener Daten der Leistungsbezieher ist eine Verarbeitung iSd Art. 4 Nr. 2 DSGVO, da personenbezogene Daten gegenüber der Allgemeinheit „offengelegt" werden. Unter „*Offenlegung*" iSd Regelbeispiels in Art. 4 Nr. 2 DSGVO versteht man den Vorgang, einem Dritten Kenntnis oder die Möglichkeit der Kenntnisnahme personenbezogener Daten zu schaffen.[341] Die Veröffentlichung personenbezogener Daten in allgemein zugängliche Register wie im konkreten Fall die Beihilfentransparenzdatenbank ist ein typischer Anwendungsfall der Offenlegung als Regelbeispiel einer Datenverarbeitung.[342]

2. Datenschutzrechtliche Verantwortlichkeit

Eine weitere Frage, die sich bei der Veröffentlichung im Wege der Transparenzdatenbank stellt, ist die datenschutzrechtliche Verantwortlichkeit beim Betreiben der Plattform. Diese wird anhand der deutschen Webseite und der maßgeblichen Vorschriften des deutschen Rechts zur Ausführung der Transparenzdatenbank dargestellt. Allgemein ist der Begriff des „*Verantwortlichen*" (vgl. Art. 26 DSGVO) im datenschutzrechtlichen Sinne in Art. 4 Nr. 7 DSGVO legal definiert: *„Verantwortlicher" die natürliche oder juristische Person, Behörde, Einrichtung oder andere Stelle, die allein oder gemeinsam mit anderen über die Zwecke und Mittel der Verarbeitung von personenbezogenen Daten entscheidet, [..].* Zur Bestimmung des datenschutzrechtlich Verantwortlichen bedarf es der Lektüre des Agrar- und Fischereifonds-Informationen-Gesetz (AFIG) als nationales Recht zur Bestimmung der Frage. Eine Verteilung der Verantwortlichkeit nach mitgliedstaatlichem Recht ist gem. Art. 4 Nr. 7 HS. 2 DSGVO möglich, wenn Unionsrecht oder mitgliedstaatliches Recht den Zweck und die Mittel der Datenverarbeitung vorgeben. Diese Verteilung erfolgt gem. Art. 98 VO 2021/2116. Der Gesetzgeber muss dabei eine verantwortliche Stelle auswählen, die auch in der Lage ist, echte Kontrolle auszuüben.[343] Dabei können im nationalen Recht insbesondere Behörden im Rahmen ihrer Aufgabenzuweisung für verantwortlich erklärt werden.[344] Im Fall der Beihilfentransparenzdatenbank sind Zwecke und Mittel der Datenverarbeitung durch das Unionsrecht vorgegeben. In Deutschland erfolgt die Zuordnung der Verteilung daher durch nationales Recht konkret § 2 AFIG. Die Webseite wird gem. § 2 Abs. 1 AFIG von der Bundesanstalt für Ernährung und Landwirtschaft betrieben. Datenschutzrechtlich verantwortlich ist gem. § 2 Abs. 2 AFIG die jeweils veröffentlichende Stelle. Eine solche Zuordnung durch mitgliedstaatliches Recht ist

341 *Reimer*, in: Sydow/Marsch, DSGVO/BDSG, Art. 4 DSGVO, Rn. 68.
342 *Schild*, in: Wolff/Brink, BeckOK-DatenschutzR, Art. 4 DSGVO, Rn. 49.
343 EDSA Leitlinien 07/2020, Stand: 07.07.2021, Rn. 23.
344 EDSA Leitlinien 07/2020, Stand: 07.07.2021, Rn. 23.

gem. Art. 4 Nr. 7 2. HS möglich, wenn Zwecke und Mittel durch das Unionsrecht vorgegeben werden. Dies geschieht im konkreten Fall durch die Veröffentlichungspflicht aus Art. 98 VO 2021/2116. Eine explizite Benennung einer Institution ist aus Sicht des EDSA eher die Ausnahme als die Regel, da meist keine explizite Zuordnung unter Nennung einer Bezeichnung erfolgt, sondern eher Kriterien definiert werden.[345]

3. Erlaubnistatbestand der Datenverarbeitung

Des Weiteren bedarf es eines Erlaubnistatbestandes für eine rechtmäßige Datenverarbeitung iSd Art. 6 Abs. 1 S. 1 DSGVO. Vorliegend entstammt die Pflicht zur Veröffentlichung dem Unionsrecht und ist damit eine an den Mitgliedstaat übertragene Aufgabe öffentlicher Gewalt iSd Art. 6 Abs. 1 S. 1 lit. e DSGVO. Dieser Ausnahmetatbestand richtet sich primär, aber nicht exklusiv, an staatliche Datenverarbeitungen.[346] Die dafür gem. Art. 6 Abs. 3 DSGVO erforderliche Rechtsgrundlage, die für den Ausnahmetatbestand gem. Art. 6 Abs. I S. 1 lit. c und e DSGVO notwendig ist, ist in Art. 98 VO 2021/2116 der die Veröffentlichungspflicht anordnet. Sie entstammt damit, wie in Art. 6 Abs. 3 S. 1 lit. a DSGVO geregelt, dem Unionsrecht. Mit Blick auf den klaren Wortlaut der Erfordernisse der Rechtsgrundlage ist die Datenverarbeitung auch erforderlich. Die durch das Unionsrecht übertragene Aufgabe kann nämlich nicht ohne die Datenverarbeitung in Gestalt der Offenlegung, wie sie durch das Unionsrecht angeordnet ist, erfolgen.[347] Die Erforderlichkeit ist gerade auch in Situationen anzunehmen, in denen es um die Sicherstellung des ordnungsgemäßen Einsatzes öffentlicher Mittel geht.[348] Insoweit sind die Voraussetzungen des Erlaubnistatbestandes mit Blick auf die Zielsetzung der Beihilfentransparenzplattform erfüllt.

Soweit die Rechtsgrundlage für die Datenverarbeitung wegen der Löschfrist von zwei Jahren entfällt, erledigt sich dieser Erlaubnistatbestand jedoch. Damit greift die Löschverpflichtung des Art. 17 lit. e DSGVO („*Recht auf Vergessenwerden*"), wodurch die Verpflichtung zur unverzüglichen Löschung entsteht. Art. 17 DSGVO ist ein Betroffenenrecht und ein Teilaspekt des „Selbstdatenschutzes".[349] Gleichzeitig ist Art. 17 DSGVO Ausdruck einer Abwägungsentscheidung zwischen dem Schutz personenbezogener Daten einerseits und dem öffentlichen Informationsinteresse, insbesondere im

345 EDSA Leitlinien 07/2020, Stand: 07.07.2021, Rn. 24.

346 *Reimer*, in: Sydow/Marsch, DSGVO/BDSG, Art. 6 DSGVO, Rn. 36.

347 *Reimer*, in: Sydow/Marsch, DSGVO/BDSG, Art. 6 DSGVO, Rn. 47.

348 *Reimer*, in: Sydow/Marsch, DSGVO/BDSG, Art. 6 DSGVO, Rn. 48, unter Verweis auf: EuGH, verb. Rs. C-465/00, C-138/01 u. C-139/01 (*ORF*), ECLI:EU:C:2003:294, Rn. 94.

349 *Worms*, in: Wolff/Brink, BeckOK-DatenschutzR, Art. 17 DSGVO, Rn. 5.

Internet andererseits.[350] Unter Löschen im rechtlichen Sinne versteht man die digitale Vernichtung gespeicherter Daten in einer Art und Weise, dass diese nicht mehr wahrnehmbar sind und mit technischen Mitteln nicht wiederhergestellt werden können.[351] Zentraler Aspekt ist mithin die Irreversibilität des Vorganges.[352] In systematischer Hinsicht handelt es sich um einen Teilaspekt des Grundsatzes der Datenminimierung gem. Art. 5 Abs. 1 lit. c DSGVO.[353] Mit Blick auf die allgemeine Systematik des Bedürfnisses eines Erlaubnistatbestandes hat die Norm eher einen deklaratorischen Charakter bzw. eine lediglich klarstellende Funktion.[354] Die Löschpflicht des Art. 17 DSGVO ist damit spiegelbildlich gegenüber den Erlaubnistatbeständen in Art. 6 Abs. 1 DSGVO.[355] Ebenso ergibt sich auch eine Löschverpflichtung unmittelbar aus dem AFIG gem. § 2 Abs. 5 AFIG. Die verantwortliche Stelle hat die Löschverpflichtungen selbstständig und laufend zu überprüfen.[356] Im Falle vom Löschen in Datenbankstrukturen gibt es einige beachtliche Schwierigkeiten. In Datenbanken werden die Daten mittels Strukturinformationen verwaltet.[357] Werden die Daten gelöscht, so werden in der Regel nur die Inhalte, die auf die Verwaltungsstruktur hinweisen, gelöscht, die Daten selbst verbleiben jedoch an der Stelle, an der sie gespeichert worden sind.[358] Dies führt praktisch dazu, dass es nur schwer möglich ist, Daten vollständig und gezielt zu löschen.[359] Mit Blick auf die Besonderheiten der Datenbanktechnik und der zeitlich vorbestimmten Löschverpflichtung sind Datenbankstruktur und Löschkonzepte zu synchronisieren.[360] In der Praxis treten daher Probleme beim systematischen und differenzierten Löschen einzelner Datensätze in Datenbanken mit Blick auf die technische Umsetzbarkeit wegen der zugrunde liegenden Software auf.[361] Daher liegt die Ver-

---

350 *Worms*, in: Wolff/Brink, BeckOK-DatenschutzR, Art. 17 DSGVO, Rn. 64; *Herold*, Staatliche Cyberpranger, S. 210.

351 *Hunzinger*, Löschen im Datenschutzrecht, S. 115.

352 *Hunzinger*, Löschen im Datenschutzrecht, S. 115.

353 *Paal*, in: Paal/Pauly, DSGVO/BDSG, Art. 17 DSGVO, Rn. 7; *Herold*, Staatliche Cyberpranger, S. 210.

354 *Peuker*, in: Sydow/Marsch, DSGVO/BDSG, Art. 17 DSGVO, Rn. 37.

355 *Keppeler/Berning*, in: ZD 2017, 314 (319).

356 *Paal*, in: Paal/Pauly, DSGVO/BDSG, Art. 17 DSGVO, Rn. 20a.

357 *Schmidt/Pruss*, in: Auer/Reinsdorff, HdB-IT/DatenschutzR, Teil A, § 2, Rn. 385.

358 *Schmidt/Pruss*, in: Auer/Reinsdorff, HdB-IT/DatenschutzR, Teil A, § 2, Rn. 385.

359 *Schmidt/Pruss*, in: Auer/Reinsdorff, HdB-IT/DatenschutzR, Teil A, § 2, Rn. 385.

360 *Keppeler/Bernig*, in: ZD 2017, 314 (318).

361 *Paal*, in: Paal/Pauly, DSGVO/BDSG, Art. 17 DSGVO, Rn. 20a. Besonders schwierig ist die automatisierte Löschung beim Einsatz von Blockchain-Technologie: *Peuker*, in: Sydow/Marsch, DSGVO/BDSG, Art. 17 DSGVO, Rn. 27. Es ist praktisch unmöglich oder mit erheblichen Risiken für die Datenbank verbunden in einer Blockchain zu löschen: *Quiel*, in: DuD 2018, 566 (570 f.); zu den praktischen Möglichkeiten: *Keppeler/Berning*, in: ZD 2017, 314 (317 ff.).

antwortung für die Beseitigung von Verstößen gegen die Löschpflichten in der Praxis bei den Beihilfenempfängern, etwa durch den Einsatz des Beschwerderechts aus Art. 77 DSGVO.[362] Betroffene Empfänger können sich in Fällen eines Verstoßes gegen die Löschpflichten mit einer Beschwerde an die zuständige Behörde gem. Art. 77 DSGVO richten, woraufhin diese von ihren Befugnissen gem. Art. 58 DSGVO Gebrauch machen kann.[363]

4. Datenschutz durch Technikgestaltung

Ein weiterer relevanter Aspekt beim Betreiben einer Plattform wie der Beihilfentransparenzdatenbank, bei der in großem Umfang personenbezogene Daten verarbeitet werden, ist der Datenschutz durch Technikgestaltung, mithin die Maßstäbe der Art. 24, 25, 32 DSGVO, betreffend die Anforderungen an die Sicherheit der Datenverarbeitung und die eingesetzten technisch-organisatorischen Maßnahmen (TOM). Art. 24 Abs. 1 DSGVO ist mit Blick auf seine Abstraktheit im Wechselspiel der Normen, die technisch-sicherheitsrechtliche Anforderungen stellen, die *lex generalis*, welche durch die Art. 25 und 32 DSGVO, aber auch durch das Instrument der Datenschutz-Folgenabschätzung gem. Art. 35 DSGVO näher definiert und konturiert wird.[364] Art. 24 DSGVO statuiert die allgemeine Pflicht zur Datenschutz-Compliance für Verantwortliche bei Datenverarbeitungen.[365] Verpflichtungsadressaten sind sowohl der Verantwortliche gem. Art. 26 DSGVO als auch der Auftragsdatenverarbeiter (Art. 28 DSGVO), nicht jedoch die Hersteller von Sicherheitsmechanismen und Verarbeitungstechnologien.[366] Unter Datensicherheit versteht man im Allgemeinen die Gesamtheit aller Maßnahmen zur Gewährleistung eines ordnungsgemäßen Ablaufs der Datenverarbeitung und zum Schutz vor Verlust, Beschädigung oder Missbrauch der Daten.[367] Art. 32 DSGVO enthält dazu eine regelbeispielartige Aufzählung von Maßnahmen. Ferner ist, wie auch in der Normensystematik angelegt, zwischen technischen-, und organisatorischen Maßnahmen zu trennen. Technische Maßnahmen entfalten ihre Schutzwirkung primär durch äußere technische Rahmenbedingungen, die sich auf den Vorgang der Datenverarbeitung beziehen, wohingegen die organisatorischen Maßnahmen sich vor allem auf

---

362 *Halder*, in: jurisPR-ITR 4/2020, Anm. 3, S. 3.

363 *Halder*, in: jurisPR-ITR 4/2020, Anm. 3, S. 4.

364 *Martini*, in: Paal/Pauly, DSGVO/BDSG, Art. 24 DSGVO, Rn. 1; *Mantz*, in: Sydow/Marsch, DSGVO/BDSG, Art. 32 DSGVO, Rn. 1.

365 *Raschauer*, in: Sydow/Marsch, DSGVO/BDSG, Art. 24 DSGVO, Rn. 1.

366 *Hansen*, in: Simitis/Hornung/Spieker, DatenschutzR, Art. 32 DSGVO, Rn. 15; *Mantz*, in: Sydow/Marsch, DSGVO/BDSG, Art. 32 DSGVO, Rn. 37; *Martini*, in: Paal/Pauly, DSGVO/BDSG, Art. 24 DSGVO, Rn. 18.

367 *Paulus*, in: BeckOK-DatenschutzR, Art. 32 DSGVO, Rn. 4.

die äußeren Rahmenbedingungen des Verarbeitungsprozesses beziehen.[368] Aus Art. 98 VO 2021/2116 selbst folgen keine explizit angeordneten TOM, welche der Mitgliedstaat zu ergreifen hat, um einen etwaigen Missbrauch der veröffentlichten Daten zu verhindern. Hierzu besteht auch keine Verpflichtung, da die DSGVO als Verordnung gem. Art. 288 Abs. 2 AEUV unmittelbar in allen Teilen verbindlich gilt. Damit entfaltet die Verpflichtung zur Errichtung der TOM auch rechtliche Wirkungen, wenn Art. 98 VO 2021/2116 selbst keine anordnet. Insoweit müssen keine Regelungen seitens des Unionsgesetzgebers getroffen werden. Die Umsetzung des Gestaltungsauftrags der Datenschutz-Compliance aus Art. 24, 25, 32 DSGVO obliegt der mitgliedstaatlichen Vollzugsautonomie. Demgegenüber findet sich im deutschen Recht eine Regelung zu den TOM. Gem. § 2 Abs. 3 AFIG muss in Benehmen mit dem Bundesamt für Sicherheit und Informationstechnik (BSI) ein Sicherheitskonzept für die Webseite erstellt werden, welches den Anforderungen der Art. 24, 25 und 32 DSGVO entsprechen muss. Die Details der TOM werden durch Rechtsverordnung bestimmt (vgl. Art. 3 Abs. 1 AFIG). Ein zentrales Element der Missbrauchsprävention im Zusammenhang mit der Datenbank ist der Einsatz von sog. *Privacy captcha*.[369] Solche *captcha (completely automated public Turing test to tell Computers and Humans Apart)* [370] sind ein typisches Mittel, um das systematische Auslesen einer Datenbank durch nicht-menschliche Nutzer wie z. B. durch Bots zu verhindern.[371] Das Mittel der *captchas* ist jedoch keine unüberwindbare Hürde, da es auch Bots gibt, welche sie mit ihrer Programmierung umgehen können, die *captchas* erschweren lediglich den Zugriff.[372] Dennoch handelt es sich um ein leicht einsetzbares Instrument mit niedrigen Implementierungskosten, um den systematischen Zugriff auf Daten zu versperren.

5. Die Informationsveröffentlichung und Art. 86 DSGVO

Eine weitere Norm, die bei Betrachtung der Veröffentlichungspflichten von Relevanz ist, findet sich in Art. 86 DSGVO. Dieser regelt die Veröffentlichung und den Zugang zu amtlichen Dokumenten der Mitgliedstaaten und der Union. Art. 86 DSGVO schafft selbst kein originäres Zugangsrecht. Er gibt den Mitgliedstaaten und der Union durch die Öffnungsklausel nur die

---

368 *Paal*, in: Paal/Pauly, DSGVO/BDSG, Art. 17 DSGVO, Rn. 21 f.

369 *Halder*, jurisPR-ITR 4/2020, Anm. 3, S. 3.

370 Vgl.: *Schönfeld*, Screen Scraping und Informationsfreiheit, S. 63.

371 *Schönfeld*, Screen Scraping und Informationsfreiheit, S. 63 f.; *Taeger/Rolfs*, in: Taeger/Pohle, ComputerR, 20.6, Rn. 150; *Rolfs*, in: WRP 2017, 1437, Rn. 29; zur Funktionsweise: *Fedderath/Fuchs/Hermann/Maier/Scheuer/Wagner*, in: DuD 2011, 403 (405).

372 *Schönfeld*, Screen Scraping und Informationsfreiheit, S. 65; *Hermann*, in: CR 2022, 356, Rn. 23.

Möglichkeit der Schaffung neuer oder zur Beibehaltung bestehender Regelungen.[373] Hintergrund der Regelung ist das Ziel, ein hohes Maß an hoheitlicher Transparenz in Bezug auf staatliche Dokumente zu ermöglichen. Diese Transparenz in Bezug auf Informationen der öffentlichen Hand ergibt sich primärrechtlich aus den informationsfreiheitlichen Verbürgungen gem. Art. 15 Abs. 1 und 3 AEUV, 42 GRC. Der übergreifende Hintergrund solcher Veröffentlichungen leitet sich aus dem Demokratieprinzip ab.[374] Mit Blick auf den Zweck und den Anwendungsbereich ist die Norm ein zentraler Hebel zur Verwirklichung von *Open Access* und *Open Data* als Themen politischer Agenden auf unionaler und mitgliedstaatlicher Ebene.[375] Informationszugang und Veröffentlichungen im Allgemeinen können ein wesentlicher Einflussfaktor für die individuelle und überindividuelle kollektive Meinungs- und Willensbildung sein. Dies kann sich abstrakt formuliert auch in demokratischen Mitwirkungsakten wie in der Wahlentscheidung manifestieren.[376] Bei Betrachtung der Norm ist keine Begrenzung auf den restriktiven Begriff des Dokumentes nach seinem allgemeinen Begriffsverständnis vorzunehmen, öffentlich zugängliche Datenbanken sind daher ebenfalls vom Anwendungsbereich der Norm erfasst.[377] Ein praktisch relevanter Anwendungsfall für Informationsveröffentlichungen auf Basis von Art. 86 DSGVO seitens der Union ist die Erfüllung proaktiver – also ohne vorherigen Antrag erfolgender – Veröffentlichungspflichten in Bezug auf personenbezogene Daten.[378] Diese Art der Veröffentlichung gibt es in den verschiedensten Bereichen. Ein praktisch relevanter Aspekt veröffentlichter Informationen sind die Informationen über Agrarfördermittelempfänger.[379] Die Möglichkeit der Veröffentlichung von Dokumenten führt zu keiner Freistellung vom allgemeinen Erfordernis eines Rechtfertigungsgrundes gem. Art. 6 Abs. 1 DSGVO. Dieses Erfordernis ergibt sich bereits aus dem Wortlaut des Art. 86 DSGVO („*im Einklang mit dieser Verordnung*“). Bei Bestehen einer Rechtsgrundlage auf nationaler oder unionaler Ebene ist regelmäßig der Erlaubnistatbestand gem. Art. 6 Abs. 1 lit. e DSGVO erfüllt, ebenso wie im hiesigen Fall. Auch ist der Grundsatz der Datenminimierung gem. Art. 5 Abs. 1 lit. c DSGVO zu beachten. Bei Anwendung des Art. 86 DSGVO sind unter Abwägung von Schutz- und Zugangsinteressen seitens der Normgeber Vorkehrungen zu treffen, dies sind meist Ano- oder Pseudonymisierung.[380] Bei der Datenbank sind dies auf der Ebene der Gesetzgebung die Löschfrist von

373 *Schiedermaier*, in: BeckOK-DatenschutzR, Art. 86 DSGVO, Rn. 1.
374 *Schiedermaier*, in: BeckOK-DatenschutzR, Art. 86 DSGVO, Rn. 1af.
375 *Grages*, in: Plath, DSGVO/BDSG, Art. 86 DSGVO, Rn. 2.
376 *Schnabel*, in: Simitis/Hornung/Spieker, DatenschutzR, Art. 86 DSGVO, Rn. 6.
377 *Schnabel*, in: Simitis/Hornung/Spieker, DatenschutzR, Art. 86 DSGVO, Rn. 15.
378 *Grages*, in: Plath, DSGVO/BDSG, Art. 86 DSGVO, Rn. 2.
379 *Schnabel*, in: Simitis/Hornung/Spieker, DatenschutzR, Art. 86 DSGVO, Rn. 25.
380 *Grages*, in: Plath, DSGVO/BDSG, Art. 86 DSGVO, Rn. 5.

zwei Jahren sowie der Schwellenwert von 1.250 €. Bei der technischen Umsetzung sind die *privacy captchas* als TOM die Schutzvorkehrung.

6. Auswertung

Es ist festzuhalten, dass die Datenbank sich in ihrer Gestaltung und im Umgang mit den personenbezogenen Daten in die rechtlichen und rechtspraktischen Wertungen der DSGVO einfügt. In ihrer derzeitigen Konzeption liegen keine grundlegenden Widersprüche zwischen den Wertungen der DSGVO und der Umsetzung der Datenbank vor. Gleichwohl zeigen sich gewisse Spannungen im Bereich der Löschpflichten. Die gewonnenen Erkenntnisse zur datenschutzrechtlichen Regulierung der Datenbank für Agrarbeihilfenempfänger durch die DSGVO lassen sich auch auf weitere Transparenzdatenbankstrukturen in anderen *Open Data* Kontexten wie z. B. im Bereich staatlicher Beihilfen übertragen. Die Erkenntnisse bilden auch einen Bezugspunkt für die Prüfung des Art. 8 GRC wegen dessen normengeprägten Schutzbereich.

C. Evaluation der Beihilfentransparenzdatenbank am Maßstab des wohlgeordneten Rechts

I. Transparenz

Nachfolgend wird die vorgestellte Beihilfentransparenzdatenbank für Zahlungen aus der GAP an die Landwirte am Maßstab des Leitbildes des wohlgeordneten Rechts untersucht. Im Rahmen der Untersuchung werden auch die Wertungen des zuvor skizzierten regulatorischen Umfeldes fruchtbar gemacht. Zudem werden auch Verknüpfungen zwischen den einzelnen Kriterien hergestellt, weshalb die Kriterien in einer für diesen Zweck dienlichen Anordnung untersucht werden. Als erster Teilaspekt des wohlgeordneten Rechts wird der mit Blick auf den Sinngehalt des Untersuchungsgegenstandes dieser Arbeit bedeutsame Evaluationsaspekt der Transparenz untersucht. Die Transparenz ist einer der zentralen Aspekte des wohlgeordneten Rechts im Kontext dieser Arbeit. Die Relevanz des Begriffs der Transparenz für die weitere Untersuchung ergibt sich bereits aus dem Wortlaut und der Systematik des für diese Untersuchung maßgeblichen Verordnungstextes. Das Kapitel IV des Titels V der VO 2021/2116 trägt die Überschrift „*Transparenz*“. Die Herstellung von „*mehr Transparenz*“ ist ausweislich der Erwägungsgründe auch der Zweck der Veröffentlichungspflichten im Bereich der Agrarbeihilfen.[381] Des Weiteren finden die Veröffentlichungspflichten in rechtspolitischer Hinsicht ihre Grundlage in der „Transparenzinitiative“ aus dem Jahre 2005, was den Begriff damit auch rechtspolitisch im Kontext des Untersuchungsgegenstandes auflädt. Insoweit ist die Transparenz der „Leitbegriff“ dieser Arbeit, mit dem die gegenständliche Norm in die Verordnung eingeordnet wird. Im ersten Schritt wird der für diese Untersuchung essenzielle materielle Transparenzaspekt aus dem Unionsrecht im Allgemeinen sowie dem unionalen Finanzverfassungsrecht im Besonderen skizziert. Diese ist das in grundrechtsdogmatischer Hinsicht mit dem Schutz der personenbezogenen Daten der Landwirte kollidierende Ziel der Datenbank. Im nächsten Schritt werden die zuvor dargestellten Grundsätze der finanzverfassungsrechtlichen Budgetpublizität auf die Umsetzung der Beihilfentransparenzdatenbank angewendet und hinsichtlich ihrer Umsetzung evaluiert. Dabei werden die demokratischen und rechtsstaatlichen Aspekte der Veröffentlichungspflichten im Zusammenhang mit der Informationsveröffentlichung untersucht und mögliche Widersprüche in den Zielsetzungen herausgearbeitet.

381 Erwgg. 82 VO 2021/2116.

1. Grundlegendes zur Transparenz im Unionsrecht

Bevor die Transparenzpflichten der Zuwendungsempfänger von Agrarbeihilfen untersucht werden, ist es essenziell, den für die Arbeit zentralen Begriff „Transparenz“ kontextspezifisch zu definieren und in den übergreifenden unionsrechtlichen Zusammenhang einzuordnen. Dieser Kontext ist maßgeblich, da die Veröffentlichungspflichten volldeterminiertes Unionsrecht sind.

a) Herleitung des unionsrechtlichen Transparenzgrundsatzes

Der Begriff der Transparenz ist in verschiedenen Kontexten im Unionsrecht anzutreffen, insbesondere auch an verschiedenen Stellen des Primärrechts. In der Systematik des primären Unionsrechts kann grob zwischen dem Transparenzerfordernis für die Offenheit politischer Prozesse im Allgemeinen (vgl. Art. 1 Abs. 2, 10 Abs. 3 S. 2 EUV)[382] und im Besonderen der Gewährleistung auf Aktenzugriffe getrennt werden (vgl. Art. 15 AEUV, Art. 42 GRC).[383] Es ist also eine Trennung zwischen der unionalen Öffentlichkeitsarbeit und dem Dokumentenzugang in der Systematik des Primärrechts angelegt.[384] Das Recht auf Dokumentenzugang ist neben den primärrechtlichen Normen auch durch die Transparenz-VO 1049/2001[385] detailliert geregelt. Maßgeblich für diese Arbeit ist jedoch die allgemeine Öffentlichkeitsarbeit der Union durch proaktive Informationsveröffentlichungen. Die Union soll gem. Art. 1 Abs. 2, 10 Abs. 3 S. 2 EUV möglichst offen handeln. Mit der Verwendung des Begriffs „*Offen*“ in Art. 1 Abs. 2 EUV wird auf das Ziel der Transparenz hingewiesen.[386] Die Transparenz und Durchschaubarkeit des Handelns der Union stehen in einem engen Zusammenhang mit der Bürgernähe, sie ist von erheblicher Relevanz für die gesamtgesellschaftliche Akzeptanz einer immer stärker integrierten EU.[387] Nach der bisherigen Untersuchung wird klar, dass es bei der Transparenz um Mitwirkung in Hoheitsstrukturen wie auch bei der Kontrolle ebendieser geht. Diese Aspekte lassen sich auf die auch in der Union anzutreffenden Strukturprinzipien von Demokratie (Art. 2, 10 Abs. 1 EUV) – und Rechtsstaatsprinzip (Art. 2 S. 1

382 *Kläger*, Transparenz im Kartellverfahren, S. 25.

383 *Ostermann*, Transparenz und öffentlicher Meinungsbildungsprozess, S. 228 ff.; *Belger*, Agrarbeihilfen, S. 179; *Jung*, Unionsbeihilfen, S. 120.

384 *Calliess*, in: Calliess/Ruffert, EUV/AEUV/GRC, Art. 1 EUV, Rn. 85.

385 Verordnung (EG) Nr. 1049/2001 des Europäischen Parlaments und des Rates vom 30. Mai 2001 über den Zugang der Öffentlichkeit zu Dokumenten des Europäischen Parlaments, des Rates und der Kommission, ABl. 2001 L 145/43.

386 *Nettesheim*, in: Grabitz/Hilf/Nettesheim, EuR, Art. 1 EUV, Rn. 35; *Guckelberger*, in: EuZW 2011, 126 (126); *Kluth*, in: DÖV 2021, 510 (510).

387 *Geiger*, in: Geiger/Khan/Kotzur, EUV/AEUV, Art. 1 EUV, Rn. 17.

EUV), im konkreten auf die Aspekte der Kontrollierbarkeit und der Legitimation von Unionshandeln zurückführen.[388]

aa) Transparenz als Aspekt des Demokratieprinzips

Transparenz kann ein Baustein zum Ausgleich des bis heute kritisierten Demokratiedefizites der Union sein.[389] Transparenz vermag es nämlich grundsätzlich gewisse Schwächen von Systemen, die auf repräsentativer Demokratie basieren, auszugleichen.[390] In seiner Rechtsprechung betont der EuGH den demokratischen Zweck der Transparenz (vgl. Art. 2, 10 EUV).[391] Aus demokratischer Sicht soll die Distanz zwischen Bürgern und Hoheitsträgern verkürzt werden. Durch die Transparenz soll eine Brücke zwischen der Union als legitimiertem Träger hoheitlicher Gewalt und der Unionsöffentlichkeit geschaffen werden.[392] Nach der ständigen Rechtsprechung des EuGH zur Transparenz des Unionshandelns sollen so *„größere Legitimität, Effizienz und Verantwortung der Verwaltung gegenüber dem Bürger in einem demokratischen System“*[393] ermöglicht werden. Die öffentliche Meinung schafft damit eine beständige Ergänzung der Legitimationsbasis der Union.[394] Dies solle insbesondere im Kontext der unionalen Mittelverwendung, wie sie Gegenstand dieser Untersuchung ist, für eine erhöhte Akzeptanz seitens der Zivilgesellschaft sorgen.[395] Daher ist insgesamt eine besondere Verknüpfung des Transparenzerfordernisses zu den demokratischen Grundsätzen anzunehmen.[396]

388 *Kröll/Lienbacher*, in: Schwarze, EU-Kommentar, Art. 10 EUV, Rn. 18; *Calliess*, in: Calliess/Ruffert, Art. 10 EUV, Rn. 6; *Pauling*, in: EuZW 2018, 530 (530).

389 *Wolff*, Unionales Dokumentenzugangsrecht, S. 42; *Dianiandouros*, in: EStAL 2008, 654 (654).

390 Im Zusammenhang mit dem GG : *Drefs*, Öffentlichkeitsarbeit des Staates, S. 54.

391 EuGH, verb. Rs. C-514/07 P, C-528/07 u. C-532/07 P (*Schweden u. a./API u. Kommission*), ECLI:EU:C:2010:541, Rn. 68; verb. Rs. C-39/05 P u. C-52/05 P (*Schweden u. Turco/Rat*), ECLI: EU.C:2005:802, Rn. 34; Rs. C-506/08 P (*Schweden/MyTravel u. Kommission*), ECLI:EU:C:2011:496, Rn. 72; Rs. C-280/11 P (*Rat/Access Info Europe*), ECLI:EU:C:2013:671, Rn. 27.

392 *Nettesheim*, in: Grabitz/Hilf/Nettesheim, EuR, Art. 1 EUV, Rn. 91.

393 Eine Formulierung, die der EuGH in ständiger Rechtsprechung sehr regelmäßig verwendet, vgl. etwa: EuGH, verb. Rs. C-92/09 u. C-93/09 (*Schecke*), ECLI:EU:C:2010:662, Rn. 68; Rs. C-41/00 (*Interporc*), ECLI:EU:C:2003:125, Rn. 39; Rs. C-28/08 P (*Bavarian Lager*), ECLI:EU:C:2010:378, Rn. 54; EuGH, verb. Rs. C-514/07 P, C-528/07 u. C-532/07 P (*Schweden u. a./API u. Kommission*), ECLI:EU:C:2010:541, Rn. 68; verb. Rs. C-39/05 P u. C-52/05 P (*Schweden u. Turco/Rat*), ECLI: EU:C:2005:802, Rn. 34; vgl. auch im Schrifttum: *Heselhaus*, in: Pechstein/Nowak/Häde, EUV/AEUV/GRC, Art. 10 EUV, Rn. 35; *Mast*, in: ZaöRV 2021, 443 (472).

394 Im Zusammenhang mit dem GG: *Drefs*, Öffentlichkeitsarbeit des Staates, S. 53.

395 *Jung*, Unionsbeihilfen, S. 119.

396 *Guckelberger*, in: EuZW 2011, 126 (126).

bb) Transparenz als Aspekt des Rechtsstaatsprinzips

In Bezug auf die Rechtstaatlichkeit sollen Entscheidungen größtmöglich transparent sein, um eine möglichst nachvollziehbare rechtliche Kontrolle hoheitlichen Handelns zu ermöglichen.[397] Dies gilt besonders mit Blick auf die Möglichkeit der Erlangung eines umfassenden, effektiven Rechtsschutzes zu Gunsten der Adressaten.[398] Leicht zugängliche Informationen können im Allgemeinen eine wichtige Basis für die Ausübung subjektiver Rechte sein.[399] Der effektive Rechtsschutz hat im primären Unionsrecht einen sehr hohen Stellenwert, was daran erkennbar ist, dass er an mehreren Stellen im primären Unionsrecht verankert ist (vgl. Art. 19 Abs. 1 UAbs. 2 EUV, Art. 47 Abs. 1GRC).[400] Dieser Aspekt der Transparenz im Unionsrecht ist dabei insbesondere in beihilfenrechtlichen Konstellationen für die effektive private Durchsetzung (*Private Enforcement*) des grundsätzlichen Beihilfenverbotes gem. Art. 107 Abs. 1 AEUV von essentieller Bedeutung.[401] Die Wertung gilt jedoch auch für die *Private Enforcement* in anderen unionsrechtlich determinierten Materien, die von Mehrpersonenverhältnissen und einer fundamentalen Informationsasymmetrie geprägt sind, wie z. B. dem Kartellschadensersatz und dem Vergaberecht.[402] In den aufgeführten Bereichen geht es immer um den Wettbewerb im Binnenmarkt und um mögliche Diskriminierungen von Drittbetroffenen und bestehende Marktzutrittsschranken, die im Raum stehen. Umfassende hoheitliche Transparenz in übergreifenden Formen ist demzufolge ein zentraler Aspekt, um effektiven Rechtsschutz in Mehrpersonenverhältnissen zu erlangen.[403] Der effektive Rechtsschutz kann sich sowohl auf Unionshandeln als auch auf mitgliedstaatliches Handeln in unionsrechtlich determinierten Bereichen beziehen. Die rechtsstaatliche Seite der Transparenz ist damit also auch eine juristisch-fachliche Kontrolle, um die Rechtmäßigkeit von Entscheidungen nachvollziehen zu können.[404] In Abgrenzung dazu soll der demokratische Transparenzaspekt lediglich die Möglichkeit geben, hoheitliche Machtausübung kritisch miterleben zu können.[405]

---

397 *Heselhaus*, in: Pechstein/Nowak/Häde, EUV/AEUV/GRC, Art. 10 EUV, Rn. 35.
398 *Jung*, Unionsbeihilfen, S. 119.
399 Mit dem Kartellrecht als Referenzgebiet: *Kläger*, Transparenz im Kartellverfahren, S. 19.
400 *Drefs*, Öffentlichkeitsarbeit des Staates, S. 56; *Kreitz*, in: LKV 2022, 493 (495).
401 Vgl.: *Ritzenhoff*, Beihilfe und Vergaberecht in der Krise, Rn. 161 f.
402 *Jung*, Unionsbeihilfen, S. 119.
403 *Jung*, Unionsbeihilfen, S. 119; *Huber/Kristoferitsch*, in: EStAL 2011, 671 (692).
404 *Drefs*, Öffentlichkeitsarbeit des Staates, S. 56; *Kreitz*, in: LKV 2022, 493 (495).
405 *Drefs*, Öffentlichkeitsarbeit des Staates, S. 56.

b) Systematische Einordnung des Transparenzgrundsatzes

Art. 1 Abs. 2 EUV ist mangels Detailschärfe nicht hinreichend bestimmt und damit nicht unmittelbar anwendbar.[406] Durch den Transparenzgrundsatz wird kein subjektiv-rechtlicher Anspruch vermittelt, wobei das Normgefüge auf eine sekundärrechtliche Konkretisierung und die Gewährung subjektiver Rechte angelegt ist.[407] Art. 10 Abs. 3 S. 2 AEUV ist daher als Handlungs- und Auslegungsmaxime für die Unionsorgane zu deuten[408] sowie als ein europäisches Verfassungsprinzip einzuordnen.[409] Er bindet daher in umfassender Art und Weise die Unionsgesetzgebung und Verwaltung.[410] Bei der „Offenheit" in diesem Kontext kann noch weiter nach systematischen Kriterien getrennt werden. Die Offenheit hat dabei sowohl eine zeitliche als auch eine inhaltliche Dimension aufzuweisen. In zeitlicher Hinsicht für die Entstehungsphase der Entscheidung und inhaltlich in Bezug auf die flankierende öffentliche Debatte zur Entscheidung.[411] Weiterhin kann die Offenheit von Entscheidungen auch in einen verfahrens- und einen materiellrechtlichen Aspekt unterteilt werden.[412]

c) Zwischenfazit

Transparenz hat auf der Unionsebene eine hervorgehobene Bedeutung. Sie hat starke demokratische und rechtsstaatliche Wurzeln. Sie kann einerseits zum Ausgleich eines etwaigen Mangels der Legitimation durch das Demokratiedefizit auf Unionsebene und durch eine erweiterte Teilhabe und Informationsmöglichkeit für die Unionsbürger beitragen. Andererseits können auf den ersten Blick undurchsichtige und schwer nachvollziehbare Handlungen in unionsrechtlich determinierten Materien verständlich gemacht wer-

---

406 EuG, Rs. T-191/99 (*Petrie u. a./Kommission*) ECLI:EU:T:2001:284, Rn. 34 f.; *Wolff*, Unionales Dokumentenzugangsrecht, S. 42 mwN zu Stimmen, die dies zT anders bewerten.

407 *Heselhaus*, in: Pechstein/Nowak/Häde, EUV/AEUV/GRC, Art. 10 EUV, Rn. 35; *Huber/Kristoferitsch*, in: EStAL 2011, 687 (690 f.).

408 *Nettesheim*, in: Grabitz/Hilf/Nettesheim, EuR, Art. 10 EUV, Rn. 92; im Ergebnis: *Huber/Kristoferitsch*, in: EStAL 2011, 671 (690 f.).

409 *Bröhmer*, Transparenz als Verfassungsprinzip, S. 367; *Wolff*, Unionales Dokumentenzugangsrecht, S. 42; *Calliess*, in Calliess/Ruffert, Art. 10 EUV, Rn. 83; *Nowak*, in: Pechstein/Nowak/Häde, EUV/GRC/AEUV, Art. 1 EUV, Rn. 53.

410 EuGH, Rs. C-350/12, P (*Rat/in 't Veld*); ECLI:EU:C:2014:2039; Rn. 107; *Haag*, in: Grabitz/Hilf/Nettesheim, EuR, Art. 10 EUV, Rn. 17; *Heselhaus*, in: Pechstein/Nowak/Häde, EUV/AEUV/GRC, Art. 10 EUV, Rn. 35.

411 *Pauling*, in: EuZW 2018, 530 (531).

412 *Bröhmer*, Transparenz als Verfassungsprinzip, S. 20 ff.; *Olbrisch*, Lebensmittelqualität, S. 59; *Heselhaus*, in: Pechstein/Nowak/Häde, EUV/AEUV/GRC, Art. 10 EUV, Rn. 36.

den. Gleichwohl bieten Transparenz und Partizipation keinen Ersatz für die demokratische Herrschaft.[413]

2. Budgetpublizität im Unionsrecht

Nachdem die allgemeine Bedeutung der Transparenz im Unionsrecht dargelegt worden ist, sind im nächsten Schritt die spezifischen finanzverfassungs- und haushaltsrechtlichen Wertungen einzubeziehen.

a) Herleitung und Einordnung der Budgetpublizität

Nachfolgend wird zunächst eine sektorale Einordnung der Transparenz im für diese Arbeit maßgeblichen finanzverfassungsrechtlichen Kontext vorgenommen und auch deren inhaltliche Reichweite bestimmt. Diese Ausführungen bilden die abstrakte Basis für die Untersuchung des Transparenzgedankens, der hinter der Beihilfentransparenzdatenbank steht. Die Transparenz im Zusammenhang mit dem Finanzverfassungsrecht, konkret dem Haushaltsrecht (Budgetpublizität) ist wegen des Einsatzes öffentlicher Mittel des EU-Haushaltes bei der Gewährung von Agrarbeihilfen für diese Arbeit maßgeblich. Dies ist darauf zurückzuführen, dass die finanziellen Mittel für die Agrarförderzahlungen aus den allgemeinen Haushaltsmitteln gespeist werden. Ein besonders wichtiger Transparenzaspekt ist daher der Haushaltsgrundsatz der Transparenz,[414] welcher zum Teil auch als haushaltsrechtlicher Öffentlichkeitsgrundsatz[415] bezeichnet wird. Diesen gibt es im deutschen Recht[416] wie auch in der europäischen Finanzverfassungs-, und Haushaltsrechtsordnung.[417] Der Grundsatz besagt, dass die Union die Öffentlichkeit in zuverlässiger Art und Weise über Haushaltsvollzug und Rechnungsführung informieren muss.[418] Hintergrund des Öffentlichkeitsgrundsatzes ist es, die umfassende öffentliche Kontrolle von Haushaltsaufstellung-, füh-

---

413 *Gärditz*, in: Kahl, Nachhaltigkeit durch Organisation und Verfahren, S. 351 (357).

414 So u. a. bezeichnet von: *Häde,* in: Pechstein/Nowak/Häde, EUV/AEUV/GRC, Art. 310 AEUV, Rn. 45; *Reus/Mühlhausen/Stöhr*, EU-Haushalts/BeihilfenR, Kapitel B., Rn. 91; *Niedobietek*, in: Streinz, EUV/AEUV/GRC, Art. 310 AEUV; Rn. 37; *Rossi*, in: Vedder/Heintschell v. Heinegg, EuR, Art. 310 AEUV, Rn. 25; *Magiera*, in: Grabitz/Hilf/Nettesheim, EuR, Art. 310 AEUV, Rn. 45; *Reus/Mühlenhausen/Stöhr*, EU-Haushalts/BeihilfenR, Kapitel B., Rn. 91.

415 *Bieber*, in: v. d. Groeben/Schwarze/Hatje, EuR, Art. 310 AEUV, Rn. 26.

416 Diese wird an dieser Stelle mit Blick auf den Fokus der Untersuchung ausgeklammert, vertieft hierzu: *Wollenschläger*, in: AöR 2010, 364 (366 ff.).

417 Vertiefend zur historischen Entwicklung des Grundsatzes in Europa siehe: *Wegener*, Der geheime Staat, S. 200ff; *Wollenschläger*, in: AöR 2010, 364 (364 f.).

418 *Reus/Mühlhausen/Stöhr*, EU-Haushalts/BeihilfenR, Kapitel B., Rn. 91.

rung-, und vollzug sowie der Rechnungslegung zu gewährleisten.[419] Dieser Grundsatz der Budgetpublizität ist in der Finanzverfassung des Unionsrechts (Art. 310 ff. AEUV) ebenso wenig ausdrücklich angelegt wie in der deutschen Finanzverfassung.[420] Es handelt sich folglich um einen ungeschriebenen Verfassungsgrundsatz im Mehrebenensystem. Der Grundsatz gilt für die Aufstellung des Haushaltsplanes, den Vollzug des Haushaltes wie auch für die Rechnungslegung sowie für auf die Mitgliedstaaten subdelegierte Aufgaben des Haushaltsvollzuges in geteilter Mittelverwaltung.[421] Zur Sicherstellung der demokratischen Kontrolle öffentlicher Mittel konkretisieren sich das allgemeine Demokratieprinzip auf Unionsebene und die „von unten nach oben" vermittelte demokratische Legitimation zu einer umfassenden Budgetpublizität.[422] Einzelne Aspekte des übergreifend ungeschriebenen Grundsatzes sind jedoch ausdrücklich im Unionsrecht verankert. Konstituierende Elemente der Budgetpublizität auf Unionsebene sind: die Öffentlichkeit der Lesungen des Haushaltes und der Verhandlungen im Entlastungsverfahren gem. Art. 319 Abs. 1 AEUV, das in diesem Zusammenhang bestehende Informationsrecht des Europäischen Parlaments gem. Art. 319 Abs. 2 AEUV. Die Veröffentlichung des Haushaltsplanes und des Jahresabschlussberichtes des Rechnungshofes im Amtsblatt gem. Art. 287 Abs. 4 UAbs. 1 AEUV[423] sowie die Veröffentlichung der das Haushaltsrecht prägenden Normen gem. Art. 322 Abs. 1 iVm 297 Abs. 1 AEUV.[424] Diese primärrechtlich angeordneten Teilaspekte sind nicht enumerativ und damit nicht abschließend geregelt. Der Haushaltsgrundsatz der Transparenz erschöpft sich daher nicht in dem, was explizit in den Verträgen geregelt ist. Darüber hinaus schafft er auch die Verantwortung, Sekundärrecht zu erlassen, was den Grundsatz weiter ausformt. Ein Beispiel für die Erfüllung der Verpflichtung findet sich im unionalen Haushaltsrecht. Daher ist der Grundsatz der Transparenz im sekundärrechtli-

---

419 *Bieber*, in: v. d. Groeben/Schwarze/Hatje, EuR, Art. 310 AEUV, Rn. 26; *Niedobietek*, in: Streinz, EUV/AEUV/GRC, Art. 310 AEUV, Rn. 37; *Magiera*, in: Grabitz/Hilf/Nettesheim, EuR, Art. 310 AEUV, Rn. 45; *Bux*, in: ZfRV 2013, 54 (59); *Reus/Mühlhausen/Stöhr*, EU-Haushalts/BeihilfenR, Kapitel B., Rn. 92.

420 *Wollenschläger*, in: AöR 2010, 364 (365).

421 *Reus/Mühlhausen/Stöhr*, EU-Haushalts/BeihilfenR, Kapitel B., Rn. 91.

422 *Rossi*, in: Dauses/Ludwigs, EU-WirtschaftsR, Kapitel A. III., Rn. 183; *ders.*, in: Vedder/Heintschell v. Heinegg, EuR, Art. 310 AEUV, Rn. 25; *Wollenschläger*, in: AöR 2010, 364 (369).

423 Näher zur flankierenden externen Finanzkontrolle durch den europäischen Rechnungshof: *Wenzler*, Institutionenökonomik und öffentliche Finanzkontrolle, S. 165 ff.; *Wollenschläger*, in: AöR 2010, 364 (367).

424 *Häde*, in: Pechstein/Nowak/Häde, EUV/AEUV/GRC, Art. 310 AEUV, Rn. 47; *Bieber*, in: v. d. Groeben/Schwarze/Hatje, EuR, Art. 310 AEUV, Rn. 26; *Rossi*, in: Dauses/Ludwigs, EU-WirtschaftsR, Kapitel A. III., Rn. 183; *ders.*, in: Vedder/Heintschell v. Heinegg, EuR, Art. 310 AEUV, Rn. 25; *Reus/Mühlhausen,* HaushaltsR, Kapitel D., Rn. 50; *Bux*, in: ZfRV 2013, 54 (59).

chen Kontext konkret in Art. 37 f. EU-HO[425] explizit geregelt. Art. 37 EU-HO regelt die allgemeinen Transparenzanforderungen des sekundärrechtlichen Grundsatzes. Daneben enthält Art. 38 EU-HO die allgemeine Verpflichtung, Empfänger von EU-Haushaltsmitteln zu veröffentlichen. Es handelt sich daher um eine im Grundsatz sehr ähnliche Regelungsstruktur, wie sie die sektorspezifische Datenbank über Agrarfördermittelempfänger anordnet. Diese expliziten Anordnungen indizieren die besondere Bedeutung, welche die Union der Budgetpublizität im Allgemeinen und der namentlichen Veröffentlichung von Fördermittelempfängern im Besonderen zukommen lässt.[426] Der ungeschriebene Grundsatz ist auch ein Abwägungsaspekt bei der Bewertung von Sekundärrecht im Einzelfall. Die Bedeutung der Budgetpublizität als Abwägungstopos ist gut am Fallbeispiel in der Rs. *Schecke* erkennbar. Erkennbar zum einen in der Nennung als Gemeinwohlbelang,[427] sowie der Prüfung als Abwägungselement in der Erforderlichkeit als Schwerpunkt der Verhältnismäßigkeitsprüfung.[428]

b) Inhaltliche Reichweite der Budgetpublizität

Grundrechtseingriffe in die finanzielle Situation Privater durch Informationsveröffentlichungen über Mittelzuflüsse und deren Quellen mit Zielsetzungen wie beispielsweise der Gefahrenabwehr in Bezug auf Geldwäsche oder der Terrorismusbekämpfung können demgegenüber nicht auf die Budgetpublizität aus Art. 1 Abs. 2 und 10 Abs. 3 S. 2 EUV sowie Art. 15 AEUV gestützt werden.[429] Dogmatischer Bezugspunkt der Budgetpublizität ist nämlich die Erweiterung der Kontrollmöglichkeiten über öffentliche Finanzen und nicht die Prävention des möglicherweise kriminellen Einsatzes von finanziellen Mitteln.[430] Im Gegensatz dazu wird insbesondere im Bereich der Geldwäschebekämpfung bezweckt, ein für Betrüger wirtschaftliches

---

425 Verordnung (EU, Euratom) 2018/1046 des Europäischen Parlaments und des Rates vom 18. Juli 2018 über die Haushaltsordnung für den Gesamthaushaltsplan der Union, zur Änderung der Verordnungen (EU) Nr. 1296/2013, (EU) Nr. 1301/2013, (EU) Nr. 1303/2013, (EU) Nr. 1304/2013, (EU) Nr. 1309/2013, (EU) Nr. 1316/2013, (EU) Nr. 223/2014, (EU) Nr. 283/2014 und des Beschlusses Nr. 541/2014/EU sowie zur Aufhebung der Verordnung (EU, Euratom) Nr. 966/2012.

426 *Wollenschläger*, in: AöR 2010, 364 (369).

427 EuGH, verb. Rs. C-92/09 u. C-93/09 (*Schecke*), ECLI:EU:C:2010:662, Rn. 67.

428 EuGH, verb. Rs. C-92/09 u. C-93/09 (*Schecke*), ECLI:EU:C:2010:662, Rn. 77 ff.

429 EuGH (Große Kammer), verb. Rs. C-37/20 u. C-601/20 *(WM u. a./Luxembourg Business Registers*), ECLI:EU:C:2022:912, Rn. 61 f.

430 Ohne die Terminologie der Budgetpublizität zu verwenden: EuGH (Große Kammer), verb. Rs. C-37/20 u. C-601/20 *(WM u. a./Luxembourg Business Registers*), ECLI:EU:C:2022:912, Rn. 61 f.

und ungünstiges Umfeld zu schaffen.[431] Darüber hinaus soll auch die Integrität des Vertrauens in die Geschäftstätigkeit und das Finanzsystem gestärkt werden.[432]

Eine solch klare Stellungnahme, dass die Transparenzverpflichtung aus Art. 1 Abs. 2 und 10 Abs. 3 S. 2 EUV sowie Art. 15 AEUV keine Bindungswirkung und damit einen Rechtfertigungsgrund für Eingriffe in Grundrechte liefert, hat der EuGH zuvor noch vermissen lassen. In der Rs. *Kommission u. Schweden/Ungarn* aus dem Jahre 2020 hat er die Normen des Transparenzgrundsatzes sogar explizit für die Rechtfertigung von Eingriffen in Grundrechte und Grundfreiheiten zum Zwecke der Bekämpfung von Geldwäsche und Terrorismus durch einen Mitgliedstaat herangezogen.[433] In diesem Zusammenhang verweist der EuGH explizit auf die Rs. *Schecke* und den in ihr formulierten Hintergrund der dort ausgeführten Transparenz.[434] Speziell wird auf den Sinn der Ermöglichung einer öffentlichen Debatte in einer transparenten Gesellschaft unter Bezugnahme auf Art. 1 Abs. 2, Art. 10 Abs. 3 EUV und 15 Abs. 1 und 3 AEUV verwiesen.[435] Der EuGH verweist in der Entscheidung explizit auf die Besonderheit der Verwendung öffentlicher Mittel, ohne eine weitere Einschränkung oder Relativierung des Topos vorzunehmen.[436]

Dieser Verweis auf die Rechtsprechung und den dahinterstehenden Begründungsansatz erscheint zunächst sehr kritisch, da die Rs. *Schecke* sich auf die Veröffentlichung der Empfänger öffentlicher Mittel bezieht. Es handelt sich bei deren Veröffentlichung mithin um einen „klassischen" Anwendungsfall der Budgetpublizität, bei dem die Verausgabung von Unionsmitteln publik gemacht wird. Diese speist ihre Berechtigung jedoch aus dem Demokratieprinzip, mithin als kontrollierenden Aspekt der Rückkopplung der Legitimationskette vom Volk zum Hoheitsträger. Die Budgetpublizität erzeugt damit eine Verpflichtung zur Rechenschaft gegenüber dem legitimierenden Souverän, wohingegen die zivilgesellschaftlichen Mitteilungs-

---

431 EuGH (Große Kammer), verb. Rs. C-37/20 u. C-601/20 *(WM u. a./Luxembourg Business Registers)*, ECLI:EU:C:2022:912, Rn. 55.

432 EuGH (Große Kammer), verb. Rs. C-37/20 u. C-601/20 *(WM u. a./Luxembourg Business Registers)*, ECLI:EU:C:2022:912, Rn. 56.

433 EuGH, Rs. C-78/18 (*Kommission u. Schweden/Ungarn*), ECLI:EU:C:2020:476, Rn. 78 f., unter Verweis auf EuGH, verb. Rs. C-92/09 u. C-93/09 (*Schecke*), ECLI:EU:C:2010:662, Rn. 68 ff.

434 EuGH, Rs. C-78/18 (*Kommission u. Schweden/Ungarn*), ECLI:EU:C:2020:476, Rn. 78.

435 EuGH, Rs. C-78/18 (*Kommission u. Schweden/Ungarn*), ECLI:EU:C:2020:476, Rn. 78.

436 EuGH, Rs. C-78/18 (*Kommission u. Schweden/Ungarn*), ECLI:EU:C:2020:476, Rn. 78; ebenso: EuGH (Große Kammer), verb. Rs. C-37/20 u. C-601/20 *(WM u. a./Luxembourg Business Registers)*, ECLI:EU:C:2022:912, Rn. 61 f.

pflichten eher Zwecke der Gefahrenabwehr durch unkontrollierte fremde Kapitalflüsse verfolgen. Diese Mittel könnten negative Folgen durch ihren Einsatz in der Gesellschaft haben oder begangenes Unrecht perpetuieren, wie etwa im Falle der Geldwäsche. Die Budgetpublizität geht jedoch eher in die Zielrichtung, dass öffentliche Mittel nicht rechtswidrig und in betrügerischer Art und Weise erlangt und Bürger weitreichend in ein Politikfeld integriert werden sollen. Es handelt sich mithin um zwei gänzlich verschiedene argumentative Ausgangspunkte zur Beschränkung subjektiver Gewährleistungen. Zum einen die Transparenz im Rahmen der Leistungsverwaltung und zum anderen die Abwehr von Gefahren für die öffentliche Sicherheit und Ordnung durch private Finanzströme, die strafrechtliche Relevanz haben können oder die Gesellschaft als Ganzes negativ beeinträchtigen. Die skizzierten gefahrenverhütenden Zielsetzungen sind ein zentrales Anliegen eines jeden souveränen Staates, der das Gewaltmonopol innehat. Der Grundsatz nimmt ausweislich seiner Grundlage im allgemeinen Demokratieprinzip lediglich auf die genuin hoheitliche Haushaltspolitik Bezug. Im Speziellen soll durch die unionsrechtliche Transparenzgewährleistung aus Art. 1 und 10 EUV und Art. 15 AEUV eine bessere Beteiligung an europäischen Entscheidungsprozessen ermöglicht werden, die Veröffentlichung der Identitäten wirtschaftlicher Eigentümer ohne Verknüpfung zur öffentlichen Hand kann damit also nicht bezweckt werden.[437] Die Budgetpublizität ist daher von zivilgesellschaftlichen Mitteilungspflichten kategorisch zu trennen.[438] Zentraler Grund der Ablehnung der Bindung Privater ist damit nach einer systematischen Betrachtung das Konfusionsargument.[439] Die Union ist selbst verpflichtet, möglichst transparent zu handeln, ohne dies auf der anderen Seite von Privaten einfordern zu können.[440] Die klare Positionierung des EuGH in der Rs. *WM u a./Luxembourg Business Register*s im Jahr 2022 gegen die Bindung Privater an den allgemeinen unionrecht-

437 EuGH, Rs. C-78/18 (*Kommission u. Schweden/Ungarn*), ECLI:EU:C:2020:476, Rn. 78; ebenso: EuGH (Große Kammer), verb. Rs. C-37/20 u. C-601/20 *(WM u. a./ Luxembourg Business Register*s), ECLI:EU:C:2022:912, Rn. 61 f.

438 *Lautsch/Unger*, in: npoR 2021, 173 (174), formulieren in diesem Zusammenhang schon vor der Entscheidung in der Rs. *WM u. a./Luxembourg Business Register*s, dass sich der Gedanke nicht einmal im Ansatz übertragen lasse.

439 *Reissner/Schier*, in: NVwZ 2023, 157 (158).

440 EuGH (Große Kammer), verb. Rs. C-37/20 u. C-601/20 *(WM u. a./Luxembourg Business Register*s), ECLI:EU:C:2022:912, Rn. 61 f.; *Reissner/Schier*, in: NVwZ 2023, 157 (158).

lichen Transparenzgrundsatz und damit die Budgetpublizität[441] ist sehr zu begrüßen.[442]

Im Kern lassen sich jedoch bestimmte Wertungen der Budgetpublizität auch auf die Offenlegung Privater übertragen, ohne sie unmittelbar zu binden. Dies ist insbesondere im Kontext möglicher Rechtfertigungsgründe für Eingriffe in die Grundfreiheiten des Binnenmarktes (Art. 3 Abs. 3 S. 1 EUV, Art. 26 Abs. 2, 28 ff. AEUV) zu beachten, welche vorrangig die Mitgliedstaaten binden. Das Bedürfnis nach Transparenz durch eine wachsame Gesellschaft kann in diesem Zusammenhang als Argumentations- und Abwägungstopos für gefahrenabwehrrechtliche Zielsetzungen als genuin hoheitliche Tätigkeitsbereiche herangezogen werden. Pauschale Verweise auf derlei Transparenzbemühungen verbieten sich jedoch. Vielmehr sind Aspekte der Beweis- und Substantiierungslasten für Mitgliedstaaten sorgsam zu prüfen, damit das Bedürfnis nach Transparenz nicht inflationäre Eingriffe zu Lasten des Binnenmarktes ermöglicht (vgl. Art. 3 Abs. 3 EUV, 26 Abs. 2 AEUV).

Neben diesen allgemeinen Erwägungen können auch inhaltliche Elemente der Argumentation des EuGH im Rahmen der Rs. *WM u a./Luxembourg Business Register*s für eine konkret-strukturelle Bewertung herangezogen werden. Dies geschieht im weiteren Fortgang der Untersuchung bei der Bewertung der Vereinbarkeit der Beihilfentransparenzdatenbank im Agrarsektor mit den Art. 7 und 8 GRC, bei der in breitem Umfang auch auf diese Entscheidung verwiesen wird. Dies bietet sich an, da es in beiden Fällen um die Veröffentlichung personenbezogener Daten von Privatpersonen im Internet ohne eine sachliche Einschränkung des zugangsberechtigten Personenkreises geht.

c) Politisch-ökonomische Zielsetzung der Budgetpublizität

Nachdem der Grundsatz selbst und seine unionsrechtliche Herleitung behandelt worden sind, wird im nächsten Schritt der politisch-ökonomische Sinn und Zweck betrachtet. Diese Erkenntnisse werden jeweils unter Zuordnung zu den unionalen Prinzipien von Demokratie und Rechtsstaatlichkeit untersucht.

aa) Demokratischer Grund der Budgetpublizität

Transparenz und Öffentlichkeit im fiskalpolitischen Kontext vermögen es, einen starken Rechtfertigungszwang auf Amtsträger zu erzeugen. Fehlver-

441 EuGH (Große Kammer), verb. Rs. C-37/20 u. C-601/20 *(WM u. a./Luxembourg Business Register*s), ECLI:EU:C:2022:912, Rn. 61 f.

442 Anders: *Reissner/Schier*, in: NVwZ 2023, 157 (158), welche eine deutlichere Positionierung des EuGH erwartet hätten.

halten kann durch politische Konsequenzen, wie z. B. durch die Änderungen der Wahlentscheidung beim nächsten Wahlakt, Konsequenzen haben. Auf der anderen Seite kann auch individuelles Versagen auf legislativer oder gubernativer Ebene politisch abgestraft werden, indem parteiintern z. B. eine weitere Kandidatur verwehrt wird. Hinter dem Grundsatz der Öffentlichkeit steht sowohl das Ziel einer organinternen als auch einer organexternen Öffentlichkeitsherstellung.[443] Parlamentarier, Teile der Verwaltung, aber auch die Bürgerinnen und Bürger sollen sich niedrigschwellig einen Eindruck über die Verwendung von Haushaltsmitteln verschaffen können. Es handelt sich insoweit auch um einen Aspekt politischen Handelns, um öffentlich kommunizierte politische Schwerpunkte auch am monetären Maßstab messen zu können und in Relation zu anderen Ausgaben zu gewichten. Der Einsatz finanzieller Ressourcen ist eine konstante Interessenabwägung und in gewisser Weise auch eine Mangelverwaltung auf Grund endlicher finanzieller Ressourcen bei einer Vielzahl an Politikfeldern, die bei der Union liegen. Große politische Vorhaben lassen sich daher oft nur auf Kosten anderer notwendiger Vorhaben realisieren. Im politischen Meinungskampf geht es daher oft um Schwerpunktsetzung und Verteilungsgerechtigkeit. Gerade auch mit Blick auf die großen politischen Zielsetzungen, an denen sich politische Parteien in einem parteienpolitisch dominierten demokratischen System, wie es auch in der EU vorherrscht (vgl. Art. 10 Abs. 4 EUV)[444] messen lassen müssen. Ob diese Ziele umgesetzt werden können, kann am besten durch die Veröffentlichung der Finanzmittelverteilung und der relativen Verteilung der Ausgabenposten auf die jeweiligen Politikbereiche gemessen werden. So können niedrigschwellig die Bereitschaft und die Fähigkeit einer Partei zur politischen Forderungsrealisierung nachgeprüft werden. Diese Informationen müssen sich nicht allein in die unmittelbare Richtung der Bürger als Wahlvolk richten. Gerade in der Europäischen Union, die allgemein stark exekutivlastig ausgeprägt ist, ist die Wahlentscheidung bei der Europawahl selbst nur ein untergeordneter – wenn auch aus demokratischer Sicht immer noch zentraler – Aspekt.

443 *Wollenschläger*, in: AöR 2010, 364 (367).

444 Dabei ist jedoch zu beachten, dass es sich bei dem demokratischen Verständnis des Parteiensystems nicht um eine Duplik des in den meisten Mitgliedstaaten vorherrschenden Wahlsystems handelt. Insbesondere lassen sich das aus den Mitgliedstaaten bekannte Wechselverhältnis von Regierung und Opposition und der Kampf um Machterhalt und Machterwerb nicht auf die Union projizieren. Daher ist der Art. 10 Abs. 4 EUV im Lichte des unionalen Demokratieprinzips zu sehen, vgl. dazu: *Ruffert*, in: Calliess/Ruffert, EUV/AEUV/GRC, Art. 10 EUV, Rn. 14.

bb) Rechtsstaatlicher Grund der Budgetpublizität

Zentrales Ziel der Haushaltstransparenz ist es in volkswirtschaftlicher Hinsicht, die Verwendung öffentlicher Finanzen zur Verfolgung von Eigeninteressen und Verschwendung durch Hoheitsträger, die zum Einsatz der Mittel befugt sind, im Keim zu ersticken.[445] Der bloße Missbrauch durch Fehleinsatz und die Verschwendung finanzieller öffentlicher Mittel selbst ist nicht durch eine Kriminalstrafe oder eine Ordnungswidrigkeit unter Sanktion gestellt, wodurch ein klassisches generalpräventives Instrument der Rechtspolitik von vornherein ausscheidet.[446] Damit kommt der Budgetpublizität in rechtsstaatlicher Hinsicht auch die Funktion der fachrechtlichen Kontrolle durch das wache Auge der Öffentlichkeit zu. Die Informationen, die im Rahmen der Haushaltstransparenz veröffentlicht werden, können eine Wissensbasis für Intermediäre sein. Wichtige Intermediäre sind die Presse, Nichtregierungsorganisationen oder auch Oppositionsparteien.[447] Diese Organisationen können durch ihre Sachnähe, ihre Interessen und ihre besondere Zielsetzung Wissen bündeln, kanalisieren und nach außen kommunizieren. Dies ermöglicht eine breite Streuung für die notwendige Informationsbasis in einer pluralen Demokratie und einer lebendigen Zivilgesellschaft (vgl. Art. 15 Abs. 1 AEUV). Eine besonders wichtige Wissensbasis können fiskalpolitische Informationen daher insbesondere für die außerparlamentarische Opposition sein, um Kritik wegen des Missbrauchs oder des Fehleinsatzes öffentlicher Mittel zu üben und diese anzuprangern. Dies ist speziell für die außerparlamentarische Opposition von Relevanz, da dieser nicht das parlamentarische Frage- und Informationsrecht gegenüber der Kommission gem. Art. 230 Abs. 2 AEUV zusteht.[448]

cc) Zwischenfazit

Die durch die Budgetpublizität vermittelte Transparenz ist mit Blick auf die notwendige Sicherung des politischen Prozesses unter Einhaltung politischer Standards (Korruptionsbekämpfung) und einer ökonomisch nachvollziehbaren und von Sparsamkeit geprägten Kameralistik in umfassender Art

---

445 *Mendler*, Analyse öffentlicher Kredithilfen, S. 68.

446 Mit Verweis auf die mangelnde Sanktionierbarkeit: *Wenzler*, Institutionenökonomik und öffentliche Finanzkontrolle, S. 53. Vertieft zur Haushaltsuntreue bei Taten in Bezug auf den Unionshaushalt, welche diese Lücke zumindest partiell durch Pönalisierung schließt: *Wirth*, Europäische Staatsanwaltschaft, S. 44.

447 Unter Verweis auf Erwgg. 76 VO 1306/2013: BVerwG, Urt. v. 24.10.2019 – C 21/17 (OVG Lüneburg) –, juris, Rn. 15.

448 Bei der Betrachtung dieses Gesichtspunktes zeigen sich die Überschneidungen von Demokratie- und Rechtsstaatsprinzip im Kontext der Datenbank.

und Weise als Kontrollinstrument notwendig.[449] Es werden entsprechend der Systematisierung des allgemeinen Transparenzanliegens in der Union demokratische und rechtsstaatliche Zielsetzungen mit der Budgetpublizität verfolgt, auch wenn die grundlegende Basis des Grundsatzes eine stärkere demokratische Verwurzelung hat.

d) Systematisierung der Budgetpublizität

Im Kontext der Budgetpublizität kann systematisch zwischen Mikro- und Makrotransparenz differenziert werden.[450] Die Makrotransparenz verfolgt im haushaltsrechtlichen Kontext das Ziel, umfassend die finanzielle Situation und die Ausgabenpraxis der Union zur Willensbildung in der öffentlichen Meinung im Bereich der Unionspolitik zu ermöglichen.[451] Die Mikrotransparenz hingegen meint die Kontrolle des Einzelfalles, um einen konkreten Missbrauch von Haushaltsmitteln repressiv zu bekämpfen oder präventiv vorzubeugen.[452] Die Mikrotransparenz umfasst auch den für diese Bearbeitung zentralen Missbrauch von Unionsmitteln durch die Empfänger vergebener Zuschüsse durch Beihilfen. Ferner kann auch in zeitlicher Hinsicht mit Blick auf die Art der Kontrolle des Haushaltes differenziert werden. Nach dem allgemeinen Sprachverständnis und unter Zugrundelegung einer Begriffsbestimmung nach der Verkehrsanschauung meint „Kontrolle“ etwas Nachträgliches oder Repressives, mithin etwas zeitlich Nachgelagertes als eine *ex post*-Kontrolle.[453] Diese repressive Aufsicht wird im Unionsrecht in aller Regel durch die flankierende Kontrolle seitens der Rechnungshöfe wahrgenommen.[454] Daneben gibt es auch *ex ante*- Kontroll-, und Mitwirkungsmöglichkeiten. Es handelt sich dabei um eine mitlaufende parallele Beratung zum Einsatz öffentlicher Haushaltsmittel.[455] Nur durch eine richtige und vollständige Öffentlichkeit sind auch Sachverständige in der Lage, notwendige, hinreichend konkrete, inhaltliche und folglich konstruktive Kritik in den politischen Prozess einzubringen.[456]

---

449 So zum deutschen Recht, wobei dies wegen des politischen und ökonomischen Hintergrundes der Budgetpublizität allgemein übertragbar ist: *Reus/Mühlhausen*, HaushaltsR, Kapitel A., Rn. 538.

450 *Bobek*, in: CMLR 2011, 48 (6), S. 8 konstatiert dies in Bezug auf die europäische Finanzverfassung, wobei diese systematische Einteilung als allgemeingültig einzuordnen ist.

451 *Bobek*, in: CMLR 2011, 48 (6), S. 8.

452 *Bobek*, in: CMLR 2011, 48 (6), S. 8.

453 *Wenzler*, Institutionenökonomik und öffentliche Finanzkontrolle, S. 70.

454 *Wenzler*, Institutionenökonomik und öffentliche Finanzkontrolle, S. 70.

455 *Wenzler*, Institutionenökonomik und öffentliche Finanzkontrolle, S. 71.

456 *Reus/Mühlhausen,* HaushaltsR, Kapitel A., Rn. 543.

e) Auswertung

Die unionsrechtliche Budgetpublizität ist ein wichtiger Belang und ein Optimierungsgebot, das in der Rechtsetzung zu beachten ist. Sein Gewährleistungsgehalt bindet die Unionsfinanzen und führt zu einer Einbeziehung der Öffentlichkeit in die Ausgabenpolitik, wodurch politisch mittelbar ein Zwang zu erhöhter Sparsamkeit erzeugt werden soll. Der Kontrollaspekt bezieht sich dabei sowohl auf die Einzelfallkontrolle als auch auf die übergreifende Betrachtung von Politikfeldern.

3. Transparenz durch die Beihilfentransparenzdatenbank

Die Veröffentlichungspflichten sind, ebenso wie die allgemeinen Wurzeln der Transparenz im Unionsrecht, sowie der konkret verfolgten Budgetpublizität sowohl auf demokratische als auch auf rechtsstaatliche Hintergründe zurückzuführen. Diese Hintergründe werden im weiteren Fortgang eingehend im Kontext der Beihilfentransparenzdatenbank untersucht und ausgewertet.

a) Demokratische Zielsetzung

Die GAP hat aufgrund ihres ökologischen und fiskalischen Einflusses eine hervorgehobene politische Bedeutung, die in besonderem Maße eine demokratische Rechtfertigung erfordert. Die Relevanz der gesamtgesellschaftlichen Bedeutung der GAP hat auch der Unionsgesetzgeber erkannt. Die Abgeordneten des EP, welche durch den Wahlakt legitimiert werden (vgl. Art. 14 Abs. 3 EUV) sind über Art. 42 iVm 43 Abs. 2 AEUV im ordentlichen Gesetzgebungsverfahren an der Gestaltung der GAP unmittelbar und in besonderem Maße beteilligt.[457] Diese Mitwirkungsrechte können jedoch nur dann zielführend sein und zur Steigerung der demokratischen Öffentlichkeit ausgeübt werden, wenn die Bevölkerung in ausreichendem Maße über das Politikfeld informiert ist.[458] Die Daten aus der Transparenzdatenbank sind nämlich eine Basis zur Beseitigung von Informationsdefiziten, um einen vorurteilsfreien und sachlichen Diskurs zu ermöglichen.[459] Daten über die aufgeführten Förderinstrumente sind wichtig, um die ökonomische Tragfähigkeit des Systems zu bewerten. Demnach geht es um eine deliberative Herstellung von Transparenz.[460] Es erscheint jedoch auf den ersten Blick unrealistisch, dass die Bürger sich über einzelne Beihilfen auf der Mikroebene informieren oder sie einen inhaltlichen Mehrwert aus der Lektüre der

457 *Belger*, Agrarbeihilfenrecht, S. 196.
458 *Belger*, Agrarbeihilfenrecht, S. 197 mwN.
459 *Belger*, Agrarbeihilfenrecht, S. 180.
460 *Wagner*, in: Jaeger/Hasslinger, Jahrbuch BeihilfenR 2014, 569 (585).

Förderung einzelner Fördermittelempfänger ziehen können. Für den Aspekt demokratischer Willensbildung ist vielmehr die Makroebene von Bedeutung.[461] Auf der Makroebene ist es auch gesellschaftlichen Intermediären möglich, die Daten auszuwerten und in einen aufbereiteten sinnvollen Kontext zu setzen. Diese organisierten Teile der Zivilgesellschaft ermöglichen eine qualifizierte Wahrnehmung und Einordnung der Förderdaten.[462] Die Makroebene ist der maßgebliche Anhaltspunkt zur Bewertung eines umfassenden Politikfeldes und zur Ermöglichung einer sachlichen Debatte über die Haushaltsführung. Gleichzeitig soll die Unionsbevölkerung auch allgemein über den Ablauf der Machtausübung durch Leistungsgewährung aufgeklärt werden. Übergreifend wird die Kontrollierbarkeit des Unionshandelns im Zusammenhang mit der Datenbank demnach aus mehreren demokratischen Argumentationsansätzen abgeleitet.

b) Rechtsstaatliche Zielsetzung

Bei den Dimensionen der in der GAP verausgabten Finanzbeträge liegt eine erhöhte Rechenschaftspflicht auch aus rechtsstaatlichen Erwägungen nahe, da die Union in gesteigertem Maße die Verantwortung für einen ordnungsgemäßen Mitteleinsatz, z. B. bei der Abwehr von Betrügereien, trägt. Bei diesen Fördervolumina können Vollzugs- und Kontrolllücken immense finanzielle Einbußen zu Folge haben, wenn Defizite systematisch durch Fördermittelempfänger ausgenutzt werden. Damit kann die Datenbank einen Beitrag durch Fachkontrolle für eine ordnungsgemäße Mittelverwaltung leisten, was ein rechtsstaatlicher Aspekt ist.[463] Der rechtsstaatliche Kontrollaspekt zielt demgemäß also auf die Ebene der Mikrotransparenz.[464] Durch die Möglichkeiten der Einzelfallüberprüfung kann auch eine Nachprüfung bei Behörden durch fachkundige Personen, speziell auch den Landwirten selbst, erfolgen. Es ist um einiges naheliegender, dass sich fachkundige Private wie z. B. Konkurrenten Informationen über einzelne ihnen bekannte Landwirte durch die Datenbank verschaffen.[465] Insbesondere kann jedoch ein ungesundes Konkurrenzdenken zwischen den Fördermittelempfängern in Gang gesetzt werden. Zu diesem Risiko führte die Fraktion der CDU/CSU im Entwurf zum Umsetzungsgesetz aus, dass: „*[..] Neid und Missgunst in die Dörfer ge-*

461 *Bobek*, in: CMLR 2011, 48 (6), S. 7.

462 BVerwG, Urt. v. 24.10.2019 – C 21/17 (OVG Lüneburg) –, juris, Rn. 15.

463 Die Frage, inwieweit dies auch ein taugliches Mittel ist, soll an dieser Stelle noch offenbleiben, da dies eine Frage von Effektivität und Effizienz ist, welche von der Einordnung der Zielrichtung zu trennen ist.

464 *Bobek*, in: CMLR 2011, 48 (6), S. 7.

465 *Belger*, Agrarbeihilfenrecht, S. 191.

tragen werden [..]".[466] Dieser Befund kann auf die etwas unorthodoxe Zielrichtung des Kontrollaspektes zurückgeführt werden.[467] Diese zielt nämlich nicht auf die unmittelbare wirtschaftliche Betroffenheit von Konkurrenten ab, wie beispielsweise in der *Private Enforcement*.[468] Die Motivation der *Private Enforcement* ist die Durchsetzung unmittelbar aus dem Unionsrecht entstammender Ansprüche von Privaten oder die Anfechtung einer Zuwendung untereinander.[469] Die Motivation von Konkurrenten, Nachbarn oder speziellen Interessenverbänden bei den Unionsbeihilfen aus der GAP nutzt vielmehr das denunziantische Interesse, andere anzuschwärzen.[470]

c) Zielkonflikt nach dem alten Recht

Fraglich war im alten Recht jedoch, ob beide Arten der Zielsetzung durch den Rechtsrahmen intendiert sind. Eine individualisierte Einzelfallkontrolle und damit die Betrugsbekämpfung wurden nach Meinung der Kommission, welche sie im Verfahren in der Rs. *Schecke* genannt hat, nicht angestrebt, da die bisherigen Instrumente der Betrugsbekämpfung ausreichend seien.[471] Eine andere Position zu dieser Frage vertrat der Rat im Verfahren. Dieser sieht die Veröffentlichung sehr wohl als ein Instrument zur Betrugsbekämpfung an.[472] Diese Positionen stehen in einem eklatanten Widerspruch zueinander. Zu klären ist also, wie der Konflikt zwischen den Zielsetzungen der Unionsorgane im Gesetzgebungsverfahren durch Anwendung der Auslegungsmethoden zu lösen ist. Dabei ist die Frage zu beantworten, ob es einen formalen Vorrang zwischen den Gesetzgebungsorganen bei der Zielbestim-

---

466 BT-Drs. 16/10596, S. 4, wobei sich an selber Stelle die SPD konträr dazu positioniert. Die Fraktion von Bündnis 90/Die Grünen führt an dieser Stelle vermittelnd aus, dass Neid und Missgunst aufhören würden, wenn man sich daran gewöhnt habe.

467 *Wagner*, in: Jaeger/Hasslinger, Jahrbuch BeihilfenR 2014, 569 (585) bezeichnet die Konstellation daher als *„diffuse Motivationslage"*.

468 *Wagner*, in: Jaeger/Hasslinger, Jahrbuch BeihilfenR 2014, 569 (585); Vertieft zur Transparenz als legitimer Zweck für Grundrechtseingriffe ins Datenschutzgrundrecht, um die *Private Enforcement* zu gewährleisten: *Huber/Kristoferitsch*, in: EStAL 2011, 687 (692).

469 *Wagner*, in: Jaeger/Hasslinger, Jahrbuch BeihilfenR 2014, 569 (585).

470 *Wagner*, in: Jaeger/Hasslinger, Jahrbuch BeihilfenR 2014, 569 (585); *Bobek*, in: CMLR 2011, 48 (6), S. 7; kritisch ohne nähere Begründung: OVG Mecklenburg-Vorpommern, Beschl. v. 4.4.2009 – 2 M 77/09 –, juris, Rn. 13.

471 *GA Sharpston*, Schlussantr. verb. Rs. C-92/09 u. C-93/09 (*Schecke*), ECLI:EU:C:2010:353, Rn. 115, gemeint waren die Mittel aus Kontrollmechanismen zur Bekämpfung von Betrug und zur Verhütung von Unregelmäßigkeiten sind tatsächlich in der Verordnung Nr. 1290/2005 vorgesehen: vgl. z. B. Art. 9 und die Art. 30 bis 37, vgl. Rn. 60 der Schlussanträge.

472 *GA Sharpston*, Schlussantr. verb. Rs. C-92/09 u. C-93/09 (*Schecke*), ECLI:EU:C:2010:353, Rn. 115.

mung gibt, mithin also, ob ein Organ eine Art Zweckbestimmungsmonopol hat.

Man könnte eine Wertung aus dem allgemeinen Initiativrecht der Kommission gem. Art. 17 Abs. 2 S. 1 EUV, 289 Abs. 1 AEUV ableiten. Aus dem Initiativrecht und der besonderen Bedeutung der Kommission in den Rechtsetzungsverfahren der Union könnte man schließen, dass ihre Position auch bei der Bestimmung der Zielsetzung maßgeblich ist, da von ihr schließlich die Initiative für das Gesetzgebungsvorhaben kommt. Man könnte daher darauf schließen, dass das Initiativmonopol mit dem Zweckbestimmungsmonopol einhergeht. Dieses Initiativrecht findet sich auch im Rahmen der Rechtsetzung bei der GAP wieder (vgl. Art. 43 Abs. 1 AEUV). Demgegenüber ist jedoch einzuwenden, dass die Kommission zwar das Initiativrecht hat, der Rat jedoch ebenso am ordentlichen Gesetzgebungsverfahren (vgl. Art. 294 AEUV) beteiligt ist. Gegen eine Verknüpfung des Initiativmonopols mit dem Zweckbestimmungsmonopol spräche also die Bedeutung des institutionellen Gleichgewichtes in der Union (vgl. Art. 13 Abs. 2 EUV). Das institutionelle Gleichgewicht ist die institutionelle Begrenzung der Machtaufteilung, die in den Mitgliedstaaten durch die Gewaltenteilung geschieht.[473] Nach dem Grundsatz des institutionellen Gleichgewichtes, wie er auch schon vor der Lissabonner Vertragsreform in der Rechtsprechung des EuGH entwickelt wurde, übt jedes Organ seine Befugnisse unter Rücksichtnahme auf die anderen Organe aus.[474] Dem institutionellen Gleichgewicht als Strukturprinzip kommen daher Funktionen der Gewaltengliederung und Gewaltenverschränkung zu.[475] Dieses Strukturelement ordnet gleichzeitig eine Verantwortungsverteilung zwischen den Organen in ihrem Tätigkeitsbereich an.[476] Übergreifender Zweck ist es, einen Interessenausgleich zwischen den einzelnen Organen mit ihrer stark divergierenden Legitimationsgrundlage zu schaffen.[477] Dabei kommt der Kommission eine Sonderstellung zu, da sie als die „Hüterin der Verträge“ das einzige Organ ist, welches alleine dem Unionsinteresse verpflichtet ist.[478] Diese Verpflichtung ergibt sich bereits aus dem Wortlaut des Art. 17 Abs. 1 S. 1 EUV, welcher der Kommission das Initiativrecht zum Zwecke der Förderung des allgemeinen Unionsinteresses einräumt.[479] In dogmatischer Hinsicht kommt dem institutionellen Gleichge-

473 *Geiger/Kotzur*, in: Geiger/Khan/Kotzur, EUV/AEUV, Art. 13 EUV, Rn. 13; *Kaufhold*, in: Dauses/Ludwigs, EU-WirtschaftsR, Kapitel A. II., Rn. 94.
474 EuGH, Rs. C-77/88 (*Kommission/Rat*), ECLI:EU:C:1990:217, Rn. 22.
475 *Kugelmann*, in: Streinz, EUV/AEUV/GRC, Art. 17 EUV; Rn. 16.
476 *Michel*, Institutionelles Gleichgewicht und EU-Agenturen, S. 75.
477 *Michel*, Institutionelles Gleichgewicht und EU-Agenturen, S. 86.
478 *Michel*, Institutionelles Gleichgewicht und EU-Agenturen, S. 86 mwN.
479 *Michel*, Institutionelles Gleichgewicht und EU-Agenturen, S. 86 mwN.

wicht die Funktion eines Optimierungsgebotes zu.[480] Ferner resultieren aus dem institutionellen Gleichgewicht auch Mitwirkungs-, Kontroll-, und sonstige Einwirkungsrechte.[481] Der Gewährleistungsgehalt des institutionellen Gleichgewichtes und die aus dieser erwachsenden Rücksichtnahmepflicht legen nahe, dass kein Organ so etwas wie ein Zwecksetzungsmonopol für sich beanspruchen kann. Die Organe sollen durch Austausch in den angeordneten Verfahren einen Konsens erzielen. Eine retrospektive Bestimmung einer dominanten Auffassung ist zu diesem Zwecke kontraproduktiv.

Insgesamt ist daher keine Position aus formellen Gründen vorrangig. Somit kann durch Auslegung der dem Gesetzgebungsverfahren zugrunde liegenden Normen keine Position einen Absolutheitsanspruch für sich behaupten. Da sich nach Auslegung der maßgeblichen Normen des Gesetzgebungsverfahrens kein formeller Vorrang der Meinung eines Gesetzgebungsorgans ergibt, bedürfte es also einer gesetzgeberischen Klarstellung, um den Zielkonflikt aufzulösen. Dieses Ergebnis ist mit Blick auf den starken politischen Charakter der Entscheidungen, der nicht lückenlos rechtlich vorgezeichnet werden kann, naheliegend. Das Funktionieren der Unionsgesetzgebung basiert nämlich im Kern auf dem Dialog der Organe.[482] Die Organe sollen aufeinander Rücksicht nehmen und sich über die Ziele und die Art der Zielerreichung konsensual einigen.[483] Insgesamt ist davon auszugehen, dass alle politischen Unionsorgane wegen ihrer primärrechtlichen Verankerung gleichwertige Positionen haben.[484] Mit Blick auf den aktuellen Rechtsrahmen liefern die Erwägungsgründe Auskunft über die Zielsetzung der Veröffentlichungspflichten und die genaue Zielrichtung des allgemeinen Instrumentes der Transparenz. Eine Zielsetzung ist die Überwachung von Eigentumsstrukturen und die Prävention des Missbrauchs von Unionsmitteln, sowie Korruption und möglichen Interessenskonflikten im Kontext von Unternehmensgruppen (vgl. Erwgg. 82 S. 2 VO 2021/2116). Der Unionsgesetzgeber stellt explizit klar, dass die Datenbank eine präventive und abschreckende Wirkung gegen Betrügereien haben soll (vgl. Erwgg. 83 S. 2 VO 2021/2116). Daneben dient die Information auch dem Grund allgemeiner Transparenzherstellung, um ein Politikverständnis zu schaffen und die Bürger in den Entscheidungsprozess einzubinden (vgl. Erwgg. 84 S. 2 VO 2021/2116). Ein konkretes Beispiel für die Information der Politikbetreibung ist die Veröffentlichung von den Landwirten erbrachter *„Öffentlicher Güter“* (vgl. Erwgg. 84 S. 3 VO 2021/2116). Mithin hat sich die alte Prob-

480 *Michel*, Institutionelles Gleichgewicht und EU-Agenturen, S. 69.
481 *Michel*, Institutionelles Gleichgewicht und EU-Agenturen, S. 69.
482 *Calliess*, in: Calliess/Ruffert, EUV/AEUV/GRC, Art. 13 EUV, Rn. 28.
483 *Calliess*, in: Calliess/Ruffert, EUV/AEUV/GRC, Art. 13 EUV, Rn. 28.
484 *Michel*, Institutionelles Gleichgewicht und EU-Agenturen, S. 66.

lematik durch die unionsgesetzgeberische Klarstellung in den Erwägungsgründen erledigt.

4. Zwischenfazit

Aus den in diesem Abschnitt gewonnenen Erkenntnissen lässt sich konstatieren, dass Transparenz ein wichtiges Mittel zur Einbindung von Bürgern in politisch institutionelle Prozesse ist. Darüber hinaus ist sie ein wichtiges Mittel zur Akzeptanzsteigerung hoheitlichen Handelns, unabhängig vom konkreten Politikfeld. Gleichzeitig ist Transparenz nicht bloß ein allgemeines politisches Instrument, sondern ergibt sich zum Teil wie z.B. bei der Budgetpublizität aus einer bestehenden rechtlichen Verpflichtung aus dem Primärrecht. Mit der Wichtigkeit und der finanziellen Belastung für den Unionshaushalt – mithin für die Allgemeinheit – welche zwar konstant mit fortschreitenden Reformschritten im Rahmen der GAP abnimmt, geht auch der Zwang einer starken Rechtfertigung und einer größtmöglich optimierten Mittelverwendung einher. Gerade in kostenintensiven und gesellschaftlich strittigen Fragen ist es rechtlich wie auch politisch unentbehrlich, „die Öffentlichkeit mitzunehmen". Zwar hat der Unionsgesetzgeber in Bezug auf die Gestaltung des Prozesses einen Gestaltungs- und Bewertungsspielraum und in diesem Rahmen eine sehr weite Einschätzungsprärogative. Diese ändert jedoch nichts an der Pflicht, geeignete Maßnahmen insbesondere zum Schutz der finanziellen Interessen der Union zu erlassen und diese konsequent umzusetzen. Eine wirksame öffentliche Kontrolle setzt folglich immer einen Rechenschaftszwang voraus.[485] Staatlichen Publizitätspflichten kommt daher eine besondere Bedeutung in der Politikgestaltung demokratischer Gesellschaften zu.[486] Sie können nämlich einen Beitrag zur Kompensation des auf Unionsebene immer noch bestehenden Demokratiedefizites leisten.[487] Der niedrigschwellige Informationszugang durch die Beihilfentransparenzdatenbank sorgt grundsätzlich für eine effektive Realisierung der aus dem Demokratieprinzip erwachsenden Budgetpublizität. Die beiden spezifischen demokratischen und rechtsstaatlichen Zielsetzungen überschneiden und bedingen sich zum Teil.[488] Die demokratischen und rechtsstaatlichen Grundsätze und Prinzipien ziehen sich dabei wie ein roter Faden durch die Untersuchung der Transparenz als Strukturelement. Die sachliche Überschneidung ergibt sich insbesondere daraus, dass die Kenntnis der breiten Öffentlichkeit auch gleichzeitig eine wachsamere Bevölkerung

485 *Mendler*, Analyse öffentlicher Kredithilfen, S. 68 f.
486 *Mendler*, Analyse öffentlicher Kredithilfen, S. 69.
487 *Kühling/Klar*, in: JURA 2011, 771 (777) mwN zum Demokratiedefizit in der Union.
488 *List*, Reichweite des Datenschutzes, S. 125.

hervorbringt.[489] Bei der Bewertung und Untersuchung der Anliegen muss jedoch genau zwischen den Zielsetzungen differenziert werden. Dies ist eine Differenzierung, welche der EuGH selbst in der Rs. *Schecke* in kritikwürdiger Art und Weise nicht vorgenommen hat. Er verweist bloß allgemein auf das Transparenzanliegen und dessen primärrechtliche Verankerung.[490] Die Budgetpublizität in Gestalt einer finanzverfassungsrechtlich gebotenen Beihilfentransparenz bildet somit den Grund für das *Open Data* in der Gemeinsamen Agrarpolitik. Die bloße Tatsache, dass die Veröffentlichung selbst einen gewissen Effekt in puncto Transparenz hat, ist jedoch aus der Perspektive des wohlgeordneten Rechts allein nicht hinreichend. Die Transparenz als materielles Ziel der gegenständlichen Norm und gleichzeitig als eingesetztes Mittel müssen auch wirkungsvoll realisiert werden. Sie müssen also im Kern auch den Kriterien der Effektivität und der Effizienz als ökonomischen Kategorien genügen.

II. Effektivität und Effizienz

Anknüpfend an die Ausführungen zur Transparenz wird im nachfolgenden Abschnitt untersucht, wie die Datenbank und die mit ihr verfolgten Transparenzanliegen zu den stark ökonomisch geprägten Kriterien der Effektivität und Effizienz stehen. In diesem Kontext ist daher zu klären, ob die mit der Datenbank verfolgten Zielsetzungen auch effektiv und effizient verfolgt werden.

1. Das Doppelkriterium und die Verhältnismäßigkeit

Wie bereits dargelegt, kommen Effektivität und Effizienz in verfassungsrechtlicher Hinsicht eine besondere Bedeutung im Kontext des Grundsatzes der Verhältnismäßigkeit bei. Dabei ist die Effektivität im Rahmen dieser Untersuchung von besonderer Bedeutung für die Frage der Eignung der Transparenzdatenbank für die Zielerreichung. Der EuGH gewährt dem Unionsgesetzgeber in puncto Geeignetheit von Maßnahmen bei der Bewertung ihrer Rechtmäßigkeit regelmäßig einen sehr weiten Gestaltungsspielraum. Dies führt praktisch dazu, dass Maßnahmen nur ungeeignet sind,

489 *List*, Reichweite des Datenschutzes, S. 125.

490 EuGH, verb. Rs. C-92/09 u. C-93/09 (*Schecke*), ECLI:EU:C:2010:662, Rn. 68, dies ebenfalls kritisch einordnend: *Wagner*, in: Jaeger/Hasslinger, Jahrbuch BeihilfenR 2014, 569 (585). In seiner aktuellen Entscheidung zu den Veröffentlichungspflichten differenziert das BVerwG zumindest im Ansatz zwischen den konkreten Zielsetzungen, ohne sie jedoch Demokratie- und Rechtsstaatsprinzip zuzuordnen: BVerwG, Urt. v. 24.10.2019 – C 21/17 (OVG Lüneburg) –, juris, Rn. 11.

wenn die mangelnde Eignung auch offenkundig ist.[491] Der gegenständliche Rechtsakt muss lediglich in irgendeiner Art und Weise zur Zielerreichung beitragen.[492] In dieser Konsequenz stellt der EuGH die Eignung von Maßnahmen im grundrechtlichen Kontext regelmäßig in einem Satz fest, ohne sich vertieft kritisch und argumentativ mit dieser auseinanderzusetzen.[493] Ausgangspunkt des wohlgeordneten Rechts ist es jedoch nicht, sich bloß mit der Rechtmäßigkeit als Evaluationskategorie zu befassen, sondern weitergehende Schwächen in der Politikgestaltung aufzuzeigen, die jedoch noch von der Einschätzungsprärogative des Unionsgesetzgebers umfasst sein können. In dieser Konsequenz ist eine Regelung, die nicht effektiv im Verständnis nach dem Leitbild des wohlgeordneten Rechts ist, nicht zwangsläufig auch unvereinbar mit höherrangigem Recht, insbesondere den Unionsgrundrechten mangels Eignung des Mittels. Selbes gilt für die Effizienz auf den Prüfungsstationen der Erforderlichkeit und der Angemessenheit.

2. Effektivität

Bei der Untersuchung der Effektivität wird im weiteren Fortgang zwischen den zwei bei der Transparenz herausgearbeiteten Zielsetzungen des aktuellen Rechtsrahmens differenziert.

a) Effektivität zur allgemeinen Transparenzherstellung

Man könnte grundlegend die Eignung und damit einhergehend die Effektivität der über die Plattform zur Verfügung gestellten Informationen mangels eines hinreichenden Aussagegehaltes der Daten im Hinblick auf die Zielsetzungen verneinen.[494] Man könnte annehmen, dass die zur Verfügung gestellten Informationen relativ pauschal seien und damit bloß eine sehr geringe Aussagekraft hätten, die nicht zur Verwirklichung der selbst gesetzten Ziele beitragen würde.[495] Ein Kritikpunkt älterer Stimmen aus dem Schrifttum war in diesem Kontext, dass keine Informationen über die umweltrelevanten und gekoppelten Leistungen differenziert aufgelistet werden würden, was die Aussagekraft der Daten für die Bevölkerung erheblich vermindern würde.[496] Gegen die Kritik der älteren Stimmen ist jedoch einzuwenden, dass

491 *Pache*, in: Pechstein/Nowak/Häde, EUV/GRC/AEUV, Art. 52 GRC, Rn. 26 mwN.

492 *Streinz/Michl*, in: Streinz, EUV/AEUV/GRC, Art. 52 GRC, Rn. 18.

493 Vgl. etwa exemplarisch: EuGH, Rs. C-134/15 (*Lidl*), ECLI:EU:C:2016:498, Rn. 38; Rs. C-283/11 (*Sky Österreich*), ECLI:EU:C:2013:28, Rn. 51.

494 Vgl. schon zum alten Recht: *Norer*, in: AuR 2009, 241 (242 f.); *ders./Prichenfried*, in: FS Holzer, 59 (64); *Schild*, in: MMR 2009, V (VII).

495 Stellvertretend für viele: *Belger*, Agrarbeihilfenrecht, S. 190.

496 *Belger*, Agrarbeihilfenrecht, S. 190; *Norer*, in: AuR 2009, 241 (242 f.); *ders./Prichenfried*, in: FS Holzer, 59 (64); *Schild*, in: MMR 2009, V (VII).

die veröffentlichten Daten in der Suchmaschine die geleisteten Zahlungen an die jeweiligen Empfänger so auflisten, wie sie nach den Fördertöpfen und den jeweiligen Förderinstrumenten aufgeteilt sind.[497] Die veröffentlichten Informationen sind damit in Rückkopplung zum Hintergrund der Veröffentlichung, nämlich die Bürger über die GAP zu informieren, angeordnet. Dieser Befund wird auch nach Lektüre der Erwägungsgründe deutlich. Gem. Erwgg. 84 S. 3 VO 2021/2116 soll explizit der Umfang der *„Öffentlichen Güter*“, die ein Landwirt erbringt, kenntlich gemacht werden. Diese sind das maßgebliche Indiz für die ökologische Leistungsfähigkeit. Insbesondere werden damit auch die Ökoregelungen als zentrales Instrument der ökologischen Lenkung und der Erbringung öffentlicher Güter durch die Landwirte messbar gemacht. Es sind keine anderen Daten denkbar, welche auf einer Mikroebene im Kontext der Agrarfördermittel mehr Aussagekraft haben könnten. Ferner ist auch zu beachten, dass in unserer Gesellschaft vom Leitbild eines mündigen Bürgers ausgegangen werden kann.[498] Jedoch muss auch der mündige Bürger vor „Manipulationsgefahren“ durch möglicherweise veredelte Daten und einer zu vermeidenden Informationsflut geschützt werden.[499] Dies hat zur Folge, dass die Rohdaten der Förderung für den Zweck der Transparenzherstellung prädestiniert sind. Bei der Bewertung der Eignung der Datenbank zur Förderung der Budgetpublizität ist auch stets zu beachten, dass die Budgetpublizität nur ein Baustein demokratischer Teilhabe in der europäischen Finanzverfassung ist.[500] Die Veröffentlichung der Informationen über die Agrarfördermittelempfänger steigert die demokratische Transparenz und die Beteiligung der Allgemeinheit an der GAP mit Blick auf das Ziel, die gesellschaftliche Bedeutung des Politikfeldes zu erhöhen. Durch die breit angelegte Veröffentlichungsstruktur und die detaillierte Unterteilung der beihilfenrelevanten Daten ist die Suchmaschine hinsichtlich des Ziels der allgemeinen Transparenzherstellung zu Zwecken der Förderung demokratischer Zielsetzungen sehr effektiv.

b) Effektivität zur betrugspräventiven Zielsetzung

Im nächsten Schritt wird die Effektivität der Beihilfentransparenzdatenbank im Hinblick auf die gefahrenabwehrrechtliche Zielsetzung, die dem Rechtsstaatsprinzip zuzuordnen ist, untersucht. Dabei wird im Fortgang zwischen der Effektivität im Hinblick auf die Adressatenreaktion und der zeitlichen

497 Dies ist ein Ergebnis der Reform nach der Rs. *Schecke*: BVwG, Urt. v. 20.10.2015 – W224 2113499-1,1.5.3.2.
498 *Wollenschläger*, in: AöR 2010, 364 (390) mwN.
499 *Wollenschläger*, in: AöR 2010, 364 (390) mwN.
500 *Wollenschläger*, in: AöR 2010, 364 (390) mwN.

Dimension unter Berücksichtigung des angeordneten Veröffentlichungszeitraumes differenziert.

aa) Effektivität in Bezug auf den Adressatenkreis

Fraglich ist, ob auch der gefahrenabwehrrechtliche Aspekt durch die Suchmaschine erreicht werden könnte oder der Missbrauch von Mitteln zumindest im Ansatz gefördert wird. Gegen die Eignung zu diesem Zwecke ließe sich einwenden, dass es bereits andere effektivere Mittel zur Betrugsbekämpfung in der GAP gibt, konkret das InVeKoS und die Ermittlungsbefugnisse von OLAF. Das InVeKoS enthält insbesondere organisatorische Vorgaben für die Mitgliedstaaten, die einen effektiven Vollzug der Fördermittel sicherzustellen haben.[501] Das InVeKoS macht insbesondere Rahmenvorgaben für die Antrags-, Verfahrens-, Kontroll- und Sanktionsmaßnahmen sowie Anforderungen an die Ausübung der mitgliedstaatlichen Organisationsgewalt.[502] Zudem bestimmt es Rahmenbedingungen zum Verwaltungsverfahren.[503] Es ist jedoch auf den ersten Blick nur schwer vorstellbar, wie die Information der Allgemeinheit zu einer verbesserten Betrugsbekämpfung beitragen soll. Schließlich werden Privatpersonen adressiert und der Vollzug sowie die Möglichkeit des Einsatzes ordnungsbehördlicher Maßnahmen oder die Erteilung von Verwaltungssanktionen liegen in der Verantwortung der mitgliedstaatlichen Behörden. Im Verfahren in der Rs. *Schecke* hat sich schließlich auch die Kommission der Position entgegengestellt, wonach auch die Betrugsbekämpfung ein Ziel sei, welches mit der Datenbank verfolgt wird. Es gäbe nämlich bereits mit dem InVeKoS einen vollständigen, kohärenten und effektiven Rechtsrahmen, um derlei Betrügereien zu bekämpfen, der auch ausreichend effektiv sei. Der Rat hingegen vertrat, wie bereits dargelegt, die Ansicht, dass die Veröffentlichungspflichten zur Betrugsbekämpfung beitragen.[504] Zwar wurde die Zielsetzung mit der Reform des Rechtsrahmens angepasst, gleichwohl hat das von der Europäischen Kommission vorgetragene Argument einen sachlichen Kern in puncto Effektivität der Regelung, der auch heute noch gilt. Daneben erscheint es auch fraglich, ob eine so komplexe Verwaltungsentscheidung wie die Rechtmäßigkeit eines Zahlungsanspruches aus den GAP-Fördertöpfen auf Basis der veröffentlichten Daten auf ihre Rechtmäßigkeit hin untersucht werden kann.[505] Eine umfassende Bewertung erscheint ebenso wenig aufgrund einer Kombination aus den Daten und dem Augenschein eines beispielswei-

501 *Martinez*, in: Calliess/Ruffert, EUV/AEUV/GRC, Art. 40 AEUV, Rn. 105.
502 *Härtel*, in: Streinz, EUV/AEUV/GRC, Art. 40 AEUV, Rn. 43.
503 *Härtel*, in: Streinz, EUV/AEUV/GRC, Art. 40 AEUV, Rn. 45.
504 *GA Sharpston*, Schlussantr. verb. Rs. C-92/09 u. C-93/09 (*Schecke*), ECLI:EU:C:2010:353, Rn. 114.
505 *Martinez*, in: Calliess/Ruffert, EUV/AEUV/GRC, Art. 40 AEUV, Rn. 106.

se benachbarten Landwirtes möglich. Darüber hinaus stellt sich auch die Frage der Eignung vor dem Hintergrund der subjektiven Intention, mithin den Bewegründen des Adressatenkreises. Schließlich werden keine nachvollziehbaren ökonomischen Motive durch die Landwirte verfolgt, sondern eher das „denunziantische“ Bedürfnis, andere Marktteilnehmer anzuschwärzen, instrumentalisiert. Eine denkbare Möglichkeit, wie die Datenbank die Betrugsbekämpfung unterstützen könnte, zeigt sich bei der praktischen Betrachtung der Produktionsweise. So könnte ein benachbarter Bauer bei Anzeichen gegen einen Verstoß der ökologischen Förderauflagen den Umfang von Förderungen aus den Fonds prüfen und auf Basis dieser Indizien eine Meldung an die Behörden machen. Als branchenkundige und selbst von der Regulierung Betroffene haben die Bauern auch etwaige Kenntnisse in diesem Zusammenhang, auf die sie sich berufen können, um Anhaltspunkte für Missbräuche wahrzunehmen. Dabei können auch die zur Verfügung gestellten Informationen ausreichen, um zumindest grobe Anhaltspunkte für sachkundige Personen zu geben. Um mögliche Verdachtsmomente und Ungereimtheiten zu bemerken, bedarf es nämlich keiner vollständigen Prüfung der Rechtmäßigkeit. Eine solche Prüfung obliegt den nach den Vorgaben des InVeKoS zuständigen Behörden. Eine Anregung der weiteren Untersuchung kann auch auf Basis eines summarischen Eindrucks erfolgen. Der Einsatz von Privatpersonen in einer Art bäuerlicher Hilfspolizei[506] kann damit zur Förderung des Ziels beitragen. Dabei ist der Begriff „Hilfspolizei“ nicht nach einem öffentlich-rechtlichen Verständnis zu deuten, sondern als eine laienhafte Bewertung einzuordnen. Diese „hilfspolizeiliche“ Instrumentalisierung der Öffentlichkeit ist eine jedoch sehr theoretische Option, die auf einem sehr kritisch zu betrachtenden Menschenbild der Landwirte als „Neider“ und „Missgönner“ beruht. Auch wenn die tatsächliche Effektivität des Mittels bezweifelt werden könnte, dürfte allein von der Möglichkeit eine abschreckende Wirkung für möglicherweise geplante Betrügereien ausgehen. Die durch die Datenbank gewährte Transparenz ist jedoch nur ein eher untergeordneter Faktor, um den Missbrauch von Mitteln zu verhindern. Es liegt nicht die Vorstellung zugrunde, dass interessierte Bürger unmittelbar in die Lage versetzt werden sollen, selbst Verstöße festzustellen.[507] Der Mehrwert, auch in Bezug auf den generalpräventiven Abschreckungseffekt, durch die veröffentlichten Informationen lässt sich jedoch nur schwer quantifizieren.[508] Dabei ist jedoch zu berücksichtigen, wie groß die verausgabten Summen in der Agrarförderpolitik sind. Ebenso wie kleine Fehler im Vollzug des Fördersystems zu erheblichen finanziellen Einbußen führen können, haben

506 Den Terminus haben die Kläger im Verfahren vor dem Bundesverwaltungsgericht vorgetragen: BVerwG, Urt. v. 24.10.2019 – C 21/17 (OVG Lüneburg) –, juris, Rn. 4,13.
507 BVerwG, Urt. v. 24.10.2019 – C 21/17 (OVG Lüneburg) –, juris, Rn. 15.
508 BVerwG, Urt. v. 24.10.2019 – C 21/17 (OVG Lüneburg) –, juris, Rn. 15.

auch kleinere abschreckende Maßnahmen bei den immensen Fördersummen absolut betrachtet eine erhebliche Wirkung. Dies ist für die Bewertung der Effektivität der Datenbank unter diesem Gesichtspunkt auch nicht entscheidend. Die Fortschritte sind damit Teil einer gewissen Mischkalkulation, also ein Teil eines umfassenderen Maßnahmenpakets effektiver Mittel. Die Datenbank ist nur ein Aspekt eines umfassenden Instrumentenmixes.

bb) Effektivität in Bezug auf den Zeitraum

Ein Punkt der Regelungsstruktur, welcher die Effektivität der Regelung und damit auch die Eignung fraglich erscheinen lässt, ist, dass die Informationen erst nach Ende des Bewilligungszeitraumes durch die Veröffentlichung zur Verfügung gestellt werden.[509] Eine Prüfung der Zahlung ist damit nicht möglichst nahe an der Echtzeit der Beihilfenzahlung möglich. Eine möglichst direkte Veröffentlichung könnte eine schnellere Aufklärung von Missbräuchen bewirken und im Vergleich zum Status quo eine Effektuierung der Durchsetzung der konkreten mit dem Mittel der Transparenz verfolgten Zielrichtungen erreichen. Dem ist jedoch entgegenzuhalten, dass sich Verstöße, Missbräuche und Betrügereien regelmäßig erst im Nachhinein feststellen lassen.[510] Dann ist nämlich eine Gesamtschau aller Umstände und der Marktsituation möglich. Die verstärkte öffentliche Kontrolle kann sich nur in dem konkreten Zeitpunkt der Leistungsgewährung realisieren.[511] Die nachträgliche Information kann auch zur Reflexion über das gegenwärtige System herangezogen werden.[512] Des Weiteren sind auch keine Risiken einer möglichen Verfristung oder Verwirkung von Rückforderungs- und Sanktionsbefugnissen durch das nachträgliche Hochladen der Informationen erkennbar. Demnach sind auch keine negativen rechtlichen Folgen, die zu einer Effektivitätsminderung führen könnten, aus Sicht der Eingriffsverwaltung vorhanden. Die Bewertung der Effektivität in der Gesamtschau ist auch außerhalb der Prüfung der Verhältnismäßigkeit im Lichte des weiten politischen und verwaltungstechnischen Ermessens der Unionsorgane zu bewerten. Unter Beachtung der weiten Einschätzungsprärogative, die der EuGH dem Unionsgesetzgeber in Bezug auf die Bewertung der Effektivität einräumt, begründet die Möglichkeit der abschreckenden Wirkung die Eignung und die hinreichend effektive Gestaltung für betrugspräventive Zielsetzungen im Zusammenhang mit dem Unionshaushalt.[513]

509 Dies führte die Klägerseite im Verfahren an: BVerwG, Urt. v. 24.10.2019 – C 21/17 (OVG Lüneburg) –, juris, Rn. 4.
510 BVerwG, Urt. v. 24.10.2019 – C 21/17 (OVG Lüneburg) –, juris, Rn. 15.
511 BVerwG, Urt. v. 24.10.2019 – C 21/17 (OVG Lüneburg) –, juris, Rn. 15.
512 BVerwG, Urt. v. 24.10.2019 – C 21/17 (OVG Lüneburg) –, juris, Rn. 15.
513 Im Ergebnis ebenso zur nachträglichen Veröffentlichung: BVwG, Urt. v. 20.10.2015 – W224 2113499-1, Rn. 1.5.3.2.

3. Effizienz

Die Transparenzdatenbank im Allgemeinen ist ein sehr effizientes Mittel zur Beteiligung von Bürgern in öffentlichen Angelegenheiten. Sie ist eine aus ökonomischer Sicht kostengünstige Form niedrigschwelliger und breiter Bürgerbeteiligung. Insbesondere im Vergleich zu anderen Formen der Informationsgewährung hat die Datenbank den Vorteil, dass für die Verwaltung weniger Aufwand, z. B. durch die Antragsbearbeitung bei passiven Formen der Informationsbereitstellung, entsteht, da keine Anträge bearbeitet werden müssen. Daraus ergibt sich eine Verringerung des Verwaltungsaufwandes, flankierend zu den anderen Kontrollinstrumenten.[514] Daneben entstehen auch keine weiteren Kosten für die Bürger, was auch eine Stärkung des demokratischen Aspektes durch die freie Zugänglichkeit im *Open Access* Format beinhaltet und damit Hemmschwellen abbaut. Diese Aspekte lassen sich auch auf die Handlungsform der Transparenzdatenbank im Allgemeinen zurückführen, weshalb sie auch in anderen Bereichen wie beispielsweise den staatlichen Beihilfen zu finden ist. Übergreifend lassen sich diese Effizienzgewinne als Vorteile des Einsatzes von *Open Data* einordnen. Ein weiterer Aspekt, welcher die Effizienz der Datenbank indiziert, ist die konvergente Struktur der Gestaltung des Schwellenwertes mit einer sachnahen anderen Regelungsstruktur. Die parallele Anpassung der Kleinerzeugerregelung dient dazu, den in der Rs. *Schecke* aufgestellten Anforderungen an die Wahrung des Grundsatzes der Verhältnismäßigkeit zu genügen. Dabei hat sich der Unionsgesetzgeber an dem Grenzwert für Kleinerzeuger orientiert. Die Korrelation ist aus Gründen der Kohärenz sehr naheliegend. Diese Korrelation der Schwellenwerte sorgt aus verwaltungsökonomischen Erwägungen ebenfalls zu einer Effizienzsteigerung. Die vorgenannte Pauschalisierung senkt nämlich den Aufwand für die nach nationalem Recht zuständige Behörde.[515] Grundsätzlich sind derlei kohärente Pauschalisierungen jedoch immer vor dem Hintergrund möglicherweise divergierender Zielsetzungen zwischen Regelungsregimen zu sehen, weshalb die Wahl der kohärenten Begründung im Einzelfall substituierungsbedürftig ist, um eine effektive gerichtliche Kontrolle zu ermöglichen.[516] Demgemäß ist trotz des weiten Gestaltungsspielraums des Unionsgesetzgebers eine kritische gerichtliche Kontrolle im Hinblick auf den Grundrechtsschutz am Maßstab des Grundsatzes der Verhältnismäßigkeit geboten.[517] Es ist festzuhalten, dass die Datenbank ein sehr effizientes Mittel der Transparenzherstellung ist.

514 *Wagner*, in: Jaeger/Hasslinger, Jahrbuch BeihilfenR 2014, 569 (584 f.)
515 *Wagner*, in: Jaeger/Hasslinger, Jahrbuch BeihilfenR 2014, 569 (586).
516 *Wagner*, in: Jaeger/Hasslinger, Jahrbuch BeihilfenR 2014, 569 (586 f.).
517 *Wagner*, in: Jaeger/Hasslinger, Jahrbuch BeihilfenR 2014, 569 (587).

4. Auswertung

Die Beihilfentransparenzdatenbank ist ein sehr effektives Instrument zur Steigerung der demokratischen Teilhabe und kann auch betrugspräventiv gegen den Missbrauch von Haushaltsmitteln wirken. Die Bewertung im Sinne einer quantifizierten Betrachtung der Effektivität ist jedoch nur schwer isoliert möglich, da einzelne Handlungsformen regelmäßig Teil eines größeren Instrumentenmixes sind. So wären passive Informationsrechte wie z. B. über informationsfreiheitliche Ansprüche hinsichtlich der Informationen detaillierter oder die Abschreckungswirkung der Möglichkeit gekappter Beihilfen größer als die passive Überwachung durch Privatpersonen. Dabei ist jedoch zu beachten, dass die Instrumente auch ineinandergreifen können und ihre Effektivität so steigern können, z. B. durch den gezielten Einsatz von Anträgen nach dem IFG[518].[519] Es geht jedoch übergreifend um das Zusammenführen, sich nicht widersprechender, effektiver und effizienter Bausteine zur demokratischen Partizipation und zum Schutz der finanziellen Interessen der Union. Die Beihilfentransparenzdatenbank ist darüber hinaus mit Blick auf den geringen Aufwand und die breite Streuung im höchsten Maße effizient. Daher ist die Datenbank in Bezug auf die in den Erwägungsgründen definierten Zielsetzungen effektiv und effizient zur Herstellung der bereichsspezifischen Transparenz nach dem Leitbild des wohlgeordneten Rechts. Die Ausführungen zu Effektivität und Effizienz beziehen sich vorrangig auf die rechtsstaatlichen und demokratischen Zielsetzungen der Budgetpublizität. Gleichwohl geht die allgemeine Information der Bevölkerung, wie auch bereits in den Ausführungen zur Eignung im demokratischen Zusammenhang angedeutet, auch untrennbar einher. Dabei ist jedoch zu betonen, dass die Landwirte nicht unter einen Generalverdacht als Betrüger gestellt werden. Vielmehr geht es bei der Datenbank darum, ein effektives und effizientes Mittel zur Betrugsbekämpfung und zur allgemeinen Öffentlichkeitsbeteiligung wertneutral auszunutzen, ohne einen ganzen Wirtschaftsbereich pauschal anzuprangern.

Die Agrarpolitik ist aufgrund der natürlichen Produktionsweise und der umfassenden Förderung auch einem besonderen ökologischen Rechtfertigungszwang unterworfen. Die Nachhaltigkeit hat eine besondere Bedeutung im Unionsrecht aufgrund ihres Charakters als Querschnittsverpflichtung. Daher wird im weiteren Fortgang die Eignung für die Verfolgung der ökologischen Nachhaltigkeit als Querschnittsmaterie im Rahmen des Kriteriums der „Nachhaltigkeit“ als Teilaspekt des wohlgeordneten Rechts untersucht.

---

518 Informationsfreiheitsgesetz vom 5. September 2005 (BGBl. I S. 2722), das zuletzt durch Artikel 44 der Verordnung vom 19. Juni 2020 (BGBl. I S. 1328) geändert worden ist.

519 *Wollenschläger*, in: AöR 2010, 364 (390).

III. Nachhaltigkeit

Neben den explizit intendierten Zielsetzungen, die bereits auf der Ebene der Transparenz bestimmt und im letzten Abschnitt auf ihre Effektivität und Effizienz hin untersucht wurden, ist die Datenbank, wie bereits angedeutet, in den mehrdimensionalen Kontext der Querschnittsverpflichtung zur Nachhaltigkeit einzuordnen. Daher ist zu klären, wie nachhaltig die Norm im formellen Sinne ist und was sie insbesondere in materieller Hinsicht zur ökologischen Messbarkeit der Leistungsfähigkeit der GAP beitragen kann. Bei der nachfolgenden Evaluation am Maßstab des Nachhaltigkeitskriteriums wird im ersten Schritt die formelle Nachhaltigkeit betrachtet. Im nächsten Schritt wird die Frage der materiellen Nachhaltigkeit der Norm beantwortet. Dabei wird die mögliche Tauglichkeit der Datenbank zur ökologischen Berichterstattung untersucht. Auf Basis dieser Erkenntnisse werden Parallelen zu anderen Formen der Nachhaltigkeitsberichterstattung skizziert und in den Kontext der Agrarförderdatenbank gesetzt.

1. Formelle Nachhaltigkeit

Mit der formellen Nachhaltigkeit ist die Langlebigkeit von Rechtsnormen gemeint. Rechtsnormen sollen so gestaltet werden, dass sie möglichst zukunftstauglich und auch auf Dauer vereinbar mit höherrangigem Recht sind, um ein möglichst konstantes Regelungsregime zu gewährleisten. Danach ausgerichtet sollen Normsetzungsprozesse inhaltlich zukunftsfähige Rechtsnormen hervorbringen. Gerade der Punkt der nachhaltigen Rechtsgestaltung mit Blick auf die Vereinbarkeit mit Grundrechten ist dabei von essenzieller Bedeutung. Die Frage der formellen Nachhaltigkeit der Norm ist folglich auch vor dem Hintergrund der vom EuGH in der Rs. *Schecke* aufgestellten Wertungen zu betrachten. Für eine formell nachhaltige Wertentscheidung des Gesetzgebers bedarf es einer Abwägung der konfligierenden Rechtsgüter und eines Bewusstseins über den Konflikt. Nach dem alten Rechtsrahmen, der in der Rs. *Schecke* einer Prüfung durch den EuGH unterzogen wurde, fand keine Interessengewichtung in Bezug auf natürliche Personen statt.[520] Bei der Betrachtung der historischen Umstände war nämlich nicht erkennbar, dass der Unionsgesetzgeber beim alten Rechtsrahmen Erwägungen zur datenschutzrechtlichen Konfliktlage angestellt hat.[521] Diese Ignoranz des historischen Unionsgesetzgebers vor der bereits skizzierten Konfliktlage kann man unter Zugrundelegung der Terminologien des

520 EuGH, verb. Rs. C-92/09 u. C-93/09 (*Schecke*), ECLI:EU:C:2010:662, Rn. 80.
521 EuGH, verb. Rs. C-92/09 u. C-93/09 (*Schecke*), ECLI:EU:C:2010:662, Rn. 81.

deutschen öffentlichen Rechts als eine Art Abwägungsausfall einordnen.[522] Damit hat der EuGH klargestellt, dass sowohl beim Erlass wie auch im gerichtlichen Verfahren, bei dem die Norm Gegenstand einer Rechtmäßigkeitsprüfung war, trotz ihres weiten Gestaltungsspielraumes ein gewisser Begründungsaufwand seitens der Unionsorgane gefordert wird.[523] Praktisch führt dies zu einer erhöhten Darlegungslast der Unionsorgane für ihre Rechtsakte im grundrechtsrelevanten Bereich.[524] Der Unionsgesetzgeber hat nicht einmal erwogen, weniger einschneidende Maßnahmen zur Minderung der Eingriffsintensität vorzunehmen.[525] Dieses Grundrechtsbewusstsein im Kontext der Veröffentlichungspflichten hat der Unionsgesetzgeber beherzigt und umgesetzt. Als Folge der Rs. *Schecke* hat der Unionsgesetzgeber einen Schwellenwert von 1.250 € als De-Minimis-Schwelle in Parallele zur Kleinerzeugerförderung festgelegt. Gleichzeitig findet sich in Erwgg. 81 S. 3 VO 2116/2021 ein Verweis darauf, dass in die Grundrechte auf Schutz des Privatlebens und des Datenschutzes gem. Art. 7 und 8 GRC (vgl. Erwgg. 81 S. 4 VO 2116/2021) so wenig wie möglich eingegriffen werden soll. Ferner legt sich der Unionsgesetzgeber auch fest und gibt an, dass das bestehende Rechtsregime nicht über das Maß der Veröffentlichung hinausgeht, was in einer demokratischen Gesellschaft notwendig ist (vgl. Erwgg. 85 VO 2116/2021). Damit zeigt der Unionsgesetzgeber ein hohes Maß an Problembewusstsein für die datenschutzrechtliche Konfliktsituation, die er in verhältnismäßiger Weise versucht, in Ausgleich zu bringen. Dieses Bewusstsein und die Schaffung solcher Regelungsstrukturen wie beispielsweise De-Minimis-Schwellen sind ein Element zur Herstellung formeller Nachhaltigkeit der Norm. Zwar zeugt die Anpassung des Hinweises in den Erwägungsgründen von Problembewusstsein. Die Frage der formellen Nachhaltigkeit lässt sich abschließend jedoch erst nach der Prüfung der Vereinbarkeit mit dem höherrangigen Recht, konkret den Unionsgrundrechten, beantworten.

2. Materielle Nachhaltigkeit

Maßgeblich bei der Untersuchung der materiellen Nachhaltigkeit ist die Begriffsbedeutung als materielles Rechtsprinzip aus dem Umweltrecht.[526] Mithin ist also die ökologische Dimension nach dem Drei-Säulen-Modell der Nachhaltigkeit von Relevanz. Bei der Untersuchung der Nachhaltigkeit ist zunächst der Befund festzuhalten, dass sich aus dem Normtext zur Da-

---

522 *Guckelberger*, in: EuZW 2011, 126 (130): *Brink/Wolff*, in: JZ 2011, 206 (207); *Schröder*, in: EuZW 2011, 462 (466).
523 *Schröder*, in: EuZW 2011, 462 (466).
524 *Wehlau/Lützhöft*, in: EuZW 2012, 45 (48).
525 *Mögele*, in: EuR 2020, 3 (11 f.).
526 *Gärditz*, in: Kahl, Nachhaltigkeit durch Organisation und Verfahren, S. 351 (351).

tenbank unmittelbar keine Rückschlüsse zu Aspekten der Nachhaltigkeit im Allgemeinen oder zu ökologischen Aspekten im Besonderen ziehen lassen. In diesem Zusammenhang ist zunächst die fundamentale Verknüpfung der Landwirtschaft mit dem Erhalt der Natur und der Lebensgrundlagen als teleologische Basis der weiteren Ausführungen zu sehen. Der bewirkte ökologische Mehrwert des *Green Funding* muss in Anbetracht der Wirkung der Agrarpolitik auf die Umwelt- und Fiskalpolitik der Union in hinreichendem Maße messbar sein. Dies ist der Ausgangspunkt der Überlegungen zur materiellen Nachhaltigkeit.

a) Ökologische Zielsetzung der Transparenzdatenbank

Zunächst ist festzuhalten, dass sich weder aus dem Wortlaut des Art. 98 VO 2116/2021, dem unmittelbaren Normumfeld noch aus den Erwägungsgründen unmittelbar ein ökologischer Bezug oder eine ökologische Zielsetzung der Datenbank entnehmen lässt. Ein solcher Bezug kann jedoch mittelbar aus dem Normgefüge und den Erwägungsgründen durch Auslegung abgeleitet werden. Art. 5 lit. b VO 2115/2021 ordnet zunächst grundsätzlich für die gesamte Konstruktion der GAP an, dass Umwelt, Arten und Klimaschutz einen besonderen Stellenwert in der GAP haben. Diese horizontale Zweckanordnung der allgemeinen Ziele des Art. 5 VO 2115/2021 strahlt mit Blick auf den Wortlaut und die Regelungssystematik in die gesamte Regelungsstruktur der GAP aus. Auch die VO 2116/2021 nimmt mehrfach Bezug auf die Ziele der GAP und den Umweltschutz. Diese allgemeine Zielsetzung legt eine Deutung der Datenbank in Richtung einer ökologischen und nachhaltigen Zwecksetzung nahe. Diese Deutung bekräftigen auch die aktuellen Erwägungsgründe zur Beihilfentransparenzdatenbank. Gem. Erwgg. 83 S. 1 VO 2116/2021 sollen Details über die Einzelheiten des förderfähigen Vorhabens veröffentlicht werden. Diese Aussage wird in Erwgg. 84 S. 3 VO 2116/2021, welcher sich explizit auf die Veröffentlichung der Details über die Bereitstellung der durch die Landwirte erbrachten öffentlichen Güter *(Public Goods)* bezieht, noch einmal konkret deutlich. Ziel ist übergreifend die Steigerung der Sichtbarkeit und des Verständnisses für das Politikfeld (vgl. Erwgg. 84 S. 1 VO 2116/2021). Diese Auslegung wird insbesondere vor dem Hintergrund der Klimapolitik oder anderer umweltpolitischer Zielsetzungen von überregionaler Bedeutung, die durch die Landwirtschaft beeinflusst werden, wie z. B. den Gewässerschutz, deutlich. Dieses Auslegungsergebnis legt auch der *Effet utile* als Auslegungsregel im Unionsrecht nahe. Der *Effet utile* als Argumentationstopos wird in den deutschen Sprachfassungen typischerweise als die „praktische Wirksamkeit“ bezeichnet.[527] Unter Beachtung dieses Hintergrundes gebietet eine schutzzweckbezogene

527 *Schwietert*, Effet utile und Kartellzivilrecht, S. 36.

Auslegung im Lichte des *Effet utile* als Auslegungsgrundsatz eine teleologische Auslegung, die mit Blick auf die Querschnittsverpflichtungen der Nachhaltigkeit auch eine ökologische Dimension beinhaltet. Diese Deutung verschafft der Nachhaltigkeit die größte praktische Wirksamkeit. Daher ist der Datenbank nach einer teleologischen Auslegung der Norm und ihrer Erwägungsgründe eine ökologische Zielsetzung zu attestieren.

b) Ökologische Aussagekraft der veröffentlichten Daten

Ein alter Kritikpunkt aus dem Schrifttum war, wie bereits dargestellt, dass eine umfassende Aus- oder Bewertung der Daten unter ökologischen Aspekten nicht möglich sei.[528] Die zentralen Daten zur Bestimmung der ökologischen Leistungsfähigkeit des Systems, die freiwillige Kopplung der Einhaltung von Umweltstandards als Gegenleistungen, wurden damals nicht erfasst.[529] Dieser Kritikpunkt hat nach dem heutigen rechtlichen Rahmen keine Basis mehr, da in der Datenbank bei der jeweiligen Förderung auch der Grad erbrachter öffentlicher Leistungen erfasst wird. Insgesamt sind die zur Verfügung gestellten Daten für die abgeleitete Zweckerreichung effektiv und damit als geeignet zur Erfüllung der Querschnittsverpflichtung anzusehen. Durch diese vorgenommene Veröffentlichung wird klar, welche Bauern es als notwendig ansehen, im Rahmen der landwirtschaftlichen Tätigkeit mehr als nur das Mindestmaß ökologischer Standards einzuhalten und entsprechend auch höhere Zuschüsse zu erhalten. Dies ist unter Gesichtspunkten des *Green Funding*, also der Förderung ökologischer Zielsetzungen durch Fördermittel, ein sinnvolles, ergänzendes Kontrollmittel der Öffentlichkeitsbeteiligung. Die so erzeugte Transparenz kann eine Basis für öffentliche Debatten sein. Die Informationsbasis ist insbesondere für lokale Debatten um die Diskussion des ökologischen Entwicklungsstandes der jeweiligen regionalen Landwirtschaft von Bedeutung. So kann durch die Suchfunktion der Datenbank nach Postleitzahlen eingesehen werden, welche Landwirte in einem Gebiet etwas für den Umweltschutz tun, das über das absolute Minimum hinausgeht und wie sich diese Erkenntnisse ins regionale Gesamtbild einfügen.

Mit Blick auf die herausgearbeitete ökologische Zielsetzung kann nach Sinn und Zweck eine Parallele zu den Zielsetzungen des deutschen Umweltinformationsgesetzes (UIG)[530] als umgesetztes Unionsrecht gezogen werden. Zweck des Gesetzes ist es, eine effektive öffentliche Kontrolle in öffentli-

528 *Belger*, Agrarbeihilfenrecht, S. 190 mwN.

529 *Belger*, Agrarbeihilfenrecht, S. 190.

530 Umweltinformationsgesetz in der Fassung der Bekanntmachung vom 27. Oktober 2014 (BGBl. I S. 1643), das zuletzt durch Artikel 2 des Gesetzes vom 25. Februar 2021 (BGBl. I S. 306) geändert worden ist.

chen Umweltangelegenheiten zu schaffen.[531] Effektiver Umweltschutz und Umweltpolitik sind sehr abhängig von der zur Verfügung gestellten Datenbasis.[532] Das UIG selbst ist in hohem Maße unions- und völkerrechtlich geprägt.[533] Das UIG verfolgt also Zwecke und enthält Wertungen, die dem Gesamtkonzept des Umweltrechts im Mehrebenensystem entsprechen. Dabei korreliert die agrarsektorspezifische Datenbank inhaltlich mit dem Gewährleistungsgehalt des § 10 UIG als aktive Informationsveröffentlichung. Zumal auch insgesamt anerkannt ist, dass die Informationen über Agrarzahlungen Umweltinformationen iSd § 2 Abs. 3 UIG sind.[534] Die Norm der Transparenzpflichten im Bereich der Agrarbeihilfen bildet damit eine vollharmonisierende *lex specialis* zur aktiven Umweltinformationsveröffentlichung gem. § 10 UIG.[535]

c) Parallele zu privatwirtschaftlichen Transparenzpflichten

Die Information der Öffentlichkeit über die ökonomischen Folgen und Zielsetzungen eingesetzten öffentlichen Kapitals findet sich in ähnlicher Weise auch bei privaten Investoren. Auch in anderen unionsrechtlich determinierten Bereichen finden sich Aspekte der ökologischen Öffentlichkeitsbeteiligung, die nicht außer Acht zu lassen sind.[536] Die Union hat nämlich in weiten Teilen der Wirtschaft unternehmensbezogene ökologische Berichterstattungspflichten eingeführt. Diese Form der Regelungsstruktur wird als *Green Financing* bezeichnet.[537] Zentrale Rechtsakte sind die Offenlegungs-Verordnung[538] für Unternehmen im Finanzdienstleistungssektor sowie als

---

531 *Karg*, in: Gersdorf/Paal, BeckOK-Info/MedienR, § 1 UIG, Rn 1 ff.; *Reidt/Schiller*, in: Landmann/Rohmer, UmweltR, Vorbemerkung zum UIG, Rn. 1; *Lohmann*, in: NuR 2018, 607 (608).

532 *Karg*, in: Gersdorf/Paal, BeckOK-Info/MedienR, § 1 UIG, Rn 1a; *Reidt/Schiller*, in: Landmann/Rohmer, UmweltR, Vorbemerkung zum UIG, Rn. 1.

533 Detailliert zum vielschichtigen Hintergrund im Mehrebenensystem: *Karg*, in: Gersdorf/Paal, BeckOK-Info/MedienR, § 1 UIG, Rn 12aff; *Reidt/Schiller*, in: Landmann/Rohmer, UmweltR, Vorbemerkung zum UIG, Rn. 16 ff.

534 *Schomerus/Scheel*, in: ZUR 2010, 188 (189 f.) mwN.

535 Ebenso zum alten Recht: *Schomerus/Scheel*, in: ZUR 2010, 188 (188).

536 Das Ziehen der Parallele könnte man auch dem Kohärenzkriterium zuordnen. In diesem Fall erscheint die Zuordnung unter dem Aspekt der Nachhaltigkeit jedoch naheliegender. Mit Blick auf die inhaltliche Verknüpfung von Information zu den ökologischen Veröffentlichungspflichten als materiellen Leitaspekt wird dies nach einer Schwerpunktbetrachtung bei der Nachhaltigkeit untersucht.

537 Stellvertretend für viele: *Burgi*, in: NVwZ 2021, 1401 (1407).

538 Verordnung (EU) 2019/2088 des Europäischen Parlaments und des Rates vom 27. November 2019 über nachhaltigkeitsbezogene Offenlegungspflichten im Finanzdienstleistungssektor, ABl. EU 2019 L 317/1 (Im weiteren Fortgang als Offenlegungs-VO bezeichnet.)

sektorübergreifender Rechtsakt die Taxonomie-Verordnung.[539] Im weiteren Fortgang wird jedoch nur auf die Taxonomie-VO aufgrund ihres sektorübergreifenden Ansatzes Bezug genommen. Ein konstituierendes Element der Taxonomie-VO sind die Transparenzpflichten im nicht-finanziellen Bereich, die Art. 8 Taxonomie-VO den unterfallenden Unternehmen auferlegt. Die sektorübergreifende Zielsetzung der Rechtsakte ist die Lenkung von Kapitalflüssen hin zu nachhaltigen Investitionen.[540] Zu diesem Zweck werden unternehmensbezogene Anforderungen, die in Art. 3 und 9 Taxonomie-VO bestimmt sind, angeordnet. Gegenstand der Veröffentlichungspflichten sind damit die Kriterien für ökologisch nachhaltige Wirtschaftstätigkeiten (Art. 3 Taxonomie-VO) und die definierten Umweltziele (Art. 9 Taxonomie-VO). Die Taxonomie-VO selbst hat ihren Ursprung auf internationaler Ebene in den *Sustainable Development Goals* (SDG)[541] der Vereinten Nationen.[542] Die Zielsetzungen fügen sich mithin in die globalen Nachhaltigkeitsziele ein.

Teile des Schrifttums schlagen vor, dass die unternehmensbezogenen Nachhaltigkeitskriterien der Taxonomie-VO als Maßstab für begünstigende Entscheidungen der öffentlichen Hand fungieren können.[543] Dies ist ein Gedanke kohärenter Politikgestaltung, der *de lege lata* zwar noch nicht unmittelbar praktiziert wird, aber aus dogmatischer und ökonomischer Sicht nicht abwegig ist.[544] Gleichzeitig sind die Möglichkeiten der Kopplung von Beihilfen an ökologische Kriterien größer als im Vergaberecht, wegen der dort dominierenden Bedeutung des Auftragsgegenstandes.[545] Ansätze des Willens, diese Art der Industriepolitik zu betreiben, wurden von der Kommission bereits angedeutet.[546] In den Möglichkeiten der gelockerten Beihilfengewährung, welche die Kommission in ihren Leitlinien einräumt, wird zum Teil bereits auf die Taxonomie-VO verwiesen. Ein Beispiel dafür findet sich in den Leitlinien für staatliche Klima-, Umweltschutz- und Energiebeihilfen 2022.[547] In den Nummern 72 und 134 der Leitlinien finden sich Verweise

---

539 Verordnung über die Einrichtung eines Rahmens zur Erleichterung nachhaltiger Investitionen und zur Änderung der Verordnung (EU) 2019/2088, ABl. EU 2020 L 198/13 (Im weiteren Fortgang als Taxonomie-VO bezeichnet).

540 *Burgi*, in: NVwZ 2021, 1401 (1407).

541 Vereinte Nationen, Transformation unserer Welt: die Agenda 2030 für nachhaltige Entwicklung, 2015, A/70/L.1.

542 Erwgg. 2 Taxonomie-VO.

543 *Burgi*, in: NVwZ 2021, 1401 (1407); *Krönke*, in: NVwZ 2022, 1606 (1607).

544 *Krönke*, in: NVwZ 2022, 1606 (1607).

545 *Krönke*, in: NVwZ 2022, 1606 (1609).

546 KOM (2020) 21 final, S. 11; kritisch im Hinblick darauf, dass eine direktere Bezugnahme zur Taxonomie-VO wünschenswert gewesen wäre: *Calliess/Dross*, in: ZUR 2020, 456 (460).

547 Abl. 2022/C 80/01.

auf die Taxonomie-VO deren Wertungen insbesondere bei Abwägungsentscheidungen zu berücksichtigen sind. Praktisch führen die Verweise auf die Taxonomie-VO, zu Erleichterungen für Unternehmen, welche die Taxonomie-VO ordnungsgemäß umsetzen.[548] Die GAP könnte für diese Art der Politikgestaltung und Kopplung in der Leistungsverwaltung Pate stehen.[549] Die Anforderungen, welche die Taxonomie-VO aufstellt und von den Berichtspflichten umfasst sind, bilden damit einen einheitlichen Maßstab für die Bewertung privater Investoren. Der Maßstab für die Nachhaltigkeit von Investitionen privaten und öffentlichen Kapitals wäre damit im Gleichlauf, was einen erhöhten Anreizeffekt auf Unternehmensseite zur Folge hätte. Durch diesen Gleichlauf können Hoheitsträger ihre ökologische Förderaufgabe erfüllen und auch eine Vorbildfunktion einnehmen.[550] Gleichzeitig reduziert sich auch der Aufwand für die Unternehmen, da es einen einheitlichen Maßstab auf Basis der Veröffentlichungspflichten geben würde.

Es gibt jedoch einen zentralen Unterschied zwischen dem Gleichlauf der Maßstäbe von *Green Financing* und *Green Funding* im Allgemeinen im Vergleich zur Agrarförderpolitik der GAP. Die Agrarförderpolitik ist aus historischen, ökonomischen und politischen Gründen auf die Alimentation der Landwirte angelegt. Diese komplexe Gemengelage macht die Förderung der Landwirte in absehbarer Zeit unabdingbar. Diese Verpflichtung soll aufgrund der Verknüpfung der Landwirtschaft mit der Fiskal-, und Haushaltspolitik transparent gemacht werden. Insbesondere können bei einer Abwägung der negativen Folgen der Beihilfen für den Binnenmarkt etwaige Wettbewerbsverzerrungen gegen positive ökologische Maßstände abzuwägen sein. Dabei kann insbesondere auf den Begriff der „erheblichen Beeinträchtigung“ von Umweltzielen in Art. 17 Taxonomie-VO verwiesen werden.[551] Zwar geht es bei der Taxonomie-VO von der grundsätzlichen Zielrichtung nicht um die Regulierung von Beihilfengewährungen. Worauf es jedoch ankommt ist die Wertung im Wege einer Gesamtbetrachtung unter Zugrundlegung einer Einheitlichkeit der europäischen Wirtschaftsregulierung im Wege einer Gesamtabwägung des auslegungsoffenen Ausnahmetatbestandes im Beihilfenrecht zu berücksichtigen.[552] Dieser Wertung kommt eine besondere Bedeutung im Zusammenhang mit den mitgliedstaatlichen Förderungen kon-

---

548 *Stöbener de Mora*, in: EuZW 2022, 195 (196); *Meyer/Hoffmann*, in: EuZW 2023, 413 (415).

549 *Krönke*, in: NVwZ 2022, 1606 (1609) bezeichnet die Konditionalitäten der GAP sogar als ein „*Musterregelwerk*“ für diese Politikgestaltung.

550 Zum Vergaberecht als Vorbild: *Steengrafe*, Ökologische Aspekte im Beschaffungswesen, S. 93.

551 *Wallenberg/Schütte*, in: Grabitz/Hilf/Nettesheim, EU-Recht, Art 107 AEUV, Rn. 372.

552 *Wallenberg/Schütte*, in: Grabitz/Hilf/Nettesheim, EU-Recht, Art 107 AEUV, Rn. 372.

ventioneller Energieträger bei, die typischerweise nicht förderwürdig sind da es an den positiven Auswirkungen für die Umwelt fehlt.[553]

Im Gegensatz zum planwirtschaftlich organisierten Agrarmarkt ist die allgemeine Vergabe von Beihilfen in den meisten Sektoren nicht der Regelfall der Wirtschaftspolitik in marktwirtschaftlichen Strukturen, wie es sie in der Union gibt (vgl. Art. 3 Abs. 3 S. 1 EUV). Darüber hinaus ist bei einem Vergleich der Transparenzregime im Hinblick auf die mögliche Verknüpfung zu öffentlichen Finanzen die strukturelle Anordnung verschieden. Bei den Transparenzerfordernissen im Agrarsektor gibt es Förderanforderungen, die zu einer Zuwendung in Form einer Agrarbeihilfe führen können. Das Ergebnis der Zuwendung wird mithin publik gemacht. Demgegenüber bilden die Veröffentlichungspflichten der Taxonomie-VO die ökologische Aufstellung eines Unternehmens ab, die eine verhaltenssteuernde Wirkung auf Investoren und möglicherweise die öffentliche Hand haben sollte. Im Agrarsektor wird demzufolge das Ergebnis einer hoheitlichen Entscheidung bekannt gegeben, aus dem sich möglicherweise ökologische Rückschlüsse ziehen lassen. Demgegenüber geben die Informationen, die nach der Taxonomie-VO preiszugeben sind, eine Basis für weitere Entscheidungen. Die Veröffentlichung von Beihilfen ist damit am Ende eines Verfahrens, wohingegen die Taxonomie-VO eine Informationsbasis für wirtschaftliche Prozesse geben will. Übergreifend lässt sich daraus als ein allgemeiner strategischer Gedanke in der Politikgestaltung der EU ableiten, dass sie Informationen als Mittel zur Verfolgung ökologischer Aspekte einsetzt. Die veröffentlichten Informationen in der Datenbank über den Umfang erbrachter öffentlicher Güter sind dabei ein sektorspezifischer Ansatz eines Instrumentenmixes öffentlicher Berichterstattungspflichten.

d) Auswertung

Bei Betrachtung der Nachhaltigkeit im Zusammenhang mit der Datenbank fällt eine enge sachliche Verknüpfung durch den Bezug zur Regulierung der Agrarindustrie auf. Mit Blick auf das eingesetzte Mittel der Transparenzdatenbank, die auf ihre Nachhaltigkeit hin untersucht wurde, ist eine enge Verknüpfung zwischen der Transparenz und der Nachhaltigkeit gegeben. Diese Verflechtung resultiert aus der ökologischen Einwirkung des untersuchten Wirtschaftssektors, dem erarbeiteten Sinn und Zweck der Transparenz und damit einhergehend der Veröffentlichungsstruktur der Datenbank. Es werden folglich auch über die allgemeine Budgetpublizität hinaus ökologische Zielsetzungen verfolgt. Diese Gewährleistung der Transparenz in ökologisch-monetärem Bezug steht jedoch nicht vollständig isoliert von der allgemeinen Budgetpublizität. Vielmehr fügt es sich als besonderes Element

553 *Wallenberg/Schütte*, in: Grabitz/Hilf/Nettesheim, EU-Recht, Art 107 AEUV, Rn. 372.

der Messbarkeit der Ausgabenpraxis im existenziellen Bereich des Umweltschutzes mit ein. An dieser Stelle zeigt sich die besondere Verknüpfung von Beihilfengewährung und Umweltschutz durch das *Green Funding*. Die Details über die Art der Förderung geben Aufschluss über den Grad des ökologischen Einsatzes der Landwirte auf der Mikroebene. Im Rahmen der nicht primär auf ökologische Berichterstattung abzielenden, sondern auf fiskalische Zielsetzungen angelegten Datenbank wird der ökologische Aspekt als materielles Nachhaltigkeitskriterium in hinreichendem Maße verfolgt. Die praktischen wirtschaftlichen Folgen der Veröffentlichungen der Nachhaltigkeit für die Landwirte dürften sich jedoch in Grenzen halten. Anders als beispielsweise Lebensmittelunternehmer stehen Bauern aufgrund ihrer Stellung in der Wertschöpfungskette in keinem vergleichbaren Verhältnis auf dem Markt gegenüber den Endabnehmern und ihren Konsumkriterien. Anders als Lebensmittelproduzenten, die ihre Ware entweder direkt B2C vertreiben oder an Lebensmitteleinzelhändler, die ihre Ware B2C vertreiben und damit eine ähnliche Interessenlage haben, was Trends und Käuferinteressen angeht, etwa durch den Vertrieb von Produkten, die mit umweltbezogenen Ausgaben werben. Beim Verkauf B2B kommt es weniger auf ethische Wahrnehmungen im Interesse des Umweltschutzes an, sondern eher auf die formale Compliance mit regulatorischen Anforderungen wie Qualitätsklassen, um beispielsweise mit diesen werben zu können. Ansonsten wird die Beziehung B2B zwischen Landwirt und Lebensmittelproduzent vor allem durch Kostenfragen in der Lieferbeziehung auf diese Ebene der Wertschöpfungskette bestimmt. Die Kriterien im primären Absatzmarkt der Landwirte sind mithin rationaler und bleiben demnach unberührt von etwaigen inhaltlichen Details ihrer Fördermittelzusammensetzung. Von der Veröffentlichung der Informationen gehen folglich keine negativen Zielsetzungen aus, da die Datenbank nicht als eine Art Pranger gegen konventionell arbeitende Landwirte gedacht ist. Insoweit ist der Absatz der Landwirte in ihren Lieferbeziehungen kaum davon bedroht, wie stark ihr Einsatz für den Umweltschutz ist, sofern dies nicht mit anderen regulatorischen Trends in der Branche korreliert.

e) Rechtspolitische Überlegungen de lege ferenda

Trotz des Auslegungsergebnisses sollte die ökologische Komponente als Zielsetzung klar in den Erwägungsgründen (*de lege ferenda*) verankert werden, damit diesen in Auslegungsfragen ein besonderes Gewicht zugebilligt werden kann. Zwar lässt sich eine gewisse ökologische Dimension bereits durch Auslegung ermitteln, eine explizite Anordnung trägt jedoch zur rechtssicheren Anwendung im Einzelfall bei. Zu diesem Zwecke ist es ratsam, einen Verweis auf die Zielsetzungen der aktuellen GAP in die Erwägungsgründe aufzunehmen. Dabei sollte auch eine Verknüpfung der ökologischen Zielsetzungen mit den erbrachten *Public Goods* im System der

Öko-Regelungen getroffen werden. In diesem Zusammenhang ist jedoch zu betonen, dass die primäre Zielsetzung nach dem Willen des Gesetzgebers nicht umweltbezogener Natur ist. Die effektive Realisierung der Budgetpublizität steht im Fokus.

IV. Kohärenz

Bei der Untersuchung der bisherigen Kriterien wurden die Transparenzdatenbank, ihre Zielsetzungen und ihr normativer Hintergrund in umfassendem Maße ausgewertet. Im Rahmen der Evaluation des Kohärenzkriteriums wird sich vertieft mit der Stellung der Beihilfentransparenzdatenbank für Agrarbeihilfenempfänger im übergeordneten Kontext des europäischen Wirtschaftsrechts auseinandergesetzt. In dieser Untersuchung wird zunächst eine Prüfung des klassischen Kohärenzprinzips aus Art. 7 AEUV als Mikrokohärenz vorgenommen. Diese könnte auch innerhalb der Grundrechtsprüfung beim Prüfungsstandort der Geeignetheit als Teil der Ziele, Werte und Rechtsprinzipien der Union vorgenommen werden.[554] Aus Gründen der Übersichtlichkeit findet diese Prüfung als Unterpunkt des Kohärenzkriteriums in der Evaluationsstruktur des wohlgeordneten Rechts statt. Bei der Untersuchung der Kohärenz als Teilaspekt des wohlgeordneten Rechts wird sich in dieser Arbeit ergänzend zur reinen Prüfung der Querschnittsverpflichtung des Art. 7 AEUV als Rechtmäßigkeitsvoraussetzung auch der Makrostruktur der Transparenzpflichten im Unionsrecht gewidmet. Damit soll ein übergreifender Vergleich der Veröffentlichungspflichten, denen Landwirte in der Gesamtrechtsordnung ausgesetzt sind, gebildet werden. Es wird also die Kohärenz unter dem Aspekt der „Einheit der Rechtsordnung“ und nicht nur unter dem Gesichtspunkt der Zielkohärenz innerhalb des Normzwecks betrachtet. In dieser Untersuchung werden also sowohl die Gesamt-, wie auch die Teilrechtsordnung als Bezugspunkt der Kohärenz herangezogen.

1. Mikrokohärenz

Man könnte wegen der ursprünglich divergierenden Zweckrichtungen des Transparenzanliegens einen Verstoß gegen das Kohärenzgebot annehmen. Die bereits skizzierten Ziele stehen aber in keinem Exklusivitätsverhältnis und widersprechen sich nicht. Ziel ist es, die Allgemeinheit über die ge-

554 Die herrschende Meinung verortet das Kohärenzprinzip auf der Ebene der Geeignetheit. Es gibt jedoch auch Stimmen im Schrifttum die es im legitimen Zweck verorten oder als eigenständige Schranken-Schranke qualifizieren, vgl. dazu: *Hollwitz*, Wohlgeordnetes Agrarstrukturverbesserungsgesetz, S 144 ff. mwN.

leisteten Agrarförderzahlungen zu informieren. Dabei können die gleichen Informationen von informierten Kreisen (Landwirten) andere Handlungen nach sich ziehen als beim Durchschnittsbürger. Dies hat der Unionsgesetzgeber in den Erwägungsgründen auch klargestellt. Die Ziele behindern und widersprechen sich jedoch nicht und sind deshalb kohärent iSd Art. 7 AEUV. Es könnte jedoch ein Verstoß gegen das Kohärenzgebot wegen eines Widerspruchs zwischen der verfolgten Zielsetzung und dem eingesetzten Mittel vorliegen.

Die Klägerseite im Verfahren vor dem BVerwG hat vorgetragen, dass es widersprüchlich sei, wenn das Ziel der Veröffentlichung eine generalpräventive Information der Allgemeinheit sei, aber gleichzeitig ein Schwellenwert, ab dem sich die Pflicht aktiviert wird, festgelegt wird.[555] Diese De-Minimis-Schwelle verzerre die Wahrnehmung der Öffentlichkeit und sei deshalb nicht geeignet.[556] Dies ist insbesondere vor dem Hintergrund zu betrachten, dass die Kleinerzeuger einen erheblichen Anteil an der Gesamtförderung ausmachen. Diesem Einwand ist jedoch entgegenzuhalten, dass die Eignung in Bezug auf die übrigen Empfänger oberhalb des Schwellenwertes unberührt bleibt.[557] Darüber hinaus hat der Unionsgesetzgeber hinsichtlich der Kohärenz, also wie er die Ziele in Einklang bringt, einen weiten Gestaltungsspielraum.[558] Dieser ist auch vor dem Hintergrund des konkreten Falles zu sehen. Ziel der Veröffentlichung als Regelungsstruktur, welche die Widersprüchlichkeit aus Sicht der Klägerseite begründen soll, ist es, übergreifend die Intensität der Verpflichtung in puncto Streuung für kleinere Empfänger zu minimieren. Der Einsatz solcher De-Minimis-Schwellen ist im Bereich der Wirtschaftsregulierung ein anerkanntes Mittel zur Verringerung der Eingriffsintensität. Der Gestaltungsspielraum ist daher, umso weiter zu gewähren, wenn der Zweck einer Regelung die Herstellung eines angemessenen Interessenausgleichs ist. Die jeweils berechtigten Interessen vom Schutz personenbezogener Daten und dem öffentlichen Kontrollinteresse sollen in Einklang gebracht werden.[559] In diesem Punkt ist auch zu berücksichtigen, dass die Daten derjenigen unterhalb des Schwellenwertes veröffentlicht werden, wenn auch nur anonymisiert.[560] Damit werden diese nicht gänzlich ausgeblendet. Jedenfalls findet keine erhebliche Verzerrung der Daten statt. Mithin liegt kein Verstoß gegen das Kohärenzgebot gem. Art. 7 AEUV unter dem Gesichtspunkt der Mikrokohärenz vor.

---

555 BVerwG, Urt. v. 24.10.2019 – C 21/17 (OVG Lüneburg) –, juris, Rn. 4.

556 Ohne, dass die Klägerseite dies in den Kontext des unionsrechtlichen Kohärenzgebotes gestellt hat: BVerwG, Urt. v. 24.10.2019 – C 21/17 (OVG Lüneburg) –, juris, Rn. 4.

557 BVerwG, Urt. v. 24.10.2019 – C 21/17 (OVG Lüneburg) –, juris, Rn. 15.

558 *Hollwitz*, Wohlgeordnetes Agrarstrukturverbesserungsgesetz, S. 146 f. mwN.

559 BVerwG, Urt. v. 24.10.2019 – C 21/17 (OVG Lüneburg) –, juris, Rn. 18.

560 BVerwG, Urt. v. 24.10.2019 – C 21/17 (OVG Lüneburg) –, juris, Rn. 15.

2. Makrokohärenz

Im nachfolgenden Abschnitt wird ein rechtsbereichsübergreifender Vergleich zwischen der Transparenz im Bereich staatlicher Beihilfen und der Unionsbeihilfen mit einem sektorspezifischen Fokus auf den Landwirtschaftsbeihilfen vorgenommen.

a) Hintergrund der konkreten Vergleichsbildung

In verschiedenen Gebieten unionsrechtlich determinierter Wirtschaftsbereiche finden sich Veröffentlichungspflichten, insbesondere im Bereich der staatlichen Beihilfen. Die Veröffentlichungspflichten für finanzielle Zuschüsse, die im Rahmen der Transparenzinitiative 2006 eingeführt wurden und Untersuchungsgegenstand dieser Arbeit sind, gelten allein für finanzielle Förderungen aus Unionsmitteln. Transparenz hat jedoch auch im Bereich staatlicher Beihilfen eine sehr hohe Bedeutung.[561] Es gibt vor diesem Hintergrund auch normativ verankerte Transparenzpflichten im Bereich der staatlichen Beihilfen (vgl. Art. 107 ff. AEUV), die aus mitgliedstaatlichen Haushaltsmitteln finanziert werden. Hierbei kommen ebenso öffentlich zugängliche Datenbanken, einsehbar über Suchmaschinenstrukturen, zur Veröffentlichung von Daten über begünstigte Personen zum Einsatz.

Mit Blick auf die Kohärenz der Strukturen in der Unionsrechtsordnung lohnt sich die Betrachtung solch paralleler Regelungsstrukturen zum Erkenntnisgewinn. Speziell zur Bestimmung von Wertungen in Bezug auf die Veröffentlichung personenbezogener und unternehmensbezogener Daten von öffentlichen Fördermittelempfängern, ungeachtet der Herkunft der Finanzierung.[562] Anhand dieses Vergleichs werden übergreifende Strukturen der *ex post* Informationsgewährung im Kontext der Leistungsverwaltung im Mehrebenensystem herausgearbeitet.

Daher wird bei der nachfolgenden Betrachtung der Kohärenz ein Vergleich zwischen den Transparenzpflichten aus dem europäischen Agrarförderrecht und dem staatlichen Beihilfenrecht (Art. 107 ff. AEUV) gebildet. Exemplarisch werden die zentralen Veröffentlichungspflichten aus dem Bereich

---

561 Die EU-Kommission formuliert selbst, dass es einer transparenteren Beihilfenpolitik bedarf, um die Rechtssicherheit für Mitgliedstaaten zu erhöhen und gleichzeitig den Verwaltungsaufwand zu minimieren, vgl. Aktionsplan staatliche Beihilfen, KOM (2005) 107 endg., Rn. 17 ff. Das Konsultationspapier stammt aus dem Jahre 2005, womit klar wird, dass es sich seit Langem um ein Ziel in der Beihilfenpolitik handelt, das die Union erkennt und einen Handlungsbedarf auslöst.

562 Vgl. exemplarisch: *Härtel*, in: Streinz, EUV/AEUV/GRC, Art. 38 AEUV, Rn. 49, die einen Vergleich zwischen der Regulierung staatlicher Beihilfen und der Agrarsubventionen bei der Festlegung eines Vorschlages für die Neukonzeption eines Schwellenwertes übertragen möchte.

staatlicher Beihilfen vorgestellt. Konkret werden die Transparenzpflichten im Rahmen der allgemeinen Gruppenfreistellungs-Verordnung (AGVO)[563] als praktisch wichtigster Anwendungsfall intensiv behandelt.[564] Für die weitere Untersuchung sind jedoch nicht nur die Veröffentlichungspflichten aus der AGVO maßgeblich, sondern auch die der Agrar-AGVO[565] als sektorspezifische Regulierung. Im Anschluss werden die Transparenzpflichten der Agrarbeihilfenempfänger mit denen der Empfänger staatlicher Beihilfen im Allgemeinen sowie die von Agrarbeihilfenempfängern durch mitgliedstaatliche Förderung im Speziellen in einer gemeinsamen Betrachtung verglichen. Zentrale strukturell parallel verlaufende Regelungsinstrumente sind die Ausgestaltung der Transparenzpflichten in zeitlicher Hinsicht (Löschfristen) sowie die monetäre Dimension der Eröffnung des jeweiligen Anwendungsbereiches (Schwellenwerte). Die gewonnenen Erkenntnisse sind, insbesondere aus rechtsgestaltenden Gesichtspunkten sowie bei der Vereinbarkeit mit den Grundrechten und einer möglichen Anpassung der Veröffentlichungspflichten im Rahmen rechtspolitischer Überlegungen, *de lege ferenda* für den Fortgang der Untersuchung von Bedeutung.

563 Verordnung (EU) 2021/1237 der Kommission vom 23. Juli 2021 zur Änderung der Verordnung (EU) Nr. 651/2014 zur Feststellung der Vereinbarkeit bestimmter Gruppen von Beihilfen mit dem Binnenmarkt in Anwendung der Artikel 107 und 108 des Vertrags über die Arbeitsweise der Europäischen Union, ABl. 2021 L 270.

564 Es gibt Veröffentlichungspflichten an verschiedenen Stellen im Bereich staatlicher Beihilfen, diese funktionieren jedoch ähnlich wie die der AGVO, vgl. exemplarisch: Mitteilung der Kommission zum Unionsrahmen für staatliche Beihilfen zur Förderung von Forschung, Entwicklung und Innovation ABl. 2014/C 198/01, 4.7, dort: Erwgg. 119; Mitteilung der Kommission zur Änderung der Mitteilungen der Kommission über Leitlinien der EU für die Anwendung der Vorschriften über staatliche Beihilfen im Zusammenhang mit dem schnellen Breitbandausbau, über Leitlinien für Regionalbeihilfen 2014–2020, über staatliche Beihilfen für Filme und andere audiovisuelle Werke, über Leitlinien für staatliche Beihilfen zur Förderung von Risikofinanzierungen sowie über Leitlinien für staatliche Beihilfen für Flughäfen und Luftverkehrsgesellschaften ABl. 2014/C 198/02, I, Abschnitt 4.7, dort: Erwgg. 119. Des Weiteren sind die Transparenzpflichten auch ein Mittel des Ausgleichs in Krisenzeiten, bei denen die Regeln des europäischen Beihilfenrechts von Unionsseite gelockert werden. So z. B. im Zuge der COVID-19 Pandemie: Mitteilung der Kommission Befristeter Rahmen für staatliche Beihilfen zur Stützung der Wirtschaft angesichts des derzeitigen Ausbruchs von COVID-19; Abl. 2020/C 91 I/01, vertieft dazu: *Kreitz*, in: LKV 2022, 493 ff.

565 Verordnung (EU) Nr. 702/2014 der Kommission vom 25. Juni 2014 zur Feststellung der Vereinbarkeit bestimmter Arten von Beihilfen im Agrar- und Forstsektor und in ländlichen Gebieten mit dem Binnenmarkt in Anwendung der Artikel 107 und 108 des Vertrags über die Arbeitsweise der Europäischen Union, ABl. L 193/1. (Im weiteren Fortgang als Agrar-AGVO bezeichnet.)

b) Veröffentlichungspflichten nach der AGVO

Nachfolgend werden die Veröffentlichungspflichten aus der AGVO in Bezug auf Funktionsweise sowie Sinn und Zweck skizziert. Auf dieser Basis werden im nächsten Schritt die Veröffentlichungspflichten verglichen. Die gewonnenen Erkenntnisse werden anschließend ausgewertet.

aa) Allgemeine Funktionsweise der AGVO

Durch den Erlass der AGVO verzichtet die Kommission auf die Notifizierung gem. Art. 108 Abs. 3 AEUV von festgelegten Gruppen staatlicher Beihilfen iSd Art. 107 Abs. 1 AEUV (vgl. Art. 1 Abs. 1 AGVO). Damit wird auch auf das Mittel der mit der Notifizierungspflicht einhergehenden *ex ante*-Kontrolle ihrer Vereinbarkeit mit den Regeln des Binnenmarktes und dabei insbesondere des Beihilfenverbots gem. Art. 107 Abs. 1 AEUV verzichtet.[566] Beihilfen, die sowohl die allgemeinen (Art. 1–12 AGVO), wie auch die für bestimmte Gruppen (Art. 13–42 AGVO) geltenden Voraussetzungen erfüllen, sind von der grundsätzlichen Pflicht zur Anmeldung der Beihilfe (Notifizierung) gem. Art. 108 Abs. 3 AEUV befreit.[567] Alle in der AGVO aufgeführten Tatbestände sind antizipierte und allgemeinverbindliche Ermessensausübungen der Kommission im Rahmen des Art. 107 Abs. 3 AEUV.[568] Anders als die De-Minimis-Verordnung[569] bei der die Eignung der Beihilfen zur Verzerrung des Wettbewerbs im Binnenmarkt unterhalb des Schwellenwertes abgelehnt wird, geht die AGVO davon aus, dass eine Beihilfe, welche die Voraussetzungen der Freistellung erfüllt, pauschal mit dem Binnenmarkt vereinbar ist.[570]

Übergreifend soll die AGVO zur Vereinfachung des Beihilfenkontrollverfahrens beitragen und damit den Verwaltungsaufwand für alle beteiligten Parteien verringern.[571] Für staatliche Beihilfen, die nicht unter die AGVO fallen, gilt weiterhin die Anmeldepflicht gem. Art. 108 Abs. 3 S. 1 AEUV.[572] Es findet im Rahmen der AGVO lediglich eine Prüfung seitens der Mitgliedstaaten statt. In der Folge werden nach der AGVO freigestellte Beihil-

566 *Götz*, in: Dauses/Ludwigs, EU-WirtschaftsR, Kapitel H, III., Rn. 25.

567 Erwgg. 6 AGVO.

568 *Nowak*, in: Immenga/Mestmäcker, WettbewerbsR, Bd. 5, Allgemeines zur AGVO, Rn. 21.

569 Verordnung (EU) Nr. 1407/2013 der Kom. v. 18.12.2013 über die Anwendung der Artikel 107 und 108 AEUV auf De-minimis-Beihilfen (ABl. 2013 L 352, 1).

570 *Götz*, in: Dauses/Ludwigs, EU-WirtschaftsR, Kapitel H, III., Rn. 26.

571 *Nowak*, in: Immenga/Mestmäcker, WettbewerbsR, Bd. 5, Art. 9 AGVO, Rn. 1; *Götz*, in: Dauses/Ludwigs, EU-WirtschaftsR, Kapitel H, III., Rn. 25; *Deyberova/Nyssens*, in: EStAL 2009, 27 (27).

572 Erwgg. 7 AGVO.

fen auch nicht als von der Kommission genehmigt angesehen.[573] Das durch die AGVO ermöglichte Verfahren führt zu einer Risikoverteilung zu Lasten der Beihilfenempfänger, da diese das Risiko einer ordnungsgemäßen Prüfung durch den Mitgliedstaat tragen. Dies kann durch eine nachträgliche Kontrolle (*Monitoring*) durch die Kommission (vgl. Art. 10–12 AGVO) oder durch ein nationales Gericht geschehen.[574] Damit liegt die Prüfungslast bei den Beihilfenempfängern.[575] Im konkreten geht es dabei um das Risiko der Rücknahme des mitgliedstaatlichen Förderbescheides. Der festgestellte Widerspruch führt nämlich zu einem Entzug des Rechtsvorteils aus der AGVO (vgl. Art. 10 AGVO). Die Kommission kann im Falle einer Freistellung, die im Widerspruch zur AGVO steht, einen Beschluss gem. Art. 288 Abs. 4 AEUV zur Rücknahme des Förderbescheides, adressiert an den Mitgliedstaat, erlassen. Der Mitgliedstaat hat diesen Beschluss dann im Rahmen seiner mitgliedstaatlichen Vollzugsautonomie unter Beachtung des Grundsatzes der loyalen Zusammenarbeit gem. Art. 4 Abs. 3 EUV im innerstaatlichen Recht umzusetzen. Die daraus resultierende Rückzahlungsverpflichtung kann nicht durch nationale Rechtsinstitute wie z. B. den Vertrauensschutz oder zeitliche Grenzen wie eine Rücknahmefrist umgangen werden.[576] Damit besteht praktisch eine Rücknahmepflicht für den betreffenden Mitgliedstaat.[577] Die AGVO selbst schafft auch kein berechtigtes Vertrauen in die Ordnungsgemäßheit der Beihilfengewährung.[578]

bb) Veröffentlichungspflichten gem. Art. 9 AGVO

Die AGVO enthält aufgrund des sektoral weiten Anwendungsbereiches den praktisch wichtigsten Anwendungsfall erweiterter Veröffentlichungspflichten staatlicher Beihilfen im Unionsrecht. Wie bei den Agrarbeihilfen ist das Mittel der Transparenzherstellung die Veröffentlichung beihilfenrelevanter Informationen über Empfänger und Fördermaßnahme auf einer dafür vorgesehenen Webseite.[579] Zum Zwecke der Erleichterung der Abwicklung der Veröffentlichung hat die Kommission ein Beihilfentransparenzmodul, das sog. „*Transparency Award Module*" (TAM) entwickelt und den Mitglied-

---

573 EuGH, Rs. C-654/17 P (*BMW*), ECLI:EU:C:2019:634, Rn. 149 unter Verweis auf Rn. 136 ff. ders. Entscheidung.

574 *Götz*, in: Dauses/Ludwigs, EU-WirtschaftsR, Kapitel H, III., Rn. 25.

575 *Achleitner/Bartosch/Bieber*, in: EuZW 2022, 293 (296).

576 EuGH, Rs. C-24/95 (*Alcan*), ECLI:EU:C:1997:163, Rn. 22 ff.

577 *Nowak*, in: Immenga/Mestmäcker, WettbewerbsR, Bd. 5, Allgemeines zur AGVO, Rn. 30.

578 EuGH, Rs. C-349/17 (*Eesti Pagar*), ECLI:EU:C:2019:172, Rn. 96 ff.; *Achleitner/Bartosch/Bieber*, in: EuZW 2022, 293 (296).

579 https://webgate.ec.europa.eu/KOMpetition/transparency/public?lang=de.

staaten zur Verfügung gestellt.[580] Die genauen Voraussetzungen und Modalitäten der Transparenzpflichten gibt dabei Art. 9 Abs. 1 AGVO an. Art. 9 Abs. 1 lit. c AGVO verweist dabei für die näheren Details der Veröffentlichung auf Anhang III der AGVO.

Art. 9 AGVO

Veröffentlichung und Information

> 1. Der betreffende Mitgliedstaat stellt sicher, dass folgende Informationen auf nationaler oder regionaler Ebene auf einer ausführlichen Beihilfe-Website veröffentlicht werden:
>
> a) die in Artikel 11 genannten Kurzbeschreibungen in dem in Anhang II festgelegten Standardformat oder ein Link, der Zugang dazu bietet;
>
> b) der in Artikel 11 der Verordnung geforderte volle Wortlaut jeder Beihilfemaßnahme oder ein Link, der Zugang dazu bietet;
>
> c) die in Anhang III genannten Informationen über jede Einzelbeihilfe von über 500 000 EUR
>
> (..)

cc) Sinn und Zweck der Veröffentlichungspflichten

Art. 9 Abs. 1 AGVO ist eine sekundärrechtliche Konkretisierung des Transparenzgrundsatzes gem. Art. 1 Abs. 2, 10 Abs. 3 S. 2 EUV, Art. 15 Abs. 1 AEUV.[581] Die Verfahrensvorschrift in Gestalt der Veröffentlichungspflichten des Art. 9 Abs. 1 AGVO hat damit einerseits das Ziel der Transparenzherstellung im Allgemeinen. Andererseits soll auch die wirksame Beihilfenkontrolle in Bezug auf das Vorliegen der Freistellungsvoraussetzungen sichergestellt werden.[582] Durch die erweiterten Mitteilungspflichten soll ein Ausgleich für den weiten Anwendungsbereich der AGVO geschaffen werden und damit eine erweiterte *ex post*-Kontrolle der Beihilfenüberwachung ermöglichen.[583] Diese Kontrolle erfolgt einerseits durch die Kommission[584], welche die ordnungsgemäße Umsetzung der AGVO überwacht (vgl. Art. 10–12 AGVO), und andererseits durch die möglichen Konkurrenten, welche gegen rechtswidrige Beihilfen im Wege der *Private Enforcement*

580 *Lünenbürger/Manthey*, MüKo WettbewerbsR, Bd. 5, Art. 9 AGVO, Rn. 5.

581 *Nowak*, in: Immenga/Mestmäcker, WettbewerbsR, Bd. 5, Art. 9 AGVO, Rn. 1,4.

582 Vgl.: Erwgg. 27 S. 2 AGVO.

583 *Nowak*, in: Immenga/Mestmäcker, WettbewerbsR, Bd. 5, Art. 9 AGVO, Rn. 1; *Bartosch*, in: Bartosch, EU-Beihilfenrecht, Art. 9 AGVO, Rn. 1; *Deyberova/Nyssens*, in: EStAL 2009, 27 (32).

584 Vertieft zur Kontrolle durch die Kommission im Rahmen der AGVO: *Bartosch*, in: Bartosch, EU-BeihilfenR, Art. 9 AGVO, Rn. 1.

im Beihilfenrecht vorgehen wollen.[585] Darunter fallen sowohl die Möglichkeit einer Beschwerde bei der EU-Kommission als auch der Gang zu den mitgliedstaatlichen Gerichten.[586] Klagen vor einem nationalen Gericht können mit dem Ziel der Prüfung der Freistellungsvoraussetzungen gem. Art. 3 AGVO oder eines Verstoßes gegen das Durchführungsverbot gem. Art. 108 Abs. 3 S. 3 AEUV eingereicht werden.[587] Mitgliedstaatliche Gerichte sind befugt, die korrekte Anwendung der AGVO zu prüfen, da es sich um eine unmittelbar anwendbare Verordnung gem. Art. 288 Abs. 2 AEUV handelt.[588] Soweit die drittbetroffenen Konkurrenten einen wirtschaftlichen Ausgleich auf der Sekundärebene anstreben, kommen insbesondere Anspruchsgrundlagen nach dem nationalen Deliktsrecht in Betracht.[589] Dies führt zu einer Verbesserung des Niveaus des gem. Art. 47 Abs. 1 GRC gebotenen effektiven Rechtschutzes in beihilfenrechtlichen Mehrpersonenverhältnissen.[590] Durch die Webseite wird die Notwendigkeit der Geltendmachung von Akteneinsichtsrechten stark begrenzt oder sogar überflüssig. Darüber hinaus wird durch die Webseite auch erst die initiale Kenntnisnahme der Förderung ermöglicht. Die Verfahrensvorschrift des Art. 9 AGVO ist eine obligatorische Freistellungsvoraussetzung iSd Art. 3 AGVO.[591] Dies führt dazu, dass eine Nichterfüllung der Transparenzpflicht zu einem Wegfall der Freistellung führt.[592] Die Veröffentlichungspflichten aus Art. 9 AGVO stehen in einem engen Zusammenhang zu den Berichtspflichten gem. Art. 10–12 AGVO, die sich auch auf die *ex post*-Kontrolle durch die Kommission beziehen, wobei diesen keine konstitutive Wirkung zukommt.[593] Ziel der Veröffent-

---

585 *Lünenbürger/Manthey*, MüKo WettbewerbsR, Bd. 5, Art. 9 AGVO, Rn. 5; *Nowak*, in: Immenga/Mestmäcker, WettbewerbsR, Bd. 5, Art. 9 AGVO, Rn. 11. Näher zur privaten Rechtsdurchsetzung im Beihilfenrecht durch Klagen vor staatlichen Gerichten: *Dorn*, Private und administrative Durchsetzung im europäischen Beihilfenrecht, S. 57 ff.

586 *Nowak*, in: Immenga/Mestmäcker, WettbewerbsR, Bd. 5, Allgemeines zur AGVO, Rn. 30.

587 *Lünenbürger/Manthey*, MüKo WettbewerbsR, Bd. 5, Art. 9 AGVO, Rn. 5.

588 *Nowak*, in: Immenga/Mestmäcker, WettbewerbsR, Bd. 5, Allgemeines zur AGVO, Rn. 30.

589 Zu den konkreten Anspruchsgrundlagen und möglichen Schutzgesetzen: *Nowak*, in: Immenga/Mestmäcker, WettbewerbsR, Bd. 5, Allgemeines zur AGVO, Rn. 31.

590 *Nowak*, in: Immenga/Mestmäcker, WettbewerbsR, Bd. 5, Art. 9 AGVO, Rn. 11.

591 *Nowak*, in: Immenga/Mestmäcker, WettbewerbsR, Bd. 5, Art. 9 AGVO, Rn. 12; *Jestaed*, in: Montag/Säcker, European State Aid Law, Art. 9 Commission Regulation (EU) No 651/2014, Rn. 4.

592 A. A.: *Bartosch*, in: Bartosch, EU-BeihilfenR, Art. 9 AGVO, Rn. 2, der den Verweis als Redaktionsfehler einordnet. Dem ist jedoch entgegenzuhalten, dass sonst ein Anreiz für eine rasche Veröffentlichung genommen werden würde, vgl. dazu: *Nowak*, in: Immenga/Mestmäcker, WettbewerbsR, Bd. 5, Art. 9 AGVO, Rn. 12.

593 *Nowak*, in: Immenga/Mestmäcker, WettbewerbsR, Bd. 5, Art. 9 AGVO, Rn. 12, 14; *Bartosch*, in: Bartosch, EU-BeihilfenR, Art. 9 AGVO, Rn. 1.

lichungspflichten ist neben der Kontrolle der Voraussetzungen der AGVO eine Wirksamkeitssteigerung bei öffentlichen Ausgaben durch die Rechenschaftspflicht und die ermöglichte Überprüfbarkeit.[594]

dd) Modifikationen im Bereich der Landwirtschaft

Von besonderer Bedeutung für die Untersuchung sind die Spezifika freigestellter staatlicher Beihilfen in der Landwirtschaft. Zentral ist dabei die sektorspezifische Gruppenfreistellungsverordnung für den Agrar- und Forstsektor (Agrar-AGVO) wegen des agrarsektoralen Bezugs dieser Untersuchung, für welche die Veröffentlichungspflichten gelten. Inhaltlich sind die Verordnungen jedoch aufeinander abgestimmt und damit kongruent in Bezug auf die Veröffentlichungspflichten.[595] Die AGVO selbst nimmt bei staatlichen Beihilfen in der landwirtschaftlichen Primärproduktion nur Bezug auf bestimmte Bereiche mit Blick auf die Sonderstellung des Agrarsektors.[596] In dieser Konsequenz ist der Agrarsektor gem. Art. 1 Abs. 2 lit. a, b AGVO weitgehend vom Anwendungsbereich der AGVO ausgeschlossen. Innerhalb des Agrarsektors kann der Anwendungsbereich jedoch unter den in Art. 1 Abs. 2 lit. c AGVO genannten Voraussetzungen eröffnet sein. Der Verordnungsgeber erkennt damit, dass Ähnlichkeiten zwischen der Verarbeitung und der Vermarktung von landwirtschaftlichen und nicht-landwirtschaftlichen Erzeugnissen bestehen.[597] Unter bestimmten Voraussetzungen gilt die AGVO daher auch für die Verarbeitung und die Vermarktung landwirtschaftlicher Primärerzeugnisse.[598] Im konkreten sind in Bezug auf den Anwendungsbereich weder landwirtschaftliche Maßnahmen zur Vorbereitung eines Erzeugnisses für den Erstverkauf oder das Wiederverkaufen nach der AGVO als Verarbeitung oder Vermarktung einzuordnen.[599] In dieser Konsequenz gibt es auch eigene sektorspezifische Schwellenwerte im Agrarbereich. Gem. Art. 9 Abs. 2 lit. c, i Agrar-AGVO beträgt der Schwellenwert der Beihilfenintensität für die landwirtschaftliche Primärproduktion 60.000 €, um die Veröffentlichungspflicht auszulösen. Wohingegen für die Verarbeitung und die Vermarktung, die nicht unter den Anwendungsbereich des Art. 42 AEUV fallen, gilt der Schwellenwert von 500.000 € gem. Art. 9 Abs. 2 lit. c, ii Agrar-AGVO, also der Regelfall nach der AGVO. Dies ist insoweit konsequent, als dass Art. 42 AEUV die Sonderstellung der GAP im Kontext der Wettbewerbsregeln des AEUV statuiert. Findet Art. 42 AEUV

594 Vgl.: Erwgg. 27 S. 3 AGVO.
595 Vgl. auch Erwgg. 33 S. 4 Agrar-AGVO wonach die Schwellenwerte der Agrar-AGVO an die der AGVO angeglichen werden sollen.
596 Erwgg. 10 AGVO.
597 Erwgg. 11 AGVO; Erwgg. 33 S. 4 Agrar-AGVO.
598 Erwgg. 11 AGVO.
599 Erwgg. 12 AGVO.

keine Anwendung greifen auch die allgemeinen Regeln und damit finden auch die Regelungen der AGVO in Bezug auf den grundsätzlichen Schwellenwert Anwendung.[600] Art. 9 Abs. 2 lit. c, ii Agrar-AGVO ist daher in gewisser Weise deklaratorisch. Maßgeblicher Bezugspunkt für die weiteren Ausführungen zum Vergleich der Rechtsregime sind daher die 60.000 €. Die Höhe des Schwellenwertes ist ökonomisch auf die gerundete Höhe des durchschnittlichen Beihilfenbetrages im Agrarsektor zurückzuführen.[601]

c) *Vergleich der Transparenzpflichten*

Im folgenden Abschnitt der Arbeit werden die eben skizzierten Veröffentlichungspflichten aus dem Bereich staatlicher Beihilfen mit den Veröffentlichungspflichten der Agrarbeihilfenempfänger verglichen. Es werden im nächsten Abschnitt Konvergenzen sowie Divergenzen und die Gründe für diese ermittelt und eingeordnet.

aa) Konvergenzen zwischen den Transparenzpflichten

Zentrale Parallele zwischen den Veröffentlichungspflichten von Agrarbeihilfenempfängern aus der GAP und den Empfängern staatlicher Beihilfen ist, dass der Bezugspunkt jeweils die Finanzierung von Förderungen an private Wirtschaftsteilnehmer ist, die aus Haushaltsmitteln finanziert werden. Bei den staatlichen Beihilfen aus den Haushaltsmitteln des Mitgliedstaates, bei den Agrarbeihilfen im Rahmen der GAP aus Haushaltsmitteln der Union. In beiden Fällen soll die breite Öffentlichkeit stärker über die leistungsgewährende Tätigkeit von Hoheitsträgern informiert werden. Übergreifend sind alle erwähnten Transparenzpflichten demzufolge mit Blick auf die unionsrechtliche Determinierung als sekundärrechtliche Ausgestaltungen des allgemeinen europäischen Transparenzgrundsatzes gem. Art. 1 Abs. 2, 10 Abs. 3 S. 2 EUV und Art. 15 AEUV einzuordnen. In beiden Fällen besteht eine monetäre Rechenschaftspflicht gegenüber der Allgemeinheit, die vollständig durch das Unionsrecht vorgegeben ist. Kernzweck der Veröffentlichungspflichten im Bereich der GAP ist die Erfüllung der Anforderungen, die aus der Budgetpublizität erwachsen, nämlich die fiskalische Information der Öffentlichkeit. Auch bei den Veröffentlichungspflichten nach der AGVO werden allgemeine Rechenschaftspflichten in Bezug auf Staatsausgaben bezweckt. Ein weiteres, verknüpfendes Element in systematischer Hinsicht ist die Zielrichtung der Adressaten der Umsetzungsverpflichtung. Die Ver-

---

600 Der Unionsgesetzgeber sieht dabei auch die Norm des Art. 42 AEUV die die Sonderstellung des Agrarsektors im EU-Wettbewerbsrecht statuiert, als maßgebliche Abgrenzungsnorm, vgl.: Erwgg. 33 S. 4 Agrar-AGVO. Zum Regel-Ausnahme-Verhältnis der Wettbewerbsregeln: *Kreitz*, in: LKV 2022, 241 (244).

601 Erwgg. 33 S. 2 und 3 Agrar-AGVO.

pflichtung der Informationsveröffentlichung ist in beiden Bereichen an die Mitgliedstaaten adressiert, denen die Verpflichtung unmittelbar auferlegt wird. Des Weiteren handelt es sich mit dem Einsatz der Suchmaschinenstruktur in technisch-praktischer Art und Weise um den gleichen technischen Aufbau zur niedrigschwelligen Zugänglichmachung von Informationen über natürliche und juristische Personen.

Darüber hinaus wird auch in der Literatur die Vereinbarkeit der Transparenzpflichten mit dem primärrechtlichen Datenschutz gem. Art. 7 und 8 GRC auf Unionsebene angesprochen, wobei im Schrifttum zum Teil Parallelen zur Rs. *Schecke* gezogen werden.[602] Dabei ist jedoch die Einschränkung des unionsgrundrechtlichen Datenschutzes zu beachten. Der Schutzbereich ist im Zusammenhang mit juristischen Personen nur eröffnet, wenn der Name der juristischen Person Auskunft über die dahinterstehenden natürlichen Personen gibt. [603] Die Terminologie der juristischen Personen ist dabei unionsautonom auszulegen, wodurch es auch zu Widersprüchen zu nationalen Verständnissen der Terminologie kommen kann.[604] In diesem datenschutzrechtlichen Zusammenhang sehen beide Rechtsregime Vorkehrungen zur Minimierung der Eingriffsintensität als Anwendung des Grundsatzes der Verhältnismäßigkeit vor. Sowohl die Veröffentlichungspflichten staatlicher Beihilfen als auch die bei den Agrardirektzahlungen sehen die Publizitätspflichten „*Schwellenwerte zur verhältnismäßigen Beschränkung der Veröffentlichungspflicht*“[605] vor. Der Unionsgesetzgeber sieht also in beiden Materien die Notwendigkeit einer De-Minimis-Schwelle mit Blick auf die von der Veröffentlichung ausgehende Eingriffsintensität, welche auch mit einer allgemeinen Veröffentlichung von personen- oder unternehmensbezogenen Daten einhergehen könnten. Außerdem gibt es in beiden Rechtsbereichen Löschfristen, die anordnen, dass die Angaben nach einer bestimmten Zeit von der Webseite zu entfernen sind. Übergreifend fällt auch auf, dass der Unionsgesetzgeber die Sonderstellung des Agrarsektors in beiden Bereichen berücksichtigt. Er schafft eigenständige Veröffentlichungspflichten für die Mittelempfänger aus der GAP und trifft Sonderregeln für die Empfänger staatlicher Beihilfen im Agrarsektor.

---

602 *Nowak*, in: Immenga/Mestmäcker, WettbewerbsR, Bd. 5, Art. 9 AGVO, Rn. 2; *Bartosch*, in: Bartosch, EU-BeihilfenR, Art. 9 AGVO, Rn. 2. Im Ergebnis dürfte wegen des hohen De-Minimis-Schwellenwertes als erhebliche Minimierung der Eingriffsintensität an der Vereinbarkeit mit der Charta der Grundrechte wohl kein Zweifel bestehen. Ebenso: *Nowak*, in: Immenga/Mestmäcker, WettbewerbsR, Bd. 5, Art. 9 AGVO, Rn. 5 f.

603 EuGH, verb. Rs. C-92/09 u. C-93/09 (*Schecke*), ECLI:EU:C:2010:662, Rn. 53.

604 So z. B. im Zusammenhang mit der GbR die nach deutschem Recht keine juristische Person ist, jedoch nach dem unionsautonomen Verständnis: EuGH, verb. Rs. C-92/09 u. C-93/09 (*Schecke*), ECLI:EU:C:2010:662, Rn. 53.

605 *Nowak*, in: Immenga/Mestmäcker, WettbewerbsR, Bd. 5, Art. 9 AGVO, Rn. 6.

bb) Divergenzen zwischen den Transparenzpflichten

Neben den skizzierten Gemeinsamkeiten bestehen auch gewichtige Divergenzen, die im anschließenden Abschnitt untersucht werden. Diese Unterschiede sind vor allem an der Ausgestaltung der parallelen Strukturen zur Einschränkung der Belastungsintensität der Veröffentlichungspflichten – also dem Schwellenwert und der Löschfristen – erkennbar. Zwar sehen sowohl die Veröffentlichungspflichten der Agrardirektzahlungen wie auch die AGVO und die Agar-AGVO Einschränkungen zur Minderung der Belastungsintensität der Veröffentlichung durch ähnliche Instrumente und Regelungstechniken vor, diese sind jedoch im Detail sehr unterschiedlich ausgestaltet. Die genannten Instrumente sind maßgebliche Indikatoren für die Bewertung und den Hintergrund der Divergenzen. Sie und vor allem ihre konkrete Ausgestaltung sind in rechtlicher Hinsicht maßgeblich, da sie zentrale Faktoren für die Eingriffsintensität in die Grundrechtssphäre bei den betroffenen Personen sind. Anhand der Untersuchung der Unterschiede in der Ausgestaltung der jeweiligen Veröffentlichungspflichten werden die Divergenzen herausgearbeitet und die Gründe für die unterschiedlichen Regelungen untersucht.

(i) Schwellenwerte

Im Rahmen der AGVO liegt der Schwellenwert, ab dem eine Veröffentlichung erfolgt, bei 500.000 €, für die agrarische Primärproduktion bei 60.000 €. Bei den Agrarbeihilfen, die bei Durchführung der GAP gezahlt werden, liegt die De-Minimis-Schwelle lediglich bei 1.250 €. Auf den ersten Blick könnte man den Unterschied als allein graduell hinsichtlich der Höhe und nicht als kategorisch klassifizieren. Beide Transparenzrechtsregime kennen Schwellenwerte, diese sind jedoch unterschiedlich hoch angesetzt. Insoweit ließe sich einwenden, dass die konkrete Ausgestaltung nur ein Detail, also eine Feinsteuerung mit Blick auf einen möglicherweise anderen Schutzzweck und Adressatenkreis, sein könnte. Demgegenüber ist die Dimension der Schwellenwerte nach allgemeiner wirtschaftlicher Betrachtung der angesetzten Schwellenwerte eine gänzlich andere. Dies ist selbst bei Zugrundelegung des im konkreten Fall im Agrarsektor maßgeblichen Wertes von 60.000 € im Vergleich zum Regelfall der 500.000 € anzunehmen. Dies gilt sowohl für die wirtschaftliche Relevanz des Unterschiedes für die Empfänger als auch für die Feinmaschigkeit der Information der Allgemeinheit. Es handelt sich folglich um einen sehr gewichtigen Unterschied bei Betrachtung der im Agrarsektor spezifischen Regelungen wie auch erst recht im Verhältnis auf den allgemeinen Schwellenwert der AGVO, welcher noch einmal deutlich höher liegt. Eine Folge der unterschiedlich hoch angesetzten Schwellenwerte dürfte nach allgemeiner wirtschaftlicher Betrachtung sein, dass weniger natürliche oder juristische Personen, deren Name Auskunft über die dahinterstehenden natürlichen Personen gibt, von den Veröffentlichungspflichten betroffen sind. Dies ist nach der Verkehrsanschauung darauf zurückzuführen, dass höhere Fördersummen tendenziell auf intensiv betriebene Unternehmen entfallen. Diese haben typischerweise eine Rechtsform, durch die der persönliche Schutzbereich des Datenschutzgrundrechts nach der Rechtsprechung des EuGH nicht eröffnet ist. Die stärkere Betroffenheit juristischer Personen, die keine Auskunft über natürliche Personen geben dürften wegen des niedriger angesetzten Schwellenwertes, soll jedoch im Bereich der allgemeinen Veröffentlichungspflichten nach der AGVO stärker sein als im Bereich der agrarischen Primärproduktion. Der allgemeine Wert iHv 500.000 € Förderung im abgebildeten Zeitraum legt nahe, dass Empfänger solcher Fördervolumina gesellschaftsrechtlich derart organisiert sind, dass sie keine Auskunft über natürliche Personen geben.

(ii) Löschfristen

Neben dem präventiven Schwellenwert, der eine Einschränkung der Intensität über den Anwendungsbereich erzeugt, sehen beide Rechtsbereiche auch Löschpflichten als eine verhältnismäßige Verfahrenssicherung und damit zeitlich nachträgliche Beschränkung der Belastungsintensität vor. Die AGVO und die Agrar-AGVO sehen eine Löschung aus der Datenbank erst nach 10 Jahren vor, wohingegen diese bei den Agrarbeihilfen bereits nach 2 Jahren gelöscht werden. Ebenso wie bei den Schwellenwerten fällt auf, dass die AGVO eine gänzlich andere Dimension in diesem Fall zeitlich umfasst. Hier ist der längere Veröffentlichungszeitraum bei der AGVO jedoch eine weitaus intensivere Belastung als die zwei Jahre bei den Agrarbeihilfen. Damit hat sich die Belastungsintensität im Vergleich zu den Schwellenwerten umgedreht, weil die erst ab einem späteren Wert aktivierte Veröffentlichungspflicht den Adressatenkreis auf ein für die Zielerreichung notwendiges Maß begrenzt.

cc) Gründe für die Divergenzen

Es wird bei Betrachtung der Schwellenwerte deutlich, dass der Unionsgesetzgeber bei den Agrardirektzahlungen eine höhere Notwendigkeit einer möglichst umfassenden und feingranularen Informationsveröffentlichung über die Mittelempfänger sieht. Aus dieser Feststellung könnte man ableiten, dass die Union die aus dem Demokratieprinzip erwachsende Budgetpublizität stärker gewichtet als die effektive Kontrolle des Beihilfenverbotes, da breitere Eingriffe in die Grundrechte einer größeren Zahl meldepflichtiger Personen möglich sind. Man könnte daher nach der Interessengewichtung des Unionsgesetzgebers annehmen, dass die Budgetpublizität es vermag, viel weitere Dimensionen an Grundrechtseingriffen zu rechtfertigen, da die Veröffentlichungspflichten schon sehr früh aktiviert werden. Dem ist jedoch entgegenzuhalten, dass eine Veröffentlichung über einen Zeitraum, der fünf Mal so lang ist, zu einer deutlich verstärkten Belastungsintensität bei den Adressaten führt. Auch wenn der Adressatenkreis durch den deutlich höheren Schwellenwert erheblich eingeschränkt ist. Daher ist eine pauschale Feststellung, welchem Ziel der Unionsgesetzgeber ein höheres Gewicht beimisst, nicht möglich. Die jeweilige Festsetzung der Werte ist damit das Ergebnis des Abwägungsprozesses des Unionsgesetzgebers im Rahmen praktischer Konkordanz. Zu klären ist demnach, wieso der Unionsgesetzgeber es als notwendig erachtet, eine so feingranulare Information der Öffentlichkeit in die „Breite" bei den Empfängern der Agrardirektzahlungen vorzunehmen, wohingegen er sich im Bereich staatlicher Beihilfen mit einer gröberen Veröffentlichungsstruktur begnügt. Als Kehrseite davon ist ebenfalls zu klären, warum der Unionsgesetzgeber eine deutlich längere Veröffentlichungsdauer für angemessen hält. Dafür gibt es verschiedene Gründe, die im weiteren Fortgang herausgearbeitet werden.

(i) Unterschiedliche Rechtsnatur der Förderungen

Staatliche Beihilfen werden aus dem Haushalt eines Mitgliedstaates (*vom Staat oder aus staatlichen Mitteln*) finanziert, wohingegen die finanzielle Förderung durch die Union nicht unter den Begriff der staatlichen Beihilfe iSd Art. 107 Abs. 1 AEUV fällt.[606] Dies liegt daran, dass die Zahlungen nicht aus einem Mitgliedstaat kommen und der Rechtsrahmen auf Unionsebene weitgehend vollständig geregelt ist. Folglich ist auch der Tatbestand der staatlichen Beihilfe iSd Art. 107 Abs. 1 AEUV nicht erfüllt.[607] Es handelt sich bei den Direktzahlungen daher um Unionsbeihilfen, da sie ausschließlich aus von der EU verwalteten Mitteln (EU-Fonds) finanziert werden.[608] Anders als die staatlichen Beihilfen, haben die Unionsbeihilfen keinen festen, zusammenhängenden Abschnitt im AEUV.[609] Eine präzise terminologi-

---

606 EuGH, Rs. 213/81 (*Vieh- u. Fleischkontor Will ua*), ECLI:EU:C:1982:351, Rn. 22; EuGH, Rs. C-298/96 (*Oehlmühle*), ECLI:EU:C:1998:372, Rn. 37.

607 Zu den diversen Abgrenzungsansätzen, siehe: *Jung,* Unionsbeihilfen, S. 25 ff. Wegen der Mittelherkunft der zweiten Säule (Kofinanzierung) ist es umstritten, ob man in diesem Zusammenhang, was die „Mittelherkunft" angeht,von Unionsbeihilfen sprechen kann. Des Weiteren wird den Mitgliedstaaten im Rahmen der zweiten Säule ein weiter Ermessenspielraum eingeräumt, was als Zurechnungsmerkmal des „Verwendungsermessens" ebenfalls Berücksichtigung finden kann, vertieft dazu: *Poppe*, Öffentliche Risikovorsorge im Agrarrecht, S. 100 mwN.

608 *Fiebelkorn/Petzold*, EuR 2020, 536 (537). Vertieft zur Einordnung der Terminologien Unionsbeihilfe und Unionssubvention: *Jung*, Unionsbeihilfe, S. 22 ff.

609 *Jung,* Unionsbeihilfen, S. 21.

sche Einordnung des Begriffs der Unionsbeihilfe ist weder aus dem Primärrecht, dem Sekundärrecht noch aus der Unionsrechtsprechung abzuleiten.[610] Dies ist auch nicht notwendig, da aus dem Vorliegen einer Unionsbeihilfe keine gesetzlich angeordneten Handlungspflichten wie z. B. die Notifizierung bei der EU-Kommission folgen.[611]

(ii) Divergierender Schutzzweck

Die unterschiedliche Rechtsnatur der Förderungen, begründet durch die unterschiedliche Finanzierung, wird auch bei der Betrachtung der den Regelungsregimen zugrunde liegenden Schutzzwecke deutlich. Bei der Veröffentlichung der Agrarbeihilfenempfänger ist der zentrale Grund der Veröffentlichung die aus der Haushaltsverantwortung erwachsende Budgetpublizität. Dies ist konsequent, da es sich um einen unionsrechtlich determinierten Förderrahmen handelt, der aus Unionsmitteln finanziert wird. Die Budgetpublizität dient vor allem der Information der Allgemeinheit, aber auch der Missbrauchsprävention.[612] In den Dimensionen, in denen finanzielle Mittel im Bereich der Agrardirektzahlungen verwendet werden, können kleine Unregelmäßigkeiten bei der Leistungsgewährung sich wie eine Art Fehler im System durchziehen. Diese Fehler können zu erheblichen Einbußen im Haushalt durch den unfreiwilligen Fehleinsatz gewidmeter Mittel führen. Ziel der Veröffentlichungspflichten für staatliche Beihilfen ist es nicht primär, die Budgetpublizität, also die Kontrolle der Zahlungen der Mitgliedstaaten aus fiskalischen Gründen, herzustellen, sondern das Anliegen, potenzielle Wettbewerbsverzerrungen im Binnenmarkt möglichst klein zu halten durch das Instrument der Transparenzdatenbank. Diese soll die private und behördliche Rechtsdurchsetzung durch die Informationsbasis erleichtern. Der EuGH schließt in seiner Rechtsprechung jedoch eine potentielle Beeinträchtigung des zwischenstaatlichen Wettbewerbs im Binnenmarkt durch die Agrarbeihilfen der Union aus, da kein spezifischer Wettbewerbsvorteil eingeräumt wird.[613] Mit Blick auf die Finanzierung und den Schutzzweck des europäischen Beihilfenrechts finden die Art. 107 ff. AEUV keine Anwendung auf die Agrarbeihilfen aus den Fonds der GAP, weder di-

---

610 *Jung,* Unionsbeihilfen, S. 22 ff.; *Englisch*, in: EuR 2009, 488 (488). *Jung* relativiert seine Darstellung jedoch dahingehend, dass eine Erarbeitung einer Definition mit Absolutheitsanspruch kaum möglich sei und man sich dem Begriff allenfalls annähern könnte, um wichtige terminologische Abgrenzungen vornehmen zu können. Insoweit ist die Begriffsdefinition eher funktionaler als dogmatischer Natur.

611 *Jung,* Unionsbeihilfen, S. 24.

612 Ungeachtet der widersprüchlichen Stellungnahmen der Unionsorgane: *GA Sharpston*, Schlussantr. verb. Rs. C-92/09 u. C-93/09 (*Schecke*), ECLI:EU:C:2010:353, Rn. 115.

613 EuGH, Rs. C-298/96 (*Oehlmühle*), ECLI:EU:C:1998:372, Rn. 37. Ebenso: *Poppe*, Öffentliche Risikovorsorge im Agrarrecht, S. 99.

rekt noch in analoger Anwendung.[614] Zweck der Art. 107 ff. AEUV ist es, den Binnenmarkt vor etwaigen protektionistischen Handlungen der Mitgliedstaaten durch individuelle finanzielle Förderung einzelner begünstigter Marktteilnehmer und Produktionszweige zu schützen.[615] Im Binnenmarkt sollen protektionistische Ansätze der Mitgliedstaaten zur Stärkung der eigenen Wirtschaft möglichst umfassend beseitigt werden. Wettbewerbsverzerrungen im Binnenmarkt sollen vermieden werden. Diesem Verdacht des Protektionismus sehen sich die positiv-lenkenden, nicht-diskriminierenden Agrarbeihilfen, bei denen die Union Finanzier ist, nicht ausgesetzt.[616] Daher besteht eine grundlegende Schutzzweckdivergenz, die sich praktisch vor allem auf den bezweckten Umgang mit den Daten und die im nächsten Schritt untersuchte Adressatenreaktion auswirkt.

(iii) Divergierende Zielsetzung der Adressatenreaktion

Wie bereits skizziert können staatliche Beihilfen, anders als die Förderungen der GAP, zu Wettbewerbsverzerrungen im Binnenmarkt führen. Diese Wettbewerbsverzerrungen haben nicht bloß volkswirtschaftliche Auswirkungen auf der Makroebene. Sie können auch die wirtschaftlichen und rechtlichen Interessen von Wettbewerbern berühren. Diese können im Wege des Drittschutzes im Rahmen einer Konkurrentenklage Rechtschutz gegen die möglicherweise unrechtmäßige Förderung von Wettbewerbern suchen. Der öffentliche Zugriff auf die Datenbank bei staatlichen Beihilfen kann eine sehr wichtige Erkenntnisquelle für Konkurrentenklagen sein. Diese erweiterten Berichtspflichten sind notwendig, um die weitreichenden Freistellungen aus der AGVO und im Speziellen der Agrar-AGVO und die durch sie möglicherweise hervorgerufenen Wettbewerbsverzerrungen im Binnenmarkt zu kompensieren. Diese machen eine verstärkte externe Kontrolle als Ausgleich für die Freistellungen notwendig, um die protektionistischen Risiken für den Binnenmarkt zu begrenzen. Die Informationen aus der Transparenzdatenbank im Bereich staatlicher Beihilfen könnten damit die Grundlage für Verfahren im Rahmen der privaten Rechtsdurchsetzung (*Private Enforcement*) des europäischen Beihilfenrechts ermöglichen. Im Bereich staatlicher Beihilfen konkurrieren Private regelmäßig um knappe finanzielle Mittel. Eine wirtschaftliche Begünstigung kann erhebliche negative Folgen, mit-

614 *Jung*, Unionsbeihilfen, S. 48 ff.; *Härtel*, in: Ruffert, EuropSekWirtschR, § 7, Rn. 119.

615 *Belger*, Agrarbeihilfen, S. 148; *Härtel*, in: Ruffert, EuropSekWirtschR, § 7, Rn. 123.

616 *Belger*, Agrarbeihilfen, S. 148; *Härtel*, in: Ruffert, EuropSekWirtschR, § 7, Rn. 123; wobei es Stimmen im Schrifttum gibt, die stärker auf das Verteilungsermessen abstellen: *Jensen*, Privilegierung der Landwirtschaft, S. 381. Dabei dürften die Agrarbeihilfen der GAP jedoch wegen des Genehmigungsvorbehaltes der Kommission in Art. 118 VO 2021/2115 immer noch als wettbewerbsneutral gelten: *Wedemeyer*, in: EuZW 2024, 68 (71).

hin Wettbewerbsverzerrungen für den zwischenstaatlichen Handel, haben. Um diese zu minimieren, gibt die Datenbank eine wertvolle Wissensbasis zur Herstellung effektiven Primär- und Sekundärrechtsschutzes. Dabei geht es stärker darum, wie sehr die wirtschaftliche Intensität der Förderung im Einzelfall Einfluss auf den Konkurrentenschutz und den fairen zwischenstaatlichen Handel hat. Dies setzt eine stärkere Kontrolle von Einzelfällen, die eine stärkere Erheblichkeitsschwelle überschreiten müssen, voraus, da die einseitige unrechtmäßige Förderung bestimmter Wirtschaftsteilnehmer zu Wettbewerbsverzerrungen im Binnenmarkt führen kann. Diese Form der Kontrolle ist bei den Empfängern von flächenbezogenen Agrarbeihilfen mit Blick auf die vorgenommene Art der Förderung nicht notwendig.[617] Diese Form der diskriminierungsfreien Förderung aller berechtigten Wirtschaftsteilnehmer wird von Teilen des Schrifttums als „Gießkannenprinzip" bezeichnet.[618] Beim sog. „Gießkannenprinzip" werden Förderungen an alle Antragsteller und damit an alle Konkurrenten auf dem relevanten Markt, welche die jeweiligen Voraussetzungen im gleichen Maße bewilligt und ausgezahlt.[619] Dabei besteht jedoch die Möglichkeit, dass eine anteilige Kürzung der Förderung in Bezug auf alle Begünstigten besteht.[620] Insoweit liegt keine wettbewerbsverzerrende Spezifität durch die mögliche Selektion nach Kriterien im Bereich der Agrarbeihilfen vor.[621] Dies macht die Notwendigkeit der Datenbank als Erkenntnisquelle für die Erlangung effektiven Rechtsschutzes in Mehrpersonenverhältnissen obsolet. Der Hintergrund der wirtschaftlichen Zielsetzung der Mitteilungspflichten ist jedoch nicht allein dahingehend zu verstehen, dass die Budgetpublizität pauschal einen größeren Duldungszwang für die Grundrechtsträger bedeutet. Dies fällt insbesondere bei der Betrachtung der Löschfristen als andere intensitätsabschwächende Maßnahme auf. Bei der Betrachtung der Zeiträume wird deutlich, dass die AGVO zwar für einen geringeren Bereich an Beihilfenempfängern durch den höher angesetzten Schwellenwert gilt, diese sich jedoch

617 *Jung,* Unionsbeihilfen, S. 36. Die *Private Enforcement* dennoch im Zusammenhang mit der Informationsveröffentlichung von Agrarbeihilfenempfängern diskutierend: *Huber/Kristoferitsch*, in: EStAL 2011, 687 (692); *Hollwitz,* Wohlgeordnetes Agrarstrukturverbesserungsgesetz, S. 151.

618 Vgl.: *Jung,* Unionsbeihilfen, S. 36, 128 f.; *Bungenberg/Motzkus*, in: Birnstiel/Bungenberg/Heinrich, EU-BeihilfenR, Kapitel 5, Rn. 21. Dabei ist die Formulierung trotz ihrer Etablierung kritisch zu sehen, da sie zum einen sehr stark umgangssprachlich geprägt ist und zum anderen den Eindruck erweckt, dass die Form der strukturellverhaltenssteuernden Beihilfengewährung die ziellose Verschwendung öffentlicher Mittel ist.

619 *Jung,* Unionsbeihilfen, S. 36, 128 f.; *Bungenberg/Motzkus*, in: Birnstiel/Bungenberg/Heinrich, EU-BeihilfenR, Kapitel 5, Rn. 21.

620 *Bungenberg/Motzkus*, in: Birnstiel/Bungenberg/Heinrich, EU-BeihilfenR, Kapitel 5, Rn. 21.

621 *Jung,* Unionsbeihilfen, S. 36.

der deutlich intensiveren Belastung durch den langen Veröffentlichungszeitraum gegenübersehen. Bei Betrachtung dieses Unterschiedes wird klar, dass der Zweck der Veröffentlichungspflichten im Bereich staatlicher Beihilfen insbesondere auf die Kontrolle von intensiven Beihilfen gerichtet ist, die durch ihren Umfang relevante Wettbewerbsverzerrungen hervorrufen können. Diese notwendige Rückführbarkeit zur Gewährung eines effektiven Rechtsschutzes und einer effektiven Durchsetzung des Beihilfenverbotes macht einen längeren Kontrollzeitraum und damit einen erweiterten Zugang für die Öffentlichkeit notwendig. Dieser lange Zeitraum führt zu einer erheblichen Einbuße an Rechtssicherheit für die Zuwendungsempfänger. Dies gilt insbesondere in Deutschland, wo die Frist für eine Drittanfechtung ab Kenntnisnahme bzw. Kennenmüssen des begünstigenden Bescheides im Falle mangelnder Bekanntgabe ein Jahr beträgt. Danach tritt Verwirkung ein.[622] Dies kann im Einzelfall zu einer sehr weiten Verlagerung der Frist nach Hinten führen. In Anbetracht dieser Rechtsprechung verschärft sich die mit der Veröffentlichung der Informationen einhergehende Intensität. Demgegenüber geht es bei den Veröffentlichungspflichten im Bereich der Agrarbeihilfen um die allgemeine Information der Öffentlichkeit, unabhängig von der Relevanz bestimmter Einzelfälle. Mit Blick auf das Gießkannenprinzip bei den flächenbezogenen Agrardirektzahlungen gibt es keine Wettbewerbsverzerrungen, die andere Marktteilnehmer wissen müssten, da alle Marktteilnehmer eine Förderung erhalten.[623] Die Öffentlichkeit soll zwar auch über hohe Fördersummen informiert werden, jedoch eher aus fiskalischen Kontrollgesichtspunkten sowie zur Ermöglichung einer zivilgesellschaftlichen Debatte.

dd) Auswertung

Bei Betrachtung der untersuchten Konvergenzen fällt auf, dass diese vor allem in der Regelungsstruktur und dem Einsatz ähnlicher Instrumente der Reduktion der Eingriffsintensität sowie der tatsächlichen technischen Umsetzung liegen. Der übergeordnete Zweck beider Regelungssysteme ist die Herstellung von „Transparenz“ durch das Mittel der „Publizität“. Bei näherer Betrachtung der konkreten Transparenzherstellung fällt jedoch die zentrale Divergenz mit Blick auf das Ziel des bezweckten Adressatenverhaltens bzw. die konkret individuellen Möglichkeiten, die sich den Adressaten auf Basis der publizierten Informationen ergeben. Anders als im Bereich der

622 BVerwG, Urt. v. 16.12.2010, 3 C 44.09 –, juris, Rn. 17 ff.; *Bungenberg*, in: Immenga/Mestmäcker, WettberwerbsR, Bd. 5, 1. Teil, Rn. 79.

623 Anders: *Hollwitz,* Wohlgeordnetes Agrarstrukturverbesserungsgesetz, S. 151, welche fälschlicherweise eine Verknüpfung des Beihilfenverbotes aus Art. 107 Abs. 1 AEUV und den Informationen der Datenbank annimmt.

staatlichen Beihilfen ist bei den Agrardirektzahlungen der Konkurrentenschutz kein intendierter Schutzzweck der Veröffentlichungspflichten. Im Bereich staatlicher Beihilfen soll die Aufweichung des grundsätzlich weit ausgelegten Beihilfenverbotes im Rahmen von Sondervorschriften wie der AGVO durch eine Erweiterung des Rechtsschutzes kompensiert werden. Erweiterte Ausnahmen von der grundsätzlichen Notifizierungspflicht gem. Art. 108 Abs. 3 AEUV sollen nicht zu Wettbewerbsverzerrungen im zwischenstaatlichen Handel führen. Bei den Agrardirektzahlungen geht es um die generelle Öffentlichkeitsbeteiligung als Aspekt demokratischer Kontrolle durch die Allgemeinheit. Die Folgen dieser Schutzzweckdivergenz zeigen sich in normativer Hinsicht in den Extremen der Einschränkungen der Veröffentlichungspflichten. Während es bei den Agrarbeihilfen um eine möglichst lückenlose Darstellung der Empfänger geht, ist der sachliche Anwendungsbereich wegen des niedrigen De-Minimis-Wertes sehr weit. Demgegenüber ist die Löschfrist mit zwei Jahren günstig für die Begünstigten. Mithin haben die Empfänger auf Basis der AGVO freigestellter staatlicher Beihilfen zwar den Schutz durch den eingeschränkten Anwendungsbereich durch den hohen Schwellenwert. Sie sehen sich jedoch, soweit sie den De-Minimis-Wert überschritten haben, dem langen rechtlichen und wirtschaftlichen Risiko einer erleichterten Drittanfechtung ausgesetzt. Dies ist auf den ökonomischen Umstand zurückzuführen, dass Wettbewerbsverzerrungen im Binnenmarkt lange anhalten und sich perpetuieren können.

d) Zwischenfazit

Übergreifend ist festzuhalten, dass das Mittel der Transparenzdatenbank unabhängig von der konkreten Zielsetzung und dem spezifischen Sektor ein sehr effektives und effizientes Mittel zur Einbindung der Öffentlichkeit ist. Es handelt sich aus der Sicht der Bürgerinnen und Bürger um eine gut strukturierte, benutzerfreundliche und niedrigschwellige Form der Informationsgewinnung.[624] Der Umstand, dass die Informationen ohne Bezug zu einem konkreten Verfahren und ein konkretes Ersuchen möglich sind, trägt erheblich zur Optimierung der Öffentlichkeitsbeteiligung bei.[625] Dies gilt sowohl für die allgemeine Öffentlichkeit, gegenüber der Rechenschaft abzulegen ist, als auch gegenüber Rechtschutz ersuchenden Drittbetroffenen im Zuge von Konkurrentenverfahren vor nationalen Verwaltungsgerichten, z. B. im Beihilfenrecht. Diese brauchen durch das Mittel für viele wichtige Informationen keine zeitraubenden Akteneinsichtsrechte geltend zu machen, was insbesondere mit Blick auf die Rechtsschutzfristen von erheblicher praktischer Relevanz ist und damit zum effektiven Rechtsschutz (vgl.

---

624 *Deißler*, Informationsqualität in europäischen Informationssystemen, S. 81.
625 *Deißler*, Informationsqualität in europäischen Informationssystemen, S. 81.

Art. 47 Abs. 1 GRC) beiträgt.[626] Dies führt zu einer verbesserten Justiziabilität für Wettbewerber und damit zu einem Ausgleich erweiterter Freistellungen im Bereich staatlicher Beihilfen. Insbesondere im direkten Vergleich zu einer Veröffentlichung im Amtsblatt ist die Beihilfentransparenzdatenbank deutlich anwendungsfreundlicher wegen der Suchmaschinenfunktion. Die Informationsbasis aus der Transparenzdatenbank bietet sowohl im europäischen Beihilfenrecht wie auch im Bereich der Unionsbeihilfen und darüber hinaus auch weitere Chancen neben wirtschaftlichen und prozesstaktischen Erwägungen für Wettbewerber. Insgesamt ist festzuhalten, dass beide Veröffentlichungspflichten durch das Medium der Transparenzdatenbank als auch durch den sachlichen Bezug zur finanziellen Leistungsverwaltung verbunden sind. Dieser Bezug kann in der Folge für die Bewertung durch die Öffentlichkeit einen ähnlichen Nutzen bringen. Die Zielsetzung ist jedoch trotz einiger Parallelen grundlegend verschieden. Dies ist vor allem auf die materiellen Eigenheiten der Rechtsbereiche, aus denen Informationen über Leistungsempfänger publiziert werden, zurückzuführen. Des Weiteren lässt sich aus dem Vergleich nicht eindeutig ableiten, welchen Anlass der Informationsveröffentlichung der Unionsgesetzgeber stärker gewichtet. Dies ist insbesondere daran erkennbar, dass sowohl der Schwellenwert für die Veröffentlichung als auch die Löschfrist sehr weit auseinanderliegen und damit keine eindeutige Zuordnung der Reichweite der rechtfertigenden Wirkung der verfolgten Ziele möglich ist.

V. Vereinbarkeit mit höherrangigem Recht

Im Fortgang der nachfolgenden Prüfung wird eine vertiefte Untersuchung der Vereinbarkeit der Veröffentlichungspflichten von Agrarbeihilfenempfängern mit der GRC vorgenommen. Dabei wird einerseits auf die Problempunkte und Argumentationsansätze in Bezug auf den alten Rechtsrahmen und die in diesem Zuge ergangene Rechtsprechung deutscher Verwaltungsgerichte sowie des EuGH und der Schlussanträge der Generalanwältin in der Rs. *Schecke* aufgegriffen. Gleichwohl werden die Problempunkte andererseits auch vor dem Hintergrund der weiterentwickelten datenschutzrechtlichen Rechtsprechung des EuGH und der aktuellen Entscheidungen des deutschen und des österreichischen Bundesverwaltungsgerichts, welche die Veröffentlichungspflichten als vereinbar mit der GRC ansehen und daher auf eine Vorlage an den EuGH verzichten, betrachtet. Dabei beschränkt sich die Untersuchung nicht bloß auf die für die Prüfung der Vereinbarkeit relevanten rechtlichen Aspekte, sondern ordnet die weiteren Folgen der Rechtsprechung, insbesondere im Zusammenhang des Grundrechtsschutzes

626 Vgl.: *Kreitz*, in: LKV 2022, 493 (495).

natürlicher und juristischer Personen, die den Veröffentlichungspflichten im gleichen Maße unterliegen, ein.

1. Bestimmung der einschlägigen Grundrechtsordnung

Im weiteren Fortgang der Bearbeitung werden die Veröffentlichungspflichten der Agrarbeihilfenempfänger auf ihre Vereinbarkeit mit den Gewährleistungen der Charta der Grundrechte hin untersucht. Ihre Primärrechtskonformität wird am gemeinsamen Maßstab von Privatsphäre und dem Schutz personenbezogener Daten geprüft, also den Art. 7 und 8 GRC. Die Charta der Grundrechte ist im vorliegenden Fall als die primäre Grundrechtsquelle in der Union der Prüfungsmaßstab.[627] Die Charta ist den Verträgen rechtlich gleichrangig (vgl. Art. 6 Abs. 1 EUV). Art. 6 Abs. 1 EUV sowie Art. 51 Abs. 1 S. 1 GRC treffen die Wertung, dass Handlungen der Union sich primär an der Charta der Grundrechte messen lassen müssen. Gleichzeitig ist jedoch auch zu klären, warum nicht auch möglicherweise andere Grundrechtskataloge als Prüfungsmaßstab in Betracht kommen.

a) EMRK als Prüfungsmaßstab

Zum Zeitpunkt der Entscheidung in der Rs. *Schecke* war dies – trotz der relativ eindeutigen gesetzgeberischen Wertentscheidung – noch nicht so klar. Im Zuge der Rs. *Schecke* wurde nämlich das erste Mal ein Sekundärrechtsakt wegen eines Verstoßes gegen die GRC für ungültig erklärt. In diesem Zusammenhang war jedoch nicht klar, ob der Prüfungsmaßstab der durch die GRC vermittelte grundrechtliche Datenschutz ist oder der konventionsrechtliche Schutz des Privatlebens gem. Art. 8 EMRK.[628] Zumal der EuGH erst kurz vor der Entscheidung in der Rs. *Schecke*, nämlich in der Rs. *Bavarian Lager*[629] – in der es ebenso um Informationszugangsrechte ging – die EMRK als Prüfungsmaßstab herangezogen hat. Der Datenschutz nach der EMRK wird als besonderer Teil des Privatsphäreschutzes von Art. 8 EMRK gewährleistet.[630] Datenschutzrechtliche Ausformungen des Art. 8 EMRK sind der Schutz vor unberechtigter Datenerhebung-, Speicherung-, Verwertung und Weitergabe, also ähnliche Schutzaspekte wie Art. 8 GRC.[631] Gleichzeitig hat

627 EuGH, verb. Rs. C-92/09 u. C-93/09 (*Schecke*), ECLI:EU:C:2010:662, Rn. 46.

628 Europäische Menschenrechtskonvention (Konvention zum Schutze der Menschenrechte und Grundfreiheiten) Vom 04.11.1950 Zuletzt geändert durch Protokoll Nr. 15 vom 24.6.2013 m. W. v. 1.8.2021.

629 EuGH, Rs. C-28/08 P (*Bavarian Lager*), ECLI:EU:C:2010:378, Rn. 26.

630 *Böhringer/Marauhn*, in: Dörr/Grote/Marauhn, EMRK/GG, Teil II, Kapitel 16, Rn. 29.

631 Dies ebenso unter Verweis auf die umfassende Judikatur des EGMR konstatierend: *Böhringer/Marauhn*, in: Dörr/Grote/Marauhn, EMRK/GG, Teil II, Kapitel 16, Rn. 29; *Belger*, Agrarbeihilfenrecht, S. 185.

der EuGH auch schon vor dem Inkrafttreten der GRC am 1.12.2009 datenschutzrechtliche Gewährleistungen in seiner Rechtsprechung geschaffen.[632] Insoweit kann auch in der Rechtsprechung des EuGH und des EGMR auf bestehende Schutzstandards verwiesen werden. Es bestünden also auch nach der EMRK und der Rechtsprechung des EGMR dogmatische Konturen und Traditionen des menschenrechtlichen Datenschutzes. Des Weiteren ging auch das vorlegende Gericht in seinem Vorlagebeschluss noch von der EMRK als Prüfungsmaßstab aus, da der Vorlagebeschluss noch vor Gültigkeit der GRC erfolgt ist.[633] Art. 6 Abs. 2 S. 1 EUV ordnet ferner den Beitritt der Union zur EMRK an.[634] Des Weiteren sind die Gewährleistungen der Konvention Teil der „*gemeinsamen Verfassungsüberlieferungen*" iSd Art. 6 Abs. 3 EUV. Die EMRK findet jedoch Berücksichtigung über die Homogenitätsklausel gem. Art. 52 Abs. 3 GRC sowie den durch Art. 53 GRC proklamierten Mindestmaßstab. Ziel dieser Regelungen ist die Herstellung eines einheitlichen Niveaus des Menschenrechtsschutzes in Europa mit dem Zwecke der Herstellung von Kohärenz und Rechtssicherheit des gewährleisteten Grundrechtsschutzes.[635] Diesen Weg wählt auch der EuGH in derselben Konstellation in der Rs. *Schecke*. Im Rahmen der gemeinsam vorgenommenen Prüfung der Art. 7 und 8 GRC bezieht er über Art. 52 Abs. 3 GRC die Wertungen der EMRK durch den Verweis auf die Rechtsprechung des EGMR zu Art. 8 EMRK mit ein.[636]

b) Grundrechte des Grundgesetzes als Prüfungsmaßstab

Ferner stellt sich auch die Frage, ob möglicherweise die Grundrechte des Grundgesetzes im hiesigen Fall als Prüfungsmaßstab in Betracht kommen. Der Frage kommt besondere Bedeutung im Kontext der „*Recht auf Vergessen II*" – Rechtsprechung[637] des BVerfG bei, in der es klargestellt hat, dass es als Spruchkörper grundsätzlich auch befugt ist, die Charta der Grundrechte als Prüfungsmaßstab zu verwenden. Nach der Rechtsprechung des Bundesverfassungsgerichts sind im Falle einer vollständig unionsrechtlich, voll

632 Siehe: *Guckelberger*, in: EuZW 2011, 126 (127). Für eine ausführliche Darstellung der Gewährleistungen, die sich in der Kasuistik des EuGH vor der verbindlichen Proklamation der GRC entwickelt haben, siehe: *Albers*, Informationelle Selbstbestimmung, S. 305 f.

633 Vgl.: VG Wiesbaden, Beschl. v. 21.4.2009, 6 L 359/09. WI-, juris, Rn. 32 ff. Darauf auch in der Entscheidung hinweisend: EuGH, verb. Rs. C-92/09 u. C-93/09 (*Schecke*), ECLI:EU:C:2010:662, Rn. 44.

634 Ungeachtet des Inhaltes des Gutachtens 2/13, wonach ein Beitritt der Union mit den Verträgen unvereinbar wäre, vgl. insbesondere Rn. 182.

635 *Thiele*, in: Nowak/Thiele, Effektivität des Grundrechtsschutzes in der EU, S. 45 (46 f.).

636 EuGH, verb. Rs. C-92/09 u. C-93/09 (*Schecke*), ECLI:EU:C:2010:662, Rn. 50 ff.

637 BVerfG (Erster Senat), Beschl. v. 6.11.2019 – 1 BvR 276/17, Rn. 75 = BVerfGE 152, 216.

vereinheitlichten und mithin volldeterminierten Regelung die Grundrechte der Charta gegenüber den Grundrechten des Grundgesetzes grundsätzlich vorrangig und die Grundrechte des Grundgesetzes nicht anwendbar.[638] Nichts Anderes gilt für die Kontrolle der konkretisierenden Durchführung dieser Rechtsbereiche.[639] Dies bezieht sich insbesondere auf die konkretisierende Anwendung von vollvereinheitlichtem Unionsrecht durch innerstaatliche Behörden und Gerichte.[640] Maßgeblich für die Bestimmung, ob eine Rechtsfrage unionsrechtlich vollständig terminiert ist, sind in der Regel die Normen, aus denen die Rechtsfolgen für den zu entscheidenden streitigen Fall abzuleiten sind.[641] Dabei ist jedoch unbeachtlich, ob es sich bei der betrachteten Norm um eine in allen Teilen verbindliche Verordnung gem. Art. 288 Abs. 2 AEUV handelt, da ihre einheitliche Geltung durch Öffnungsklauseln relativiert werden kann.[642] Maßgeblich für die vollständige Determinierung ist demgegenüber, ob die untersuchten Normen auf die Ermöglichung von Vielfalt und das Einbringen divergierender Wertungen angelegt sind oder ob Spielräume nur gegeben sind, um Tatsachen in der rechtspraktischen Umsetzung zu flexibilisieren.[643] Hintergrund der Nichtanwendung der Grundrechte des Grundgesetzes ist die Anerkennung des Vorrangs des Unionsrechts.[644] Die Anwendung der Unionsgrundrechte auf der anderen Seite ist auf die Delegation von Hoheitsbefugnissen auf die Union gem. Art. 23 Abs. 1 S. 1 GG zurückzuführen, da im Bereich der übertragenen Befugnisse ein einheitlicher Grundrechtsmaßstab gelten muss, auch wenn das Bundesverfassungsgericht prüft.[645]

---

638 Grundlegend: BVerfG (Erster Senat), Beschl. v. 6.11.2019 – 1 BvR 276/17, Rn. 42 f. = BVerfGE 152, 216 (233), exemplarisch aus der Folgerechtsprechung: BVerfG (Zweiter Senat), Beschl. v. 27.4.2021 – 2 BvR 206/14, Rn. 35 ff. = BVerfGE 158, 1 (23).

639 BVerfG (Erster Senat), Beschl. v. 6.11.2019 – 1 BvR 276/17, Rn. 43 = BVerfGE 152, 216 (233).

640 BVerfG (Erster Senat), Beschl. v. 6.11.2019 – 1 BvR 276/17, Rn. 46 = BVerfGE 152, 216 (235).

641 BVerfG (Zweiter Senat), Beschl. v. 27.4.2021 – 2 BvR 206/14, Rn. 36,42 = BVerfGE 158, 1 (23,26).

642 BVerfG (Zweiter Senat) Beschl. v. 27.04.2021 – 2 BvR 206/14, Rn. 43 = BVerfGE 158, 1 (26); BVerfG (Erster Senat), Beschl. v. 6.11.2019 – 1 BvR 276/17, Rn. 79 = BVerfGE 152, 216 (247).

643 BVerfG (Zweiter Senat) Beschl. v. 27.04.2021 – 2 BvR 206/14, Rn. 43,46 = BVerfGE 158, 1 (27).

644 BVerfG (Erster Senat), Beschl. v. 6.11.2019 – 1 BvR 276/17, Rn. 47 = BVerfGE 152, 216 (235); BVerfG (Zweiter Senat) Beschl. v. 27.4.2021 – 2 BvR 206/14, Rn. 38 = BVerfGE 158, 1 (24).

645 BVerfG (Erster Senat), Beschl. v. 6.11.2019 – 1 BvR 276/17, Rn. 44 = BVerfGE 152, 216 (233f); BVerfG (Zweiter Senat) Beschl. v. 27.4.2021 – 2 BvR 206/14, Rn. 38 = BVerfGE 158, 1 (24).

Art. 98 VO 2116/2021 als untersuchungsgegenständliche Norm legt Inhalt und Umfang der Veröffentlichungspflichten vollständig fest. Dieser gibt den Mitgliedstaaten die Veröffentlichungspflicht in der Datenbank auf. Die Mitgliedstaaten setzen dabei in ihrer administrativen Vollzugsautonomie die unionsrechtliche Verpflichtung unter Wahrung des Grundsatzes der loyalen Zusammenarbeit gem. Art. 4 Abs. 3 EUV um. Diese mitgliedstaatliche Fortführung der Unionsgewalt (*Agency Situation*) unterbricht die Bindung an die Charta nicht.[646] An dieser Einordnung vermag auch die Existenz des AFIG im nationalen Recht nichts zu ändern. Dabei ist jedoch zu beachten, dass das Bundesverfassungsgericht in seiner Rechtsprechung selbst sagt, dass Durchführungsakte im nationalen Recht bei der Einordnung des anwendbaren Grundrechtsmaßstabes unbeachtlich sind.[647] Ausweislich seines Zwecks in § 1 AFIG dient das Gesetz dazu, die Durchführung der relevanten Rechtsakte bei der Veröffentlichung auf Unionsebene zu ermöglichen. Das Gesetz setzt die aufgeführten unionsrechtlichen Normen voraus und beschränkt sich in seiner Regelungswirkung lediglich auf die Umstände der Durchführung.[648] Das AFIG ist demzufolge nicht auf die Herstellung einer Vielfalt im Sinne einer Berücksichtigung der Wertungen mitgliedstaatlicher Rechtsordnungen gerichtet. Die Existenz des AFIG vermag es mithin nicht, die Einheitlichkeit des unionalen Regelungsregimes als volldeterminiertes Recht aufzuweichen. Ferner spräche auch gegen die Anwendung des Maßstabes des Grundgesetzes der Umstand, dass es im hiesigen Fall im Kern um die Frage der Gültigkeit eines Sekundärrechtsaktes geht. Diese Entscheidungen obliegen auch nach der „*Recht auf Vergessen II*“-Rechtsprechung noch dem EuGH wegen seines Verwerfungsmonopols.[649] Die Wertungen des Ausgangsfalles in der „*Recht auf Vergessen II*“-Entscheidung beziehen sich hingegen auf die Überprüfung der korrekten Anwendung vollharmonisierten Unionsrechts.[650] Zum gleichen Ergebnis der Anwendbarkeit der Charta kommt man ebenfalls unter Zugrundelegung der Rechtsprechung des EuGH. Nach der Rechtsprechung des EuGH zur Auslegung der Durchführung des Unionsrechts gem. Art. 51 Abs. 1 S. 1 GRC bedarf es „ *...eines Zusammenhangs zwischen einem Unionsrechtsakt und der fraglichen nationalen Maßnahme voraussetzt, der darüber hinausgeht, dass die fraglichen*

646 *Schwerdtfeger*, Meyer/Hölscheidt, GRC, Art. 51, Rn. 36,39.

647 BVerfG (Erster Senat), Beschl. v. 6.11.2019 – 1 BvR 276/17, Rn. 43 = BVerfGE 152, 216 (233).

648 Dies bereits 2009 mit dem Argument feststellend, dass die Veröffentlichung nicht alleine auf nationales Recht gestützt werden könnte: OVG Mecklenburg-Vorpommern, Beschl. v. 4.4.2009 – 2 M 77/09 –, juris, Rn. 21.

649 BVerfG (Erster Senat), Beschl. v. 6.11.2019 – 1 BvR 276/17, Rn. 51 = BVerfGE 152, 216 (237).

650 BVerfG (Erster Senat), Beschl. v. 6.11.2019 – 1 BvR 276/17, Rn. 52 = BVerfGE 152, 216 (237).

Sachbereiche benachbart sind oder der eine von ihnen mittelbare Auswirkungen auf den anderen haben kann.“[651] Ein solcher Zusammenhang ist durch die bereits festgestellte Volldeterminierung gegeben.

2. Schutzbereich

Der Schutzbereich von Art. 7 und 8 GRC müsste durch die Transparenzpflichten des Art. 98 VO 2116/2021 und die einhergehende Veröffentlichung in der Beihilfentransparenzdatenbank eröffnet sein.

a) Sachlicher Schutzbereich

Im weiteren Fortgang wird zunächst die inhaltliche Reichweite des durch das Datenschutzgrundrecht bestimmten Schutzes skizziert. Im nächsten Schritt wird das Verhältnis vom Schutz personenbezogener Daten (Art. 8 GRC) und dem Schutz der Privatsphäre (Art. 7 GRC), die der EuGH regelmäßig gemeinsam prüft, skizziert.

aa) Inhaltliche Reichweite der Gewährleistung

Der sachliche Schutzbereich des Datenschutzgrundrechts gem. Art. 8 Abs. 1 GRC umfasst ausweislich seines Wortlautes personenbezogene Daten. Bei der Betrachtung des sachlichen Schutzbereichs des Datenschutzgrundrechts fällt der Charakter als Grundrecht mit einem normengeprägten Schutzbereich deutlich auf.[652] Die Norm ist inhaltlich sehr offen formuliert, womit sich die Union primärrechtlich noch nicht auf ein bestimmtes Datenschutzkonzept für personenbezogene Daten festgelegt hat. Dieses wird durch das Datenschutzsekundärrecht, insbesondere durch die DSGVO, ausgestaltet (*Konkretisierungsfunktion*).[653] Der Ausgestaltungsauftrag ergibt sich auch

651 EuGH, Rs. C-198/13 (*Hernandez*), ECLI:EU:C:2014:2055, Rn. 34; EuGH, Rs. C-206/13 (*Siragusa*), ECLI:EU:C:2014:126, Rn. 24.

652 *Bernsdorff*, in: Meyer/Hölscheidt, GRC, Art. 8, Rn. 15 ff.; *Kingreen*, in: Calliess/Ruffert, EUV/AEUV/GRC, Art. 8 GRC, Rn. 6 ff.; *Härtel*, in: Nowak/Thiele, Effektivität des Grundrechtsschutzes in der EU, S. 103 (106); *Kreitz*, in: NJOZ 2024, 65 (69).

653 *Klapdor*, Der Begriff des wirtschaftlich Berechtigten, S. 373; *Bernsdorff*, in: Meyer/Hölscheidt, GRC, Art, 8, Rn. 15 ff.; *Kingreen*, in: Calliess/Ruffert, EUV/AEUV/GRC, Art. 8 GRC, Rn. 6ff; *Nettesheim*, in: Grabenwarter, EU-GrundR, § 10, Rn. 51 bezeichnet dies als einen „*Ausgestaltungsauftrag*“; *Härtel*, in: Nowak/Thiele, Effektivität des Grundrechtsschutzes in der EU, S. 103 (106) formuliert im Zusammenhang des Wechselspiels von Primär- und Sekundärrecht, dass die DSGVO das Datenschutzgrundrecht einerseits konkretisiert, andererseits die DSGVO auch Inspirationsquelle für die Auslegung des Art. 8 GRC sein kann. Einschränkend verweist sie jedoch auch auf den methodischen Rahmen der GRC, in den sich diese Überlegungen einfügen müssen. Zum Vorgehen des EuGH, vgl.: EuGH, Rs. C-131/12, ECLI:EU:2014:317 (*Google*

schon aus dem Wortlaut des Art. 8 Abs. 1 GRC, der ein „*Recht auf Schutz*" personenbezogener Daten statuiert.[654] Der Unionsgesetzgeber hat unter Ausübung eines weiten Ausgestaltungsspielraumes ein grundrechts- und risikoadäquates Konzept für die Sicherung des Schutzes personenbezogener Daten zu liefern.[655] Die Wirkdimension des Datenschutzgrundrechts umfasst dabei nicht nur den *Status negativus* in seiner klassischen abwehrrechtlichen Funktion, sondern hat auch eine Schutzpflichtendimension als *Status positivus*.[656] Art. 8 Abs. 2 und 3 GRC definieren dabei Mindestanforderungen in Gestalt einer Untergrenze.[657] Diese reduzieren durch ihre Anforderungen den an sich weiten Gestaltungsbereich des Unionsgesetzgebers hin zu einer für den Grundrechtsschutz effektiveren Rechtsetzung.[658] Die Normenprägung hat zur Folge, dass alle Ebenen der Grundrechtsprüfung von Art. 8 Abs. 1 GRC durch das Datenschutzsekundärrecht determiniert werden.[659] Dies führt zu einer erhöhten Komplexität der Prüfung von Art. 8 Abs. 1 GRC im Zusammenspiel zwischen der unionsgerichtlichen Rechtsprechung und der Rechtsetzung. Diese Deutung kann jedoch aus normenhierarchischen Gründen als im Verhältnis von Primär- und Sekundärrecht kritische Verflechtung der Rechtsebenen angesehen werden.[660] Daher ist klarzustellen, dass das Datenschutzgrundrecht durch das Sekundärrecht

---

Spain SL u. Google Inc./AEPD), Rn. 69, in der er feststellt, dass das Datenschutzsekundärecht (unter Nennung konkreter Normen) der Durchführung der Erfordernisse aus Art. 8 GRC dient.

654 *Marsch*, Europäisches Datenschutzgrundrecht, S. 130; *Nettesheim*, in: Grabenwarter, EU-GrundR, § 10, Rn. 50 ff.; *Albers*, in: Ehlers/Fehling/Pünder, VwR-BT, Bd. II, § 62, Rn. 20.

655 *Marsch*, Europäisches Datenschutzgrundrecht, S. 130.

656 *Marsch*, Europäisches Datenschutzgrundrecht, S. 130 f.; *Sandhu*, Grundrechtsunitarisierung durch Sekundärrecht, S. 61; *Eichenhofer*, in: Der Staat 2016, 41 (55); *Reinhardt*, in: AöR 2017, 529 (546).

657 *Marsch*, Europäisches Datenschutzgrundrecht, S. 134; *Nettesheim*, in: Grabenwarter, EU-GrundR, § 10, Rn. 52; *Eichenhofer*, in: Der Staat 2016, 41 (57) bezeichnet dies als „*Grundrechtskern*".

658 *Marsch*, Europäisches Datenschutzgrundrecht, S. 139.

659 *Bernsdorff*, in: Meyer/Hölscheidt, GRC, Art. 8, Rn. 15 ff.; *Kingreen*, in: Calliess/Ruffert, EUV/AEUV/GRC, Art. 8 GRC, Rn. 6 ff.

660 Dies als „mehr als kritisch" einordnend: *Marsch*, Europäisches Datenschutzgrundrecht, S. 130, da der grundlegende Regelungsgehalt des Datenschutzsekundärrechts in den Primärrechtsrang erhoben werde. Auf die mögliche Gefahr einer Verkehrung des normenhierachischen Verhältnisses hinweisend: *Wagner*, Der Datenschutz in der Europäischen Union, S. 21; *Sandhu*, Grundrechtsunitarisierung durch Sekundärrecht, S. 54. Teilweise wird im Schrifttum auch die mangelnde Differenziertheit einiger Stimmen in der Literatur vorgeworfen. So meint *Bernsdorff*, in: Meyer/Hölscheidt, GRC, Art. 8, Rn. 17, dass der Konflikt einer Wechselwirkung von Primär- und Sekundärrecht in der Literatur nur unvollkommen gelöst wird.

nicht weiterentwickelt oder genuin begründet wird.[661] Eine Gleichsetzung von Primär- und Sekundärrecht durch den Ausgestaltungsvorbehalt würde zu einer Konstitutionalisierung des Sekundärrechts führen und die Kontrolle des primärrechtlichen Gesetzgebers unterwandern.[662] Praktisch kommt dem primärrechtskonformen Datenschutzsekundärrecht ein Anwendungsvorrang im Verhältnis zu Art. 8 GRC zu.[663] Der zentrale Begriff der personenbezogenen Daten ist in Art. 4 Nr. 1 DSGVO legal definiert. Diese Definition findet auch im Zusammenhang mit Art. 8 Abs. 1 GRC Anwendung. Daher definiert (prägt) das Sekundärrecht den Schutzbereich des Grundrechts, den es ausgestaltet. Die Terminologie wurde nicht erst durch die DSGVO geprägt. In historischer Hinsicht fällt auf, dass die Definition fast wortlautgleich mit der Vorgängervorschrift in Art. 2 lit. a der damals noch geltenden Datenschutzrichtlinie[664] (DSRL) ist. Unter Bezugnahme auf das Datenschutzsekundärrecht und die bereits erfolgte Einordnung der Offenlegung als Verarbeitung personenbezogener Daten ist damit der sachliche Schutzbereich des Datenschutzgrundrechts eröffnet.

bb) Verhältnis von Art. 7 und 8 GRC

Maßgeblicher Prüfungsmaßstab der Vereinbarkeit mit dem primärrechtlichen Datenschutz ist jedoch nicht allein das Datenschutzgrundrecht gem. Art. 8 Abs. 1 GRC. Daneben tritt auch Art. 7 GRC, das Grundrecht auf Achtung des Privat- und Familienlebens, als unionsgrundrechtliche Sicherung des Schutzes der Privatsphäre. Der EuGH prüft beide Gewährleistungen auf Grund ihres „*engen sachlichen Zusammenhangs*" regelmäßig gemeinsam.[665] Praktisch hat dies zur Folge, dass der EuGH die beiden Grundrechte regelmäßig wie ein einheitliches Grundrecht prüft.[666] Man spricht in diesem Zusammenhang auch teilweise von einem Kombinationsgrundrecht.[667]

---

661 *Sandhu*, Grundrechtsunitarisierung durch Sekundärrecht, S. 54.

662 *Sandhu*, Grundrechtsunitarisierung durch Sekundärrecht, S. 54.

663 *Marsch*, Europäisches Datenschutzgrundrecht, S. 144.

664 Richtlinie 95/46/EG des Europäischen Parlaments und des Rates v. 24.10.1995 zum Schutz natürlicher Personen bei der Verarbeitung personenbezogener Daten und zum freien Datenverkehr, Abl. v. 23.11.1995, L 281/31.

665 Exemplarisch aus der Rechtsprechung des EuGH, verb. Rs. C-92/09 u. C-93/09 (*Schecke*), ECLI:EU:C:2010:662, Rn. 47; Rs. C-291/12 (*Schwarz*), ECLI:EU:C:2013:670, Rn. 25; verb. Rs. C-468/10 u. C-469/10 (*ASNEF*), ECLI:EU:C:2011:777, Rn. 40 ff.; verb. Rs. C-293/12 u. C-594/12 (*Vorratsdatenspeicherung I*), ECLI:EU:C:2014:238, Rn. 32 ff.; Rs. C-131/12, (*Google Spain SL u. Google Inc./AEPD*), ECLI:EU:C:2014:317, Rn. 69.

666 *Breuer*, in: Heselhaus/Nowak, EU-GrundR, § 25, Rn. 22; *Härtel*, in: Nowak/Thiele, Effektivität des Grundrechtsschutzes in der EU, S. 103 (115).

667 Zur Terminologie: *Härtel*, in: Nowak/Thiele, Effektivität des Grundrechtsschutzes in der EU, S. 103 (114); *Kreitz*, in: NJOZ 2024, 65 (66).

Der EuGH nimmt jedoch nicht explizit Stellung zum Verhältnis der beiden Grundrechte in einer Art und Weise, die über den bloßen Verweis auf die sachliche Nähe der Gewährleistungen hinausgehen.[668] In manchen Entscheidungen prüft der EuGH beide Gewährleistungen vollständig gemeinsam,[669] wohingegen er zum Teil den Eingriff und eine Verletzung des Wesensgehaltes isoliert für die jeweiligen Grundrechte prüft.[670]

In der Literatur hat das Vorgehen des EuGH zum Teil auch eine sehr kritische Bewertung erfahren.[671] Schließlich verknüpfe er zwei Gewährleistungen, die der Unionsgesetzgeber isoliert geregelt hat.[672] Wieder andere Stimmen betrachten die nicht so genaue Abgrenzung der Gewährleistungen nicht so kritisch. Es handele sich bei der Forderung nach einer klareren Darstellung und Abgrenzung der Schutzbereiche durch die Rechtsprechung insbesondere um ein Problem, das auf die deutsche Dogmatik und die differenzierte Rechtsprechung des Bundesverfassungsgerichtes in Grundrechtsfragen zurückzuführen ist.[673] In dieser Konsequenz gibt es eine unübersichtliche Vielzahl von Lehrmeinungen und Argumentationsansätzen im Schrifttum, die zum Teil in eine ähnliche Richtung gehen, sich aber in gewissen Nuancen widersprechen. Es gibt Stimmen im Schrifttum, die zwischen Art. 7 und 8 GRC trotz der gemeinsamen Prüfung ein Exklusivitätsverhältnis annehmen,[674]ein *lex specialis/lex generalis*-Verhältnis zu Gunsten

668 *Kreitz*, in: NJOZ 2024, 65 (65).

669 EuGH (Große Kammer), verb. Rs. C-37/20 u. C-601/20 *(WM u. a./Luxembourg Business Registers*), ECLI:EU:C:2022:912, Rn. 35 ff.; EuGH, Rs. C-817/19 (*PNR*), ECLI:EU:C:2022:491, Rn. 53 ff., verb. Rs. C-92/09 u. C-93/09 (*Schecke*), ECLI:EU:C:2010:662, Rn. 56ff; Rs. C-131/12, ECLI:EU:2014:317, (*Google Spain SL u. Google Inc./AEPD*), Rn. 69 ff.

670 EuGH, verb. Rs. C-293/12 u. C-594/12 (*Digital Rights Ireland*), ECLI:EU:C:2014:238, Rn. 32 ff.; Rs. C-362/14 (*Schrems I*), ECLI:EU:C:2015:650, Rn. 39.

671 Vgl. etwa: *Nowak*, in: Pechstein/Nowak/Häde, EUV/GRC/AEUV, Art. 7 GRC, Rn. 26; *Kühling*, in: Pechstein/Nowak/Häde, EUV/GRC/AEUV, Art. 8 GRC, Rn. 78 f.; *Breuer*, in: Heselhaus/Nowak, EU-GrundR, § 25, Rn. 24. Speziell kritisch über die mangelnde Spezifizierung im Zusammenhang mit der Rs. *Schecke*: *Brink/Wolff*, in: JZ 2011, 206 (206); *Guckelberger*, in: EuZW 2011, 126 (127).

672 *Kreitz*, in: NJOZ 2024, 65 (65) mwN.

673 *Kühling/Klar*, in: JURA, 2011,771 (773) stellen dies auch fest, bewerten es aber weniger kritisch, sondern bezeichnet die Herangehensweise des EuGH als eher pragmatisch und sieht die Detailfragen in Bezug auf Schutzbereichsabgrenzungen als ein Spezifikum der Rechtsprechung des Bundesverfassungsgerichts. Die ausführliche Diskussion und die dogmatische Aufbereitung gehen Ihrer Einschätzung nach in Richtung einer „*Hausarbeitenrealität*".

674 *Breuer*, in: Heselhaus/Nowak, EU-GrundR, § 25, Rn. 22 ff.; *Bock/Engeler*, in: DVBl 2016, 593 (595); *Quiel*, in: DuD 2018, 566 (566); *Eichenhofer*, Der Staat 2016, 41 (61).

von Art. 8 GRC sehen[675] oder Art. 7 GRC gegenüber Art. 8 GRC als subsidiär qualifizieren.[676]

Im Zentrum der Streitfrage stehen das Verhältnis und der inhaltliche Unterschied von Datenschutz und Privatsphäre.[677] Die zentrale Frage, um die sich die im Raum stehenden Ansätze kreisen, ist, ob Art. 8 GRC ein eigenständiges Schutzgut unabhängig von der Gewährleistung des Art. 7 GRC hat.[678] Dies ist eine Debatte, die aus Sicht des deutschen Grundrechtsraumes auf den ersten Blick nur schwer nachvollziehbar erscheint. Unter dem Grundgesetz wird der Datenschutz als Teilaspekt des allgemeinen Persönlichkeitsrechts gem. Art. 2 Abs. 1 GG iVm 1 Abs. 1 GG durch das Grundrecht auf informationelle Selbstbestimmung geschützt.[679] Das traditionelle deutsche verfassungsrechtliche Verständnis von Datenschutz unterscheidet sich jedoch grundlegend von dem, was die Charta, die DSGVO und die europäische Datenschutzkonvention (Konvention 108)[680] im menschenrechtlichen Bereich zugrunde legen.[681] Das Grundrecht auf informationelle Selbstbestimmung legt nämlich nach seinem allgemeinen Begriffsverständnis nahe, dass die Einwilligung der Schlüsselgedanke ist, welcher dem Datenschutzrecht zugrunde liegt.[682] Die Einwilligung hat im europäischen Datenschutzrecht eine hervorgehobene Bedeutung, gleichwohl sie nur eine von mehreren Rechtsgrundlagen ist, um eine rechtmäßige Verarbeitung personenbezogener Daten zu ermöglichen.[683] Das unionale Datenschutzsystem ist darauf angelegt, einen regulativen Rahmen für Datenverarbeitungen mit

675 *Schiedermaier*, Der Schutz des Privaten als internationales Grundrecht, S. 349; *Bernsdorff*, in: Meyer/Hölscheidt, GRC, Art. 8, Rn. 13; *Wolff*, in: Pechstein/Nowak/Häde, EUV/GRC/AEUV, Art. 8 GRC, Rn. 3; *Jarass*, in: Jarass, GRC, Art. 8, Rn. 4; *Jarass*, in: Jarass, GRC, Art. 8, Rn. 4; *Augsberg*, in: Schwarze, EU-Kommentar, Art. 8 GRC, Rn. 1; *Streinz*, in: Streinz, EUV/AEUV/GRC, Art. 8 GRC, Rn. 6; *Michl*, in: DuD 2017, 349 (353); *Guckelberger*, in: EuZW 2011, 126 (127). Diese Position scheint im deutschsprachigen Schrifttum die herrschende Lehre zu sein; vgl. auch: *Marsch*, Europäisches, Datenschutzgrundrecht, S. 269.

676 *Marsch*, Europäisches Datenschutzgrundrecht, S. 269 f.; zu den skizzierten Auffassungen: *Kreitz*, in: NJOZ 2024, 65 (65 ff.).

677 *Kranenborg*, Peers/Hervey/Kenner/Ward, ECHR, Art. 8, Rn. 34.

678 *Wagner*, Der Datenschutz in der Europäischen Union, S. 114.

679 BVerfG (Erster Senat), Urt. v. 15.12.1983 – 1 BvR 209/83 –, 1–215, Rn. 143 ff. = BVerfGE 65, 1 (23f).

680 Übereinkommen zum Schutz des Menschen bei der automatischen Verarbeitung personenbezogener Daten vom 28. Januar 1981 (BGBl. 1985 II S. 539).

681 Aus dem englischsprachigen Schrifttum: *Kranenborg*, Peers/Hervey/Kenner/Ward, ECHR, Art. 8, Rn. 34, unter Verweis auf: *Albers*, Informationelle Selbstbestimmung. Näher zum Vergleich der deutschen und der europäischen Rechtslage: *Bock/Engeler*, in: DVBl 2016, 593 (596).

682 *Kranenborg*, in: Peers/Hervey/Kenner/Ward, ECHR, Art. 8, Rn. 34.

683 *Kranenborg*, in: Peers/Hervey/Kenner/Ward, ECHR, Art. 8, Rn. 34.

einem ausgeglichenen System von Pflichten und Begrenzungen zu setzen.[684] Aufgrund dieser Divergenz ist Vorsicht geboten, wenn Wertungen und Konzepte des deutschen Verfassungsrechts auf das Unionsrecht übertragen werden sollen.[685]

Die Bedeutung der Abgrenzungsfrage im Kontext der aufgeführten Ansichten im Schrifttum ist jedoch nicht zu überschätzen. Die Entscheidungsunerheblichkeit der Streitfrage ist sogar als Regelfall einzuordnen.[686] Die Entscheidung der Frage macht nämlich keinen materiellen Unterschied auf der Ebene des Grundrechtsschutzes.[687] Dies wird auch dadurch deutlich, dass die angerissenen Positionen sich auch zum Teil selbst in ihrem Aussagegehalt stark relativieren. Das fällt besonders bei der Einordnung des Art. 8 GRC als *lex specialis* zu Art. 7 GRC auf. Die *Lex specialis* wird von Teilen des Schrifttums gleichzeitig auch als Idealkonkurrenz eingeordnet.[688] Dies ist eine dogmatische Einordnung, die aus Sicht der deutschen Konkurrenzlehre als methodische Beschreibung des Verhältnisses von Normen eher befremdlich wirkt. Die Frage des Konkurrenzverhältnisses der Gewährleistungen kann daher grundsätzlich dahinstehen.[689] Anders sähe es, wenn sich aus dem Verhältnis der Gewährleistungen ein Unterschied im Schutzniveau für die von der Datenverarbeitung betroffene Person ergeben würde.[690] Der Schutz personenbezogener Daten gem. Art. 8 Abs. 1 GRC wird damit durch den Privatsphäreschutz aus Art. 7 GRC ergänzend gewährleistet.[691]

Die Entscheidungserheblichkeit ist auch im Falle der Veröffentlichungspflichten von Agrarbeihilfenempfängern nicht gegeben. Für den Fall der Veröffentlichung von Informationen der Agrarbeihilfenempfänger hat der EuGH dies in der Rs. *Schecke* explizit entschieden. In dieser Konstellation wendet er beide Gewährleistungen gemeinsam an und prüft sie auch zusam-

---

684 *Kranenborg*, in: Peers/Hervey/Kenner/Ward, ECHR, Art. 8, Rn. 34, nennt es „*checks and balances*".

685 *Eichenhofer*, Der Staat 2016, 41 (49).

686 *Voigt*, Datenschutzrechtliche Einwilligung, S. 271; *Burghardt*, Grundrechtlicher Datenschutz zwischen Europarecht und Grundgesetz, S. 352f; *Michl*, in: DuD 2017, 349 (353).

687 *Voigt*, Datenschutzrechtliche Einwilligung, S. 271; *Burghardt*, Grundrechtlicher Datenschutz zwischen Europarecht und Grundgesetz, S. 352f; *Michl*, in: DuD 2017, 349 (353).

688 *Voigt*, Datenschutzrechtliche Einwilligung, S. 271; ähnlich: *Michl*, in: DuD 2017, 349 (353).

689 *Michl*, in: DuD 2017, 349 (353) spricht von einer „*Austauschbarkeit*" der Begründungen.

690 *Voigt*, Datenschutzrechtliche Einwilligung, S. 271; *Burghardt*, Grundrechtlicher Datenschutz zwischen Europarecht und Grundgesetz, S. 352f; *Michl*, in: DuD 2017, 349 (353).

691 *Voigt*, Datenschutzrechtliche Einwilligung, S. 271 mwN.

men. Die Prüfung des Eingriffs wie auch der Eingriffsrechtfertigung bei der Verhältnismäßigkeitsprüfung erfolgt ebenfalls gemeinsam. Folglich bilden Art. 7 und 8 GRC für die weitere Prüfung den gemeinsamen Prüfungsmaßstab.

b) Persönlicher Schutzbereich

Art. 8 GRC schützt seinem Wortlaut nach „*jede Person*". Daraus kann man zunächst ableiten, dass auch Drittstaatsangehörige geschützt sind.[692] Damit sind im konkret untersuchten Fall auch Landwirte mit einer Nicht-EU-Staatsangehörigkeit durch das Datenschutzgrundrecht in Bezug auf die Veröffentlichungspflichten geschützt. Gleiches gilt wegen des gemeinsamen Wortlautes auch für Art. 7 GRC.

Bei näherer Betrachtung der Norm fällt jedoch auf, dass Abgrenzungsprobleme bestehen, ob und inwieweit juristische Personen in den Genuss des aus dem Datenschutzgrundrecht erwachsenden Schutzes kommen können.[693] Juristische Personen sind Rechtspersönlichkeiten (Personengesamtheiten), die keine natürlichen Personen sind.[694] Die Einordnung auf der Ebene des Unionsrechts wie auch im Bereich der EMRK ist komplexer als unter dem Grundgesetz. Weder im Konventions- noch im Unionsrecht gibt es eine Norm, welche die Grundrechtsberechtigung juristischer Personen horizontal regelt, wie es sie mit Art. 19 Abs. 3 GG in Deutschland unter dem Grundrechtsregime des Grundgesetzes gibt.[695]

---

692 *Klapdor*, Der Begriff des wirtschaftlich Berechtigten, S. 375 mwN.

693 Die Bedeutung der Frage der Grundrechtsberechtigung scheint insbesondere im deutschsprachigen Schrifttum besonders tiefgehend rezipiert worden zu sein. Dies als Stimme des englischsprachigen Schrifttums konstatierend: *Huber/Kristoferitsch*, in: EStAL 2011, 687 (690). Diesen Eindruck legt auch die Lektüre der englischsprachigen Kommentarliteratur nahe. So setzt *Kranenborg*, in: Peers/Hervey/Kenner/Ward, ECHR, Art. 8, Rn. 127 den persönlichen Schutzbereich des Art. 8 GRC wegen der Ausgestaltungsfunktion der DSGVO unproblematisch mit dem Anwendungsbereich der DSGVO, dem nur natürliche Personen unterliegen, gleich. Dies ist eine mögliche Deutung, die man so klar auch aus der Rechtsprechung des EuGH ableiten könnte, da dieser beispielsweise im Kontext der Anforderungen an Art. 8 GRC in: EuGH, Rs. C-131/12, (*Google Spain SL u. Google Inc./AEPD*), ECLI:EU:C:2014:317, Rn. 69 auf eine Vielzahl von Gewährleistungen des Datenschutzsekundärrechts verweist, was den Schluss einer kompletten Übertragung auch im persönlichen Schutzbereich nahelegt. Siehe zur vollständigen Auslegung der Norm: *Kreitz*, in: NJOZ 2024, 65 (67 ff.); *Heißl*, in: EuR 2017, 561 (561 ff.).

694 *Heißl*, in: EuR 2017, 561 (561).

695 *Marsch*, Europäisches Datenschutzgrundrecht, S. 272; *Klapdor*, Der Begriff des wirtschaftlich Berechtigten, S. 375; *Sandhu*, Grundrechtsunitarisierung durch Sekundärrecht, S. 111; *Nowak*, in: Terhechte, EUVwR, § 12, Rn. 81; *Goldhammer/Sieber*, in: JuS 2018, 22 (22).

aa) Position des EuGH zur Grundrechtsberechtigung

Nach der Rechtsprechung des EuGH sind juristische Personen nur vom persönlichen Schutzbereich des Datenschutzgrundrechts umfasst, wenn der Name der juristischen Person eine oder mehrere dahinterstehende natürliche Personen bestimmt.[696] Dabei setzt er in diesen Fällen auch einen verminderten Schutzanspruch für juristische Personen an.[697] Dem Recht auf Schutz personenbezogener Daten käme ein anderes Gewicht bei als bei natürlichen Personen, schließlich seien juristische Personen im Allgemeinen viel breiteren Veröffentlichungspflichten ausgesetzt als natürliche Personen.[698] Ein Beispiel für andere Transparenzpflichten, denen sich beispielsweise Kapitalgesellschaften als Typus juristischer Personen in Deutschland ausgesetzt sehen, ist die in § 325 HGB[699] geregelte Offenlegungsverpflichtung, die auch die Veröffentlichung des Jahresabschlusses im Internet umfasst.[700] In der Rs. *Schecke* erachtete der EuGH die Veröffentlichungspflichten bereits ohne eine De-Minimis-Schwelle daher als einen verhältnismäßigen Eingriff.[701] Dies begründet er auch damit, dass eine Differenzierung zu juristischen Personen, deren Name Rückschlüsse auf die dahinterstehenden natürlichen Personen ergibt, den nationalen Behörden eine unverhältnismäßige Verwaltungslast aufbürden würde.[702]

bb) Reichweite des Schutzes für juristische Personen

Bei Betrachtung des differenzierten Schutzniveaus juristischer Personen fällt darüber hinaus auf, dass der EuGH seine Differenzierung im Schutzniveau und die derivative Zubilligung des datenschutzrechtlichen Grundrechtsschutzes bei den Veröffentlichungspflichten in rechtspraktischer Hinsicht selbst wieder relativiert.[703] Dies tut er, indem er die Veröffentlichungspflichten juristischer Personen gleichgültig ihres Namens im Schutzniveau gleich behandelt.[704] Dies begründet er mit dem erhöhten Verwaltungsaufwand für die mitgliedstaatlichen Behörden.[705] Dieses Argument untermauert er mit einem Verweis auf die Rechtsprechung des EGMR, welcher sich ebenfalls

---

696 EuGH, verb. Rs.C-92/09 u. C-93/09 (*Schecke*), ECLI:EU:C:2010:662, Rn. 53.
697 EuGH, verb. Rs. C-92/09 u. C-93/09 (*Schecke*), ECLI:EU:C:2010:662, Rn. 87.
698 EuGH, verb. Rs. C-92/09 u. C-93/09 (*Schecke*), ECLI:EU:C:2010:662, Rn. 87.
699 Handelsgesetzbuch in der im Bundesgesetzblatt Teil III, Gliederungsnummer 4100-1, veröffentlichten bereinigten Fassung, das zuletzt durch Artikel 1 des Gesetzes vom 19. Juni 2023 (BGBl. 2023 I Nr. 154) geändert worden ist.
700 VG Schwerin, Beschl. v. 27. 4. 2009 – 6 B 159/09 –, juris, Rn. 22.
701 EuGH, verb. Rs. C-92/09 u. C-93/09 (*Schecke*), ECLI:EU:C:2010:662, Rn. 87.
702 EuGH, verb. Rs. C-92/09 u. C-93/09 (*Schecke*), ECLI:EU:C:2010:662, Rn. 87.
703 Vgl. zum derivativen Schutzanspruch: *Kreitz*, in: NJOZ 2024, 65 (71) mwN.
704 EuGH, verb. Rs. C-92/09 u. C-93/09 (*Schecke*), ECLI:EU:C:2010:662, Rn. 87.
705 EuGH, verb. Rs. C-92/09 u. C-93/09 (*Schecke*), ECLI:EU:C:2010:662, Rn. 87.

verwaltungsökonomischer Erwägungen für die Vertragsstaaten als ein Argumentationstopos bedient.[706] Dieses Argument bringt er sehr sachnah in Zusammenhang mit Art. 8 EMRK, aus dem auch der menschenrechtliche Datenschutz aus der Konvention abgeleitet wird. Eine Prüfung, ob der Name der juristischen Person Rückschluss auf die natürliche Person gibt, sei den Behörden wegen des Aufwandes nicht zumutbar. Folglich werden fiskalische Erwägungen der Verwaltungsökonomie und Effizienzaspekte als Grund für die Rechtfertigung von Eingriffen in Grundrechte herangezogen.

Dabei stellt sich die Frage, ob derlei Effizienzerwägungen es vermögen, eine rechtliche Gleichstellung zwischen diesen Personengruppen zu rechtfertigen. Grundsätzlich entziehen sich die Grundrechte als Abwehrrechte einer pauschalen Unterwerfung unter allgemeine fiskalische oder ökonomische Erwägungen.[707] Bei der Rechtfertigung von Grundrechtseingriffen kann die Effizienz allenfalls ein Argument sein, aber nicht das einzige, das eine in Grundrechte eingreifende Maßnahme als übergreifendes Prinzip begründet.[708] Die Argumentation des EuGH in dieser Form, dass grundrechtskonformes Handeln dann vermieden werden kann, wenn der Aufwand zu groß ist, kann damit nicht überzeugen.[709] Im vorliegenden Fall in der Rs. *Schecke* hat der EuGH lediglich auf den verminderten Schutzstandard juristischer Personen und die erhöhte Verwaltungslast verwiesen. Nimmt man diese Argumentation zu wörtlich, wäre sie nach der dogmatischen Einordnung der Effizienz in der Grundrechtsdogmatik kaum haltbar, da sich Grundrechtseingriffe pauschalen ökonomischen Wertungen entziehen. Ein solches verwaltungsökonomisches Argument mag zwar nicht pauschal von der Hand zuweisen sein, es ist jedoch sehr grob und ungenau.[710] Der EuGH unternimmt in der Rs. *Schecke* auch keine Bemühungen, die angeblich erhöhte Verwaltungslast für die Mitgliedstaaten, die entstehen würde, näher zu substantiieren. Es wird auch nicht klar, welcher Aufwand den Mitgliedstaaten nicht zumutbar sei: möglicherweise die Bindung von Humankapital, ergo finanzieller oder zeitlicher Aufwand in einem verwaltungstechnischen Massenverfahren wie bei den Agrarbeihilfen.[711] Dahingehend gewähren die Grundrechte bis zu einem gewissen Maß auch ein „Recht auf Ineffizienz“, da reine Effizienzerwägungen grundsätzlich keine Eingriffe rechtfertigen

---

706 EGMR, Urt. v. 2.12.2008 – Nr. 2872/02 (*K. U./Finnland*), Rn. 48.

707 *Bertram*, in: Der digitalisierte Staat, S. 85 (95) mwN.

708 *Bertram*, in: Der digitalisierte Staat, S. 85 (95) mwN.

709 Ebenso: *Kühling*, in: Pechstein/Nowak/Häde, EUV/AEUV/GRC, Art. 8 GRC, Rn. 74.

710 Ähnlich: *Bertram*, in: Der digitalisierte Staat, S. 85 (88).

711 Die Kategorien Geld und Zeit in diesem Kontext ebenfalls als mögliche zu substantiierende Kriterien heranziehend: *Bertram*, in: Der digitalisierte Staat, S. 85 (88).

können.[712] Neben den Ausführungen sind jedoch auch der Gesamtkontext und der Telos zu beachten. Mit Blick auf den durch Art. 8 Abs. 1 GRC für juristische Personen vermittelten Schutz ist der verringerte Schutzmaßstab stets zu beachten.[713] Unter dieser Grundannahme wäre die Rechtmäßigkeit für alle Arten juristischer Personen als Personenmehrheiten im Ergebnis das Gleiche. Der Verweis auf die verwaltungsökonomischen Erwägungen und Praktikabilitätsaspekte ist daher nicht als das zentrale Argument für umfassende Grundrechtseingriffe zu deuten. Vielmehr hat der EuGH die verwaltungsökonomischen Aspekte lediglich als ein verstärkendes Argument herangezogen, welches im einschlägigen Kontext den allgemeinen datenschutzrechtlichen Topos erweiterter informatorischer Duldungspflichten juristischer Personen im Wirtschaftsleben statuiert. Dies hätte der EuGH in der Rs. *Schecke* terminologisch und inhaltlich deutlicher klarstellen können.

Die Kriterien zur Bestimmung der Reichweite des grundrechtlichen Datenschutzes juristischer Personen reihen sich jedoch in die eher pragmatische und nach Effektivitätserwägungen gehende Spruchpraxis des EuGH in seinen Erwägungen ein. Gleichwohl können verwaltungsökonomische Aspekte und mögliche Konvergenzen in Rechtsnormen zu einer Effizienzsteigerung für betroffene Personen wie auch für den Hoheitsträger sein. Andere Rechtsbereiche können dabei für eine verhältnismäßige Ausgestaltung von Rechtsnormen als eine Art Vorbild herangezogen werden. Ein Beispiel für eine konvergierende Regelungsstruktur findet sich auch im Bereich des Agrarförderrechts. Der Schwellenwert für die Eröffnung der Veröffentlichungspflichten liegt bei 1.250 € und ist genauso hoch wie der Schwellenwert für Kleinerzeuger. Dabei kommt der Effizienz als Kriterium keine Bedeutung als absolutes Argument zu. Vielmehr dient eine konvergierende Regelungsstruktur, die auch inhaltlich in einem engen Verhältnis steht, als Inspirationsquelle. Die Wertung wird im Normsetzungsprozess übertragen, um die Rechtsanwendung und die Nachvollziehbarkeit für die Adressaten zu erleichtern. Dies ist im hiesigen Fall möglich, da durch eine Korrelation mehrerer Schwellenwerte eine Regulierung aktiviert wird. Diese Funktion kann als ergänzendes Argument für die Rechtfertigung von Eingriffen in Grundrechte herangezogen werden.

cc) Bedeutung für den Fortgang der Untersuchung

Der EuGH trennt wie bereits erwähnt beim Schutzniveau zwischen natürlichen und juristischen Personen. Dabei ist jedoch zu beachten, dass der EuGH in der Rs. *Schecke* bereits die alten Veröffentlichungspflichten für

---

712 Diese These im Kontext des GG aufstellend, wobei sich der Gedanke auch auf die GRC übertragen lässt: *Bertram*, in: Der digitalisierte Staat, S. 85 (100 f.).

713 Vertiefend dazu: *Kreitz*, in: NJOZ 2024, 65 (71 f.) mwN.

vereinbar mit der GRC in Bezug auf juristische Personen erachtet hat.[714] Die Wertung des EuGH, juristischen Personen nur einen verringerten Schutzstandard zuzubilligen, ist der Sache nach und in der konkreten Gewichtung auf Grund der geringeren Intensität persönlichkeitsbezogener Gefährdungslagen überzeugend. Der aktuelle Rechtsrahmen mit dem neu gefassten Schwellenwert bezieht sich auch auf juristische Personen. Demzufolge ist die Regelung mit ihrem aktuellen Schwellenwert erst recht vereinbar mit den Gewährleistungen des Datenschutzgrundrechts, soweit dessen personeller Schutzbereich eröffnet ist. Dasselbe gilt auch für die Verpflichtungen, denen juristische Personen, deren Name keine Anhaltspunkte für die dahinterstehenden natürlichen Personen liefert, ausgesetzt sind.

Folglich ist das Ergebnis für beide Typen juristischer Personen, unabhängig vom zugrunde gelegten Grundrechtsmaßstab, das Gleiche.[715] Die Veröffentlichungspflichten der Agrarbeihilfenempfänger aus der GAP verletzen sie nicht in ihren Grundrechten. Im Ergebnis ist der geltende Rechtsrahmen der Veröffentlichungspflichten für alle Arten juristischer Personen als rechtmäßig anzusehen. Infolgedessen ist der Ausgangspunkt der Untersuchung auf der Ebene der Schranken-Schranke der Schutz personenbezogener Daten natürlicher Personen. In dieser Konsequenz sind alle juristischen Personen in den nachfolgenden Argumentationen exkludiert. Daher wird im weiteren Fortgang mehrfach auf die DSGVO und ihre ausfüllende Wirkung für den normengeprägten Schutzbereich des Art. 8 Abs. 1 GRC Bezug genommen.

dd) Abschließende Kritik der Rechtsprechung

Gleichwohl ist die Rechtsprechung des EuGH in dieser Frage trotz ihrer Entscheidungsunerheblichkeit für die nachfolgenden Ausführungen kritisch zu sehen. Vor allem ist die Rechtsprechung unter dem Gesichtspunkt entstehender Zufallsergebnisse zwischen den verschiedenen Arten juristischer Personen kritisch zu bewerten.[716] Es sprechen für eine Neujustierung der Rechtsprechung vor allem praktische Gründe für eine allgemeine Einbeziehung juristischer Personen in den persönlichen Schutzbereich des Datenschutzgrundrechts, um Zufallsergebnisse zu vermeiden.[717] Schließlich sind juristische Personen stets Personenmehrheiten. Hinter juristischen Personen stehen in der Regel natürliche Personen. Auch schlagen zum Teil wirtschaftlich bedeutende Eigenschaften, Angaben und Informationen juristischer Personen auf die Wahrnehmung der juristischen Person im Wirtschaftsleben

---

714 *Drechsler*, Unionsgrundrechte unter dem Einfluss des Prozessrechts, S. 40.

715 *Wollenschläger*, in: AöR 2010, 364 (399) verzichtet daher auf eine vertiefte Darstellung, ob juristische Personen vom Schutzbereich umfasst seien.

716 *Kreitz*, in: NJOZ 2024, 65 (71) mwN.

717 *Kreitz*, in: NJOZ 2024, 65 (71) mwN.

durch. Die Organisationsform und die Firmierung sind an dieser Stelle wirtschaftliche Organisationsaspekte, denen aus Sicht des Grundrechtsschutzes hier eine eher untergeordnete Rolle beizumessen ist.[718] Würde man dies stärker gewichten, so hätte man Zufallsergebnisse in Bezug auf den Grad der Betroffenheit und das Schutzniveau personenbezogener Daten.

Dieses Problemfeld lässt sich gut am Beispiel der Junglandwirteprämie veranschaulichen. Unterstellt eine GmbH, deren Name nicht direkt auf eine natürliche Person schließen lässt, erhält eine Junglandwirteprämie, die ordnungsgemäß auf der Transparenzdatenbank veröffentlicht wird. Aus der Veröffentlichung selbst lässt sich unmittelbar keine Aussage über eine natürliche Person ableiten. Die Angabe kann jedoch mit anderen Informationsquellen zum betreffenden Unternehmen, z. B. durch Register- und Impressumsangaben, kombiniert werden. Auf diesem Wege kann der Name des Betriebsinhabers der Angabe der Altersschwelle der Junglandwirteprämie zugeordnet werden. Damit zeigt sich, dass die Frage der Bestimmung der Daten, betreffend natürliche und juristische Personen, unabhängig von der Firmierung nur schwer möglich ist und die Ergebnisse nach schutzzweckbezogener Betrachtung zufällig erscheinen lassen. Diese nur schwere Trennbarkeit legt eine grundsätzliche Einbeziehung bei einer Begrenzung des Schutzniveaus nahe.

ee) Ausgleich durch Art 16 GRC in Open Data Konstellationen

Bei Betrachtung der auf der Ebene des persönlichen Schutzbereiches des Datenschutzgrundrechts skizzierten Rechtsprechung des EuGH stellt sich gleichzeitig die Frage, welchen Schutzstandard juristische Personen, deren Name auf keine natürliche Person hindeutet, beanspruchen können. Diese Frage ist im Allgemeinen für den unternehmensbezogenen Daten- und Geheimnisschutz von hervorgehobener Bedeutung. Der Thematik kommt im Besonderen für personenbezogene Daten im Zusammenhang mit *Open Data* Bemühungen hoheitlicher Akteure, bei denen Informationen juristischer Personen des Privatrechts, wie sie im Rahmen von Transparenzdatenbanken öffentlich zugänglich gemacht werden, eine besondere Bedeutung zu. Juristische Personen stehen grundsätzlich auch nicht vollständig schutzlos gegenüber derartigen Veröffentlichungspflichten im Wirtschaftsleben. Ihnen könnten immer noch die Wirtschaftsgrundrechte der Art. 15–17 GRC zugutekommen, auf welche sich juristische Personen in persönlicher Hinsicht unproblematisch berufen können.[719] Schließlich ist das Unionsrecht im

718 Zur Relevanz der gesellschaftsrechtlichen Einordnung: *Kreitz*, in: NJOZ 2024, 65 (71) mwN.

719 *Harings/Classen*, in: EuZW 2008, 295 (299 f.); *Goldhammer/Sieber*, in: JuS 2018, 22 (25).

Kern seiner Rahmensetzung eine Regulierung unternehmerischer Tätigkeit im Binnenmarkt, weshalb der grundrechtlich vermittelte Schutz der Wirtschaftsgrundrechte in der Charta sie auch primär adressiert.[720] In Folge dessen ist der Grundrechtsschutz juristischer Personen in Bezug auf die Wirtschaftsgrundrechte als Regelfall anzusehen.[721]

(i) Sachlicher Schutzbereich des Art. 16 GRC

Anders als unter der Wirtschaftsverfassung des Grundgesetzes trennt die Systematik der GRC zwischen der Berufsfreiheit (Art. 15 GRC) und der unternehmerischen Freiheit (Art. 16 GRC). Die in Rechtsprechung und Schrifttum noch nicht vollständig geklärte Abgrenzung der Gewährleistungen erfolgt nach überwiegender Auffassung anhand des Kriteriums der selbstständigen oder unselbstständigen Erwerbsarbeit.[722] In der vorliegenden Konstellation werden Landwirte, die Fördermittel erhalten, den bereits vorgestellten Veröffentlichungspflichten unterworfen. Diese sind selbstständig und im eigenen wirtschaftlichen Interesse unternehmerisch tätig. Folglich ist Art. 16 GRC in der vorliegenden Konstellation der Sache nach einschlägig. Zwar mögen juristische Personen grundsätzlich dem Schutz der Wirtschaftsgrundrechte unterfallen. Zu klären ist jedoch, inwieweit diese im vorliegenden Fall in sachlicher Hinsicht auch die Daten über die Beihilfenzahlungen aus den Agrarförderfonds umfassen. Dabei ist anzumerken, dass die unternehmerische Freiheit gem. Art. 16 GRC als sachnächste Gewährleistung für den Schutz vor regulatorischen Transparenzpflichten nicht den umfassenden und lückenlosen Schutz aller Informationsveröffentlichungen von Unternehmen gewährleistet. Daher ist zu klären, ob der Schutzbereich von Art. 16 GRC in sachlicher Hinsicht durch die Informationsveröffentlichungen über die Förderzahlungen aus den Agrarfonds berührt wird, womit Art. 16 GRC

720 *Goldhammer/Sieber*, in: JuS 2018, 22 (25).

721 *Goldhammer/Sieber*, in: JuS 2018, 22 (25).

722 Vgl. zu diesem Abgrenzungsansatz: EuGH, Rs. C-134/15 (*Lidl*), ECLI:EU:C:2016:498, Rn. 26 ff.; *Ruffert*, in: Calliess/Ruffert, EUV/AEUV/GRC, Art. 16 GRC, Rn. 4; *Jarass*, in: Jarass, GRC, Art. 15, Rn. 4; *Wollenschläger*, in: EuZW 2015, 285 (287). Dieser Festlegung gegenüber kritisch: *Nowak*, in: Heselhaus/Nowak, EU-GrundR, § 34, Rn. 28 f., welcher konstatiert, dass sich aus der bisherigen Rechtsprechung keine klaren Konturen entnehmen lassen und die Rs. *Lidl* als einen möglicherweise noch zu bestätigenden „Ausreißer“ einordnet. *Drechsler*, Unionsgrundrechte unter dem Einfluss des Prozessrechts, S. 103 ff. erachtet es daher, als unwahrscheinlich, dass der EuGH sich insgesamt klarer in dieser Abgrenzungsfrage positionieren wird. Ähnlich wie *Nowak* sieht er kein einheitliches dogmatisches Konzept, ebenso: *Dobler*, Geschäftsgeheimnisschutz, S. 232, der auch auf die uneinheitliche Rechtsprechung der Unionsgerichte hinweist, welche Art. 15 und 16 GRC teilweise gemeinsam prüfen, was eine Idealkonkurrenz andeuten kann, vgl. dazu exemplarisch: EuGH, Rs. C-544/10 (*Deutsches Weintor*), ECLI:EU:C:2012:526, Rn. 54 ff.

möglicherweise bestehende Schutzlücken für Informationsveröffentlichungen juristischer Personen schließen könnte.

Art. 16 GRC schützt dauerhafte, selbstständige unternehmerische Betätigung mit einem Erwerbsziel.[723] Art. 16 GRC umfasst die wirtschaftliche Betätigungsfreiheit in all ihren Ausprägungen.[724] Die unternehmerische Freiheit bildet damit einen speziell geregelten Bereich der Berufsfreiheit in der europäischen Wirtschaftsverfassung.[725] Dabei hat sich in der Rechtsprechung des EuGH eine vielfältige Kasuistik in einzelnen umfassten Tätigkeiten herausgebildet.[726] Relevante Beispiele, die in der Rechtsprechung des EuGH bereits entwickelt wurden, sind: das Recht auf den freien Wettbewerb,[727] die Vertragsfreiheit,[728] und die Freiheit der Preisgestaltung.[729]

Im konkreten Fall könnten Betriebs- und Geschäftsgeheimnisse der betroffenen landwirtschaftlichen Betriebe durch die Veröffentlichungspflichten berührt werden. Geschäftsgeheimnisse meinen die kaufmännische Seite des Informationsschutzes, wohingegen Betriebsgeheimnisse weitgehend auf technische Aspekte Bezug nehmen.[730] Mit Blick auf den Charakter der Veröffentlichung kommt eine Berührung von Geschäftsgeheimnissen als kauf-

---

723 *Kühling/Drechsler,* in: Pechstein/Nowak/Häde, EUV/GRC/AEUV, Art. 16 GRC, Rn. 6.

724 *Ruffert*, in: Calliess/Ruffert, EUV/AEUV/GRC, Art. 16 GRC, Rn. 1.

725 *Streinz*, in: Streinz, EUV/AEUV/GRC, Art. 16 GRC, Rn. 6; *Wollenschläger*, in: EuZW 2015, 285 (285).

726 *Jarass*, in: Jarass, GRC, Art. 16, Rn. 10; *Ruffert*, in: Calliess/Ruffert, EUV/AEUV/GRC, Art. 16 GRC, Rn. 2; *Streinz*, in: Streinz, EUV/AEUV/GRC, Art. 16 GRC, Rn. 6 mwN.

727 EuGH, Rs. C-283/11 (*Sky Österreich*), ECLI:EU:C:2013:28, Rn. 42; Rs. C-101/12 (*Schaible*), ECLI:EU:C:2013:661, Rn. 25; Rs. C-134/15 (*Lidl*), ECLI:EU:C:2016:498, Rn. 28.

728 EuGH, Rs. C-283/11 (*Sky Österreich*), ECLI:EU:C:2013:28, Rn. 42; Rs. C-101/12 (*Schaible*), ECLI:EU:C:2013:661, Rn. 25.

729 EuGH, Rs. C-283/11 (*Sky Österreich*), ECLI:EU:C:2013:28, Rn. 43.

730 Dies ist eine systematische Einordnung, die sich im deutschsprachigen Schrifttum in den verschiedensten Rechtsbereichen in Rechtsprechung und Schrifttum etabliert hat, vgl. stellvertretend für viele: BVerfG (Zweiter Senat) Beschl. v. 27.4.2021 – 2 BvR 206/14, Rn. 50 = BVerfGE 158, 1 (28); BVerwG, Urt. v. 23.2.2017 – 7 C 31/15 (OVG Berlin-Brandenburg) –, juris, Rn. 64; *Reidt/Schiller*, in: Landmann/Rohmer, UmweltR, § 9 UIG, Rn. 21. Eine explizite inhaltliche und definitorische Bestimmung durch den EuGH steht noch aus. Gleichwohl lässt sich die Struktur der Differenzierung innerhalb des Doppelbegriffs unter Beachtung des Schutzzweckes übertragen, ohne dass nationales Recht Unionsrecht definiert. So führt das Bundesverfassungsgericht, nachdem es die Definition für die nationale Rechtsordnung skizziert hat, abschließend im Verhältnis zum unionsrechtlichen Begriff aus: „*Im Ergebnis stimmen die hier einschlägigen verfassungsrechtlichen Maßstäbe des Grundgesetzes und der Charta der Grundrechte der Europäischen Union im Wesentlichen überein. Beide erkennen Betriebs- und Geschäftsgeheimnisse als Bestandteil der Berufsfreiheit an,..*“, siehe:

männischer Teil des Begriffspaares für Beihilfenzahlungen in Betracht. Da die Agrarbeihilfen ein relevanter Aspekt in Bezug auf die Einnahmestruktur der Landwirte sind, erscheint eine Einordnung als Geschäftsgeheimnis auf den ersten Blick naheliegend.

Geschäftsgeheimnisse genießen sowohl im deutschen Verfassungsrecht[731] als auch im Unionsrecht Grundrechtsschutz.[732] Es gibt verschiedene Herleitungsansätze und differenzierende Zuordnungen, woraus man den Schutz ableiten kann. Insgesamt besteht im Schrifttum jedoch wohl Einigkeit, dass der Schutz im Unionsrecht seine Basis in Art. 16 GRC findet.[733] Schutzzweck des grundrechtlichen Schutzes von Betriebs- und Geschäftsgeheimnissen ist es, in ordnungsgemäßer Art und Weise marktwirtschaftlich erarbeitete Wettbewerbsvorteile informatorischer Art grundrechtlich abzusichern.[734] Dieser Schutz ist nicht nur im Interesse der jeweiligen Unternehmensinhaber auf der Mikroebene zu sehen, sondern dient auch dem Erfolg der Wettbewerbsordnung auf der Makroebene, da ihr Schutz zur wirtschaftlichen Leistungsfähigkeit und zur Innovation Anreize setzt.[735]

Daher ist im weiteren Fortgang die Reichweite des Schutzes von Betriebs- und Geschäftsgeheimnissen nach Art 16 GRC zu bestimmen. Der Schutz der unternehmerischen Freiheit ist insbesondere als Abwehrrecht gegenüber hoheitlich auferlegten Offenlegungspflichten einschlägig.[736] Es sind jedoch nicht pauschal und lückenlos alle Informationen über oder im Bestand von

---

BVerfG (Zweiter Senat), Beschl. v. 27.4.2021 – 2 BvR 206/14, Rn. 81 = BVerfGE 158, 1 (41), etwaige Friktionen oder Divergenzen deutet es demgegenüber nicht an.

731 Im deutschen Schrifttum kommt der Einordnung des Inhaltes und der Reichweite des Schutzes von Betriebs- und Geschäftsgeheimnissen im Kontext der Informationsfreiheit eine große Bedeutung zu. Zur grundrechtlichen Einordnung des Schutzes von Betriebs- und Geschäftsgeheimnissen im nationalen Verfassungsrecht bei der Informationsfreiheit: *Wolf*, Schutz des Betriebs- und Geschäftsgeheimnisses, S. 72 ff.; *Gajeck*, Wirtschaftsgeheimnis, S. 92 ff.

732 *Schomerus/Scheel*, in: ZUR 2010, 188 (191); *Frenz*, in: GewA 2009, 427 (430), unter Verweis auf: EuGH, Rs. C-450/06 (*Varec*), ECLI:EU:C:2008:91, Rn. 48 f., dort ordnet der EuGH den Schutz von Geschäftsgeheimnissen mwN als allgemeinen Grundsatz im Unionsrecht ein.

733 *Klapdor*, Der Begriff des wirtschaftlich Berechtigten, S. 382. Eine Herleitung über Art. 17 GRC als zweifelhaft, aber im Ergebnis unerheblich einordnend: *Dobler*, Geschäftsgeheimnisschutz, S. 236.

734 *Dobler*, Geschäftsgeheimnisschutz, S. 232; *Frenz*, in: GewA 2009, 427 (430).

735 *Schomerus/Scheel*, in: ZUR 2010, 188 (190) mwN.

736 EuGH, verb Rs. C-435/02 u. C-103/03 (*Springer*), ECLI:EU:C:2004:552, Rn. 49 unter Bezug auf die damals noch ungeschriebene Berufsfreiheit: EuGH, Rs. C-450/06 (*Varec*), ECLI:EU:C:2008:91, Rn. 48 f., wobei auch auf Art. 8 EMRK Bezug genommen wird: *Kühling/Drechsler,* in: Pechstein/Nowak/Häde, EUV/GRC/AEUV, Art. 16 GRC, Rn. 6; *Wollenschläger*, in: v. d. Gröben/Schwarze/Hatje, Art. 16 GRC, Rn. 7; *Nowak*, in: Heselhaus/Nowak, EU-GrundR, § 35, Rn. 9; *Grabenwarter*, in: Grabenwarter,

Unternehmen geschützt. Fraglich ist jedoch, welche Art von Informationen vom Schutzbereich als grundrechtliche Offenlegungsschranke umfasst sind. Einen primärrechtlichen Anhaltspunkt der Reichweite des Schutzes von Unternehmensinformationen im Primärrecht bietet Art. 339 AEUV. Dieser nennt regelbeispielartig: „*Auskünfte über Unternehmen sowie deren Geschäftsbeziehungen oder Kostenelemente*" als Offenlegungsschranke für die öffentliche Hand. Der Begriff des Geschäftsgeheimnisses wurde im Kontext des Art 339 AEUV vom EuGH definiert und konturiert. Nach der gängigen Begriffsbestimmung sind als Geschäftsgeheimnisse von Art. 339 AEUV: *Tatsachen im Zusammenhang mit einem wirtschaftlichen Geschäftsbetrieb (Unternehmen), die nur einem bestimmten Personenkreis zugänglich, demnach nicht offenkundig sind und nach dem Willen des Unternehmens geheim gehalten werden sollen, soweit ein berechtigtes wirtschaftliches Interesse gegeben ist*"[737] gestützt. Art. 339 AEUV ist eine primärrechtliche Offenlegungsschranke, die explizit die Unionsorgane bindet. Für die Kohärenz der Begriffe in Rückkopplung zum Schutz aus Art. 16 GRC sprechen die parallel verlaufende Schutzrichtung als Offenbarungsschranke und die Gleichrangigkeit der Normen im Primärrechtsrang. Demzufolge kann man diese bestehende Definition in der Rechtsprechung der Unionsgerichte zu Art. 339 AEUV auch auf die inhaltliche Reichweite des Schutzes von Unternehmensinformationen nach Art. 16 GRC übertragen.[738]

(ii) Exkurs: Sekundärrechtlicher Geschäftsgeheimnisbegriff

Stimmen im Schrifttum wollen demgegenüber die Begriffsdefinition von Geschäftsgeheimnissen aus Art. 2 Nr. 1 RL 2016/943[739] auch auf den öffentlich-rechtlichen Kontext, in Fällen, in denen Geschäftsgeheimnisse als Offenlegungsschranke für die öffentliche Hand fungieren, übertragen. Es geht also um die Übertragung der Wertung auf den Abwehrfall regulierender Unionstätigkeit. Die zentralen Argumente für den Ansatz sind die Wer-

---

EU-GrundR, § 14, Rn. 33; *Denninger*, in: PharmR 2015, 7 (13); *Münch/Sendtke*, in: IStR 2021, 454 (457).

737 Vgl. zur Begriffsbestimmung in Art. 339 AEUV: EuG, Rs. T-474/04 (*Pergan*), ECLI:EU:T:2007:306, Rn. 65; Rs. T-198/03 8 (*Bank Austria Creditanstalt*), ECLI:EU:T:2006:136, Rn. 71; siehe auch im Schrifttum: *Nowak*, in: Pechstein/Nowak/Häde, EUV/GRC/AEUV, Art. 339 AEUV, Rn 8 ff.; *Wegener*, in: Calliess/Ruffert, EUV/AEUV/GRC, Art. 339 AEUV, Rn. 13.

738 *Wollenschläger*, in: AöR 2010, 364 (400); *Klapdor*, Der Begriff des wirtschaftlich Berechtigten, S. 382 f.

739 Richtlinie (EU) 2016/943 des Europäischen Parlaments und des Rates vom 8. Juni 2016 über den Schutz vertraulichen Know-hows und vertraulicher Geschäftsinformationen (Geschäftsgeheimnisse) vor rechtswidrigem Erwerb sowie rechtswidriger Nutzung und Offenlegung.

tung des Unionsgesetzgebers, den Begriff explizit zu definieren (Einheit der Rechtsordnung) und der rechtspraktische Grund, dass es auf Dauer schwer sei, zwei unterschiedliche Begriffsdefinitionen im Unionsrecht aufrecht zu erhalten.[740] Darüber hinaus ist die Legaldefinition Ausdruck einer normativen Wertung des Unionsgesetzgebers im Hinblick auf den Schutz von Geschäftsgeheimnissen, weshalb die Definition zur weiteren Konturierung herangezogen werden könnte. Demgegenüber ist jedoch einzuwenden, dass der Schutz von Geschäftsgeheimnissen nach der RL 2016/943 seinem Wesen nach ein Privatrechtverhältnis – nämlich zwischen Wettbewerbern – regeln möchte. Das Telos der Richtlinie und damit auch der zentralen Legaldefinition bezieht sich also nur auf ein Zweipersonen-Verhältnis unter Privaten und nicht auf ein multipolares Mehrpersonenverhältnis im informationsfreiheitlichen Kontext.[741] Dieses ist jedoch maßgeblich prägend für den Fall der Geschäftsgeheimnisse als grundrechtliche Offenlegungsschranke. Diese Wertung ist dem Anwendungsbereich der Richtlinie selbst auch zu entnehmen, da gem. Art. 1 Abs. 2 RL 2016/943 öffentlich-rechtliche Regelungen unberührt gelassen werden.[742] Darüber hinaus ist eine explizite Übertragung einer Definition aus dem Sekundärrecht zum Ausfüllen einer Fallgruppe der Gewährleistung einer Norm mit Primärrechtsrang aus normenhierarchischen Gründen abzulehnen. Demzufolge wird eine primärrechtlich-autonome Lösung in Anlehnung an Art. 339 AEUV verfolgt.[743]

(iii) Subsumtion auf die Transparenzdatenbank

Zunächst ist festzustellen, dass die betroffenen Unternehmen subjektiv ein Interesse daran haben, dass der Umfang ihrer Förderung nicht bekannt wird. Es handelt sich um Daten, betreffend die Wirtschaftlichkeit und die Einnahmenstruktur des Unternehmens. Unabhängig von der Frage des Interesses der geförderten Unternehmen aus ihrem strategischen Interesse, keine Daten preisgeben zu müssen, ist die Einordnung der Wettbewerbsrelevanz als Ausdruck des wirtschaftlichen Interesses an der Geheimhaltung und damit als zentrales Kriterium zu klären. Dabei sind das bloße Empfinden und das Unbehagen der Landwirte als Kriterium unerheblich.

740 Vgl.: *Goldhammer*, in: NVwZ 2017, 1809 (1814); *Wiebe*, in: NVwZ 2019, 1705 (1706).

741 Näher zu Mehrpersonenverhältnissen im Unionsrecht bei informationsfreiheitlichen Konstellationen: *Lohmann*, Geheime Unternehmensinformationen, S. 144 ff.

742 Vgl.: *Lohmann*, Geheime Unternehmensinformationen, S. 69 ff.; *ders.*, in: NuR 2018, 607 (612), der die Argumente im Kontext des UIG aufwirft. Diese lassen sich jedoch allgemein auf den grundrechtlichen Geheimnisschutz im Unionsrecht übertragen.

743 *Klapdor*, Der Begriff des wirtschaftlich Berechtigten, S. 382 weist auf allgemeine Parallelen zwischen den Begriffsbestimmungen hin, ohne sich in dieser Streitfrage festzulegen.

Für eine Wettbewerbsrelevanz der Daten könnte angeführt werden, dass die veröffentlichten Summen über die Förderung regelmäßig einen erheblichen Teil des Einkommens der Landwirte ausmachen (30–70 %).[744] Dies ist ein Spezifikum auf den stark regulierten und geförderten Märkten im Rahmen der GAP, welche den freien Markt stark einschränkt und in beispielloser Art und Weise gestaltet.[745] Dieser Einkommensanteil bei landwirtschaftlichen Betrieben hat aus kaufmännischer Sicht eine gewisse Aussagekraft über die Einnahmestrukturen des Betriebes. Die Einnahmenstruktur ist typischerweise ein Indiz für die wirtschaftliche Dimension unternehmerischer Tätigkeit. Diese Informationen können auch die Basis für weitere Investitionsentscheidungen bilden und damit von hohem kaufmännischem Interesse sein. Das kaufmännische Interesse ist ein zentraler Faktor bei Geschäftsgeheimnissen. Darüber hinaus könnten die Daten auch eine Basis bilden, um mittels Big Data-Anwendungen die zur Verfügung gestellten Unternehmensdaten systematisch auszuwerten und zu unlauteren Zwecken oder zu Agrarspekulationen einzusetzen.[746]

Demgegenüber sprechen auf der anderen Seite die Besonderheiten der GAP auch gegen die Wettbewerbsrelevanz der Daten. Schließlich gilt bei der Förderung das sog. „Gießkannenprinzip". Folglich haben alle Wirtschaftsteilnehmer nach ordnungsgemäßem Vollzug der GAP die gleichen Mittel nach den klar definierten Vergabekriterien in den Verordnungen und den nationalen GAP-Strategieplänen, ohne etwaige Diskriminierungsrisiken. Dabei handelt es sich im Grunde also um kein arkanes Wissen aufgrund der hohen Regelungsdichte. Es handelt sich demnach kaum um Informationen, die z. B. einen Wert für Wettbewerber oder die Wahrnehmung auf den Absatzmärkten haben. Zudem bestehen nicht einmal Ansatzpunkte für mögliche ökonomische Risiken wegen der Gefahr der privaten Rechtsdurchsetzung. Teile des Schrifttums wollten die Wettbewerbsrelevanz der Daten beim alten Rechtsrahmen ablehnen, da die veröffentlichten Informationen sehr pauschal ausgestaltet seien.[747] Der Einwand bezieht sich auf die Aufführung der Daten in der Suchmaschine und die vorgenommene Aufteilung der Informationen, die sehr grob und pauschal seien. Diesem Einwand aus dem Schrifttum ist jedoch selbst zu entgegnen, dass er sehr pauschal und nicht näher

---

744 BVerwG, Urt. v. 24.10.2019 – C 21/17 (OVG Lüneburg) –, juris, Rn. 22.

745 Näher zu Art. 16 GRC im Kontext der GAP: *Streinz*, in: Streinz, EUV/AEUV/GRC, Art. 16 GRC, Rn. 4.

746 Diese Risiken im allgemeinen Zusammenhang mit der Verarbeitung von Agrardaten im Open Data Kontext aufwerfend: *Härtel*, in: Gutachten zum Thema „Europäische Leitlinien bzw. Regeln für Agrardaten" (*European Agricultural Data Governance*), S. 10,35. Allgemein zu dieser Form der Auswertung von Daten im Kontext des sachlichen Schutzbereiches von Art. 8 GRC: *Kreitz*, in: NJOZ 2024, 65 (67) mwN.

747 *Wollenschläger*, in: AöR 2010, 364 (399); zum UIG: *Schomerus/Scheel*, in: ZUR 2010, 188 (192).

substantiiert ist. Die Informationen trennen nämlich nach den jeweiligen Förderinstrumenten und nehmen eine detaillierte finanzielle Aufteilung vor. Dadurch werden weitere inhaltliche Spezifizierungen über den Betrieb wie z. B. zum Grad der ökologischen Leistungen oder einer gezahlten Junglandwirteprämie mit veröffentlicht. Dies wären exemplarische Informationen, welche tiefergehende Aussagegehalte über Betriebsstrukturen oder möglicherweise sogar natürliche Personen (Alter des Betriebsinhabers) preisgeben würden. Auch kann über den ökologischen Beitrag als Form des Wirtschaftens informiert werden. In seiner Allgemeinheit mag der vorgebrachte Einwand des Ausschlusses aus dem Schutzbereich von Art. 16 GRC wegen der Pauschalität der Daten auf dieser argumentativen Basis abzulehnen sein. Im Ergebnis ist der Position jedoch grundsätzlich zuzustimmen, dass der sachliche Schutzbereich des Art. 16 GRC durch eine Veröffentlichung von Betriebs- und Geschäftsgeheimnissen im hiesigen Fall nicht berührt wird. Dies ist insbesondere darauf zurückzuführen, dass sich keine Rückschlüsse auf die Kundenstruktur oder Marktstrategien- und Aktivitäten, die einen Preiskampf auf dem Markt auslösen könnten, ableiten lassen.[748] Ebenso vermag es auch, die Nachträglichkeit der Informationsveröffentlichung den Wettbewerbsbezug entfallen zu lassen, da aufgrund der zeitversetzten Veröffentlichung keine dahingehende Verhaltensänderung bei Konkurrenten zum maßgeblichen Zeitpunkt möglich ist. Darüber hinaus sprächen auch Sinn und Zweck des Schutzes von Betriebs- und Geschäftsgeheimnissen gegen eine Eröffnung des Schutzbereiches. Tragender Grund des Schutzes von Betriebs- und Geschäftsgeheimnissen ist der Schutz marktwirtschaftlich erarbeiteter Vorteile am Markt durch Innovationen und kluges Wirtschaften. Der besondere Grundrechtsschutz soll einen Anreiz für die Anstrengung in einem marktwirtschaftlichen Umfeld bieten. Zwar können Landwirte sektoral technisch und geschäftlich innovativ sein. Die Veröffentlichung der Beihilfenzahlungen selbst steht jedoch isoliert und in keinem Bezug zu einem erarbeiteten wirtschaftlichen Vorteil und der schutzwürdigen Behauptung auf dem Markt. Sie ist lediglich die Dokumentation einer Antragstellung und gibt Auskunft über eine im Kern einseitige Leistungsbeziehung. Im Ergebnis ist dieses Argument die tragende Erwägung des Schutzbereichsausschlusses unter Zugrundelegung einer schutzzweckbezogenen Betrachtung. Aufgrund der detaillierten Aufschlüsselung können zwar Rückschlüsse auf die wirtschaftliche Tätigkeit getroffen werden. Art. 16 GRC schützt jedoch nicht umfassend Unternehmen und unternehmerische Tätigkeiten. Die Informationen sind weder auf eigene wirtschaftliche Leistung oder das Produkt unternehmerischer Tätigkeiten und der Behauptung auf dem Markt zu-

748 Zu diesem Argument im Kontext des UIG bei der Einordnung der Veröffentlichung von Agrarzahlungen: BVerwG, Urt. v. 28.5.2009 – 7 C 18/08 (VG Hamburg) –, juris, Rn. 15; *Schomerus/Scheel*, in: ZUR 2010, 188 (192).

rückzuführen. Im Gegenteil, es geht um Finanzströme, hoheitlicher Akteure die den Markt regulieren und nach dem sog. „Gießkannenprinzip“ jeden Wirtschaftsteilnehmer in dem Sektor in gleicher Art und Weise begünstigen. Damit sind die Informationen insgesamt wettbewerbsneutral. Mithin werden durch die Veröffentlichung der Informationen über Agrarzahlungen keine Geschäftsgeheimnisse der beihilfenempfangenden landwirtschaftlichen Unternehmen berührt.[749]

In dieser Konsequenz ist der sachliche Schutzbereich des Art. 16 GRC grundsätzlich nicht eröffnet. Dieses Ergebnis ist jedoch wiederum zu relativieren. Es ist nämlich zwischen den verschiedenen Kategorien der veröffentlichten Daten zu differenzieren. Es sind nämlich nicht alle veröffentlichten Daten ein bloßes Zeugnis über die Antragstellung zum Erhalt markttypischer Leistungen und die damit einhergehende wirtschaftliche Tätigkeit. So sind *Eco shemes* öffentliche Güter, also eine Gegenleistung zu Gunsten der Umwelt, die ein Landwirt erbringt und dafür zusätzliche Mittel erhält. Diese Daten zeugen von einer freien unternehmerischen Entscheidung und geben gleichzeitig auch Auskunft über die Art des nachhaltigen Wirtschaftens. Diese Maßnahmen sollen nämlich über eine Mindestalimentation hinausgehen und sind deshalb über dem absoluten Minimum des Marktstandards. Folglich ist die Auskunft nicht mehr wettbewerbsneutral. Ähnliches gilt für die Junglandwirteprämie. Diese ist Ausdruck des Alters des Bauern und gibt Auskunft über die wirtschaftliche Lage bei der Betriebsführung. Dies sind wirtschaftliche Indizien, die von Bedeutung für die Wahrnehmung der Landwirte auf dem Markt sind, weshalb sie auch einen Wettbewerbsbezug haben. Demzufolge bildet Art. 16 GRC in den meisten Fällen keine weitere Grenze für *Open Data* in der Gemeinsamen Agrarpolitik. Das Abgrenzungskriterium für die Anwendbarkeit der unternehmerischen Freiheit in Fällen, bei denen Beihilfen veröffentlicht werden, ist, ob individuelle wirtschaftliche Umstände bei der Veröffentlichung hinzutreten, welche die Wettbewerbsneutralität der Daten entfallen lassen oder nur neutrale marktstützende Förderungen erhalten werden. Dieses Kriterium lässt sich auch allgemein auf andere Formen der Beihilfenzahlung übertragen und abstrahieren.

---

749 Im Ergebnis ebenso: BVerwG, Urt. v. 28.5.2009 – 7 C 18/08 (VG Hamburg) –, juris, Rn. 12 ff.; *Schomerus/Scheel*, in: ZUR 2010, 188 (192); *Wollenschläger*, in: AöR 2010, 364 (399). Allgemein ablehnend zur Eröffnung Schutzbereichs von Art. 16 GRC durch Informationsoffenlegungen: *Heißl*, in: EuR 2017, 561 (562); *Härtel*, in: Gutachten zum Thema „Europäische Leitlinien bzw. Regeln für Agrardaten“ (*European Agricultural Data Governance*), S. 36, lehnt die Einordnung für die meisten Agrardaten im Kontext des Open Data ab, weshalb der Geschäftsgeheimnisschutz als Topos ihrer Einschätzung nach im Kontext der Agrardaten als Schutzmechanismus kein Lösungsansatz sei.

(iv) Konsequenzen des Schutzbereichsausschlusses

In der Konsequenz der mangelnden Eröffnung des sachlichen Schutzbereichs der unternehmerischen Freiheit gem. Art. 16 GRC in vielen Fällen bestünde bei Anwendung der Rechtsprechung des EuGH eine Schutzlücke zu Lasten der juristischen Personen, was den geschriebenen Grundrechtsschutz angeht. Dadurch kommt es darauf an, wie der Grundrechtschutz in Fällen ausgestaltet ist, in denen kein bestimmtes Freiheitsrecht der Charta einschlägig ist. In der GRC ist keine allgemeine Handlungsfreiheit als Auffanggrundrecht gewährleistet, wie es unter dem Grundgesetz mit Art. 2 Abs. 1 GG der Fall ist. Der Wortlaut des Art. 6 GRC unter Verwendung des Begriffs „*Freiheit*“, aus welchem man auf den ersten Blick eine Art allgemeine Handlungsfreiheit deuten könnte, ist nicht dahingehend auszulegen.[750] Freiheit iSd Art. 6 GRC bedeutet demnach keine umfassende Entfaltungsfreiheit.[751] Folglich ist nach dem geschriebenen Schutzstandard der Charta kein lückenloser Grundrechtsschutz gegeben.[752] Dies könnte unter konsequenter Anwendung der Regelungsanordnung zu einer Schutzlosigkeit einzelner Handlungsweisen führen.[753] Der EuGH hat die allgemeine Handlungsfreiheit jedoch bereits früh in seiner Rechtsprechung als einen allgemeinen Rechtsgedanken im Unionsrecht entwickelt.[754] Als Konsequenz bedarf es unter Verweis auf die Tradition der mitgliedstaatlichen Rechtsordnungen für jeden Eingriff öffentlicher Gewalt in die Sphäre der Betätigung Privater einer Rechtsgrundlage und muss nach den gesetzlich angeordneten Gründen gerechtfertigt sein.[755] Ein Schutz gegen willkürliches und unverhältnismäßiges hoheitliches Handeln wird damit grundsätzlich gewährleistet.[756] Zwar könnte die allgemeine Handlungsfreiheit als ungeschriebenes Unionsgrundrecht und allgemeiner Rechtsgedanke greifen, diese schafft jedoch kein befriedigendes Schutzniveau. Dies liegt daran, dass an diese als allgemeinen Grundsatz im Unionsrecht nicht die Schrankenmaßstäbe des Art. 52 Abs. 1 GRC ausweislich des Wortlautes Anwendung finden.[757] Die Vorgaben an den allgemeinen Grundsatz sind dogmatisch kaum vergleichbar und können hinsichtlich der Gewichtung in Güterabwägungen auch zu an-

---

750 *Thiele*, in: Pechstein/Nowak/Häde, EUV/GRC/AEUV, Art. 6 GRC, Rn 13; *Streinz*, in: Streinz, EUV/AEUV/GRC, Art. 6 GRC, Rn. 4; *Jarass*, in: Jarass, GRC, Art. 6, Rn. 6.

751 *Thiele*, in: Pechstein/Nowak/Häde, EUV/GRC/AEUV, Art. 6 GRC, Rn. 13; *Streinz*, in: Streinz, EUV/AEUV/GRC, Art. 6 GRC, Rn. 4; *Jarass*, in: Jarass, GRC, Art. 6, Rn. 6.

752 *Drechsler*, Unionsgrundrechte unter dem Einfluss des Prozessrechts, S. 40.

753 *Drechsler*, Unionsgrundrechte unter dem Einfluss des Prozessrechts, S. 40.

754 Grundlegend: EuGH, verb. Rs. C-46/87 u. 227/88 (*Hoechst*), ECLI:EU:C:1989:337, Rn. 19.

755 EuGH, verb. Rs. C-46/87 u. 227/88 (*Hoechst*), ECLI:EU:C:1989:337, Rn. 19.

756 EuGH, verb. Rs. C-46/87 u. 227/88 (*Hoechst*), ECLI:EU:C:1989:337, Rn. 19.

757 *Drechsler*, Unionsgrundrechte unter dem Einfluss des Prozessrechts, S. 40.

deren Ergebnissen führen.[758] Folglich gibt es nach der aktuellen Rechtslage unter Zugrundelegung der Systematik des unionalen Grundrechtsschutzes und der Rechtsprechung des EuGH zum Datenschutz juristischer Personen erhebliche Defizite und Schutzlücken im Bereich des unternehmensbezogenen Informationsschutzes. Dies zeigt sich insbesondere bei der Veröffentlichung wettbewerbsneutraler Informationen im Kontext europäischer *Open Data* Bemühungen wie im vorliegenden Fall. Diese Problematik gilt jedoch auch für andere Bereiche des Informationshandelns durch Mittel wie die Transparenzdatenbank, wie beispielsweise im bereits untersuchten Bereich der Offenlegungspflichten staatlicher Beihilfenempfänger.

ff) Zwischenfazit

Insgesamt ist zu konstatieren, dass die Rechtsprechung des EuGH zur Frage des persönlichen Schutzbereichs von Art. 8 Abs. 1 GRC mehr Fragen und Folgeprobleme aufwirft, als sie löst und klärt. Zwar mag die abstrakte Beantwortung der Frage der Grundrechtsberechtigung für juristische Personen im vorliegenden Fall mit Blick auf die im Ergebnis zutreffende Bewertung auf der Ebene der Schranken-Schranke unerheblich sein, da Eingriffe durch die Transparenzdatenbank gegen alle Arten juristischer Personen gerechtfertigt sind. Unabhängig von der Erheblichkeit dieser Frage für den weiteren Fortgang dieser Prüfung besteht nach Anwendung der Rechtsprechung des EuGH eine eklatante Schutzlücke mit Blick auf den Schutz unternehmensbezogener Daten juristischer Personen, deren Name nicht auf natürliche Personen hindeutet. Diese Schutzlücke ließe sich leicht durch eine extensive Auslegung des persönlichen Schutzbereiches von Art. 8 Abs. 1 GRC lösen.[759] Die gängigen Auslegungsmethoden deuten nicht zwangsläufig auf eine restriktive Auslegung des persönlichen Schutzbereiches hin. Dieser erweiterte Schutzmaßstab im Vergleich zur aktuellen Rechtsprechung ist insbesondere vor dem Hintergrund von *Open Data* Bemühungen durch Hoheitsträger zu betrachten. Sollte man den persönlichen Schutzbereich nicht erweiternd auslegen, stünden juristische Personen derlei Informationsveröffentlichungen praktisch schutzlos gegenüber. Ihnen stünde nur die allgemeine Handlungsfreiheit als allgemeiner Rechtsgedanke in der Union zur Verfügung. Diese gewährt jedoch ein Schutzniveau, das, wie bereits dargelegt, nicht vergleichbar ist mit dem Schutzstandard eines geschriebenen Grundrechtskataloges.

---

758 *Drechsler*, Unionsgrundrechte unter dem Einfluss des Prozessrechts, S. 40.
759 Vertiefend dazu: *Kreitz*, in: NJOZ 2024, 65 (71 f.) mwN.

3. Eingriff

Die Veröffentlichung der Informationen über die Agrarförderempfänger müsste ferner auch ein Grundrechtseingriff sein. Jede „*Datenverarbeitung*“ iSd Art. 4 Nr. 2 DSGVO ist ein Eingriff in das Datenschutzgrundrecht.[760] Dabei ist es egal, ob mit der Verarbeitung Nachteile einhergehen.[761] Die Veröffentlichung der Informationen über die Agrarzahlungen ist als eine „Offenlegung“ von personenbezogenen Daten ein Eingriff in Art. 7 und 8 GRC.[762] Das Zurverfügungstellen von personenbezogenen Daten an Dritte ist unabhängig von der Weiterverwendung der Daten ein Eingriff in Art. 7 und 8 GRC.[763] Dabei stellt sich im konkreten Fall die Frage, ob Umstände hinzutreten, die den Eingriffscharakter der Informationsveröffentlichung entfallen lassen könnten.

a) Eingriffsausschluss wegen der Leistungsverwaltung

Stimmen im Schrifttum[764] denken einen Eingriffsausschluss im Bereich der unionalen Leistungsverwaltung an, ohne dem im Ergebnis zu folgen. Aus Sicht der aus dem deutschen Verwaltungsrecht bekannten dogmatischen Trennung zwischen Eingriffs- und Leistungsverwaltung könnte man annehmen, dass es sich bei der Veröffentlichung auf der Webseite um keinen Eingriff, sondern um einen bloßen Annex zur Leistungsverwaltung handelt. Die Informationsveröffentlichung könnte als bloße Nebenpflicht zu einer Freiheitserweiterung gedeutet werden. Schließlich erhält der Beihilfenempfänger eine monetäre Förderung[765]. Dieser Umstand entfalte eine den Grundrechtseingriff ausschließende Wirkung. Damit finde keine Freiheitsverkürzung, sondern eine Erweiterung der Rechtsposition des Beihilfenempfängers statt. Zentrale Maßstäbe für die Frage des Eingriffscharakters von Folgeverpflichtungen im Bereich der Leistungsverwaltung sind die

760 *Jarass*, in: Jarass, GRC, Art. 8, Rn. 9; *Kühling*, in: Pechstein/Nowak/Häde, EUV/GRC/AEUV, Art. 8 GRC, Rn. 18; *Kingreen*, in: Calliess/Ruffert, EUV/AEUV/GRC, Art. 8 GRC, Rn. 13; *Roßnagel*, in: NJW 2019, 1 (2).

761 EuGH, verb. Rs. C-293/12 u. 594/12 (*Digital Rights Ireland*), ECLI:EU:C:2014:238, Rn. 33; *Kingreen*, in: Calliess/Ruffert, EUV/AEUV/GRC, Art. 8 GRC, Rn. 13.

762 EuGH, verb. Rs. C-92/09 u. C-93/09 (*Schecke*), ECLI:EU:C:2010:662, Rn. 60. Dem haben sich zum alten Rechtsrahmen auch mehrere deutsche Verwaltungsgerichte angeschlossen: OVG Münster, Beschl. v. 24.4.2009 – 16 B 485/09 –, juris, Rn. 14 ff.; VG Minden, Beschl. v. 14.4.2009 – 2 L 195/09 –, juris, Rn. 8.

763 EuGH (Große Kammer), verb. Rs. C-37/20 u. C-601/20 *(WM u. a./Luxembourg Business Registers*), ECLI:EU:C:2022:912, Rn. 39.

764 Dies aufgreifend, ohne dem im Ergebnis zu folgen: *Wollenschläger*, in: AöR 2010, 364 (384).

765 *Wollenschläger*, in: AöR 2010, 364 (384).

Selbstständigkeit und die Durchsetzbarkeit.[766] Diese Elemente führen dazu, dass eine öffentlich-rechtliche Verpflichtung, konkret eine Duldungspflicht, nicht als Teil einer Leistung einzuordnen ist, sondern eine selbstständige Belastung ist, welche die Abwehrfunktion der Grundrechte auslöst.[767] Daneben ist eine Übertragung des Gedankens des Eingriffsausschlusses im Rahmen der Leistungsgewährung mit Blick auf die strengen rechtsstaatlichen Maßstäbe im Rahmen der europäischen Leistungsverwaltung zu sehen. Dies ist insbesondere im Bereich der Vergabe von Unionsbeihilfen gut erkennbar, in dem übergreifend ein sehr strenger Gesetzesvorbehalt gilt.[768] Diese strengen Anforderungen des unionalen Gesetzesvorbehaltes gelten nicht nur für die Vergabe, sondern auch für die verknüpften verfahrensrechtlichen Nebenpflichten. Die besondere Bedeutung des Gesetzesvorbehaltes im Unionsrecht betont auch der EuGH in seiner Rechtsprechung.[769]

b) Einwilligung gem. Art. 8 Abs. 2 S. 1 GRC

In Betracht kommt im Falle der Veröffentlichung der Agrarzahlungen eine eingriffsausschließende Einwilligung gem. Art. 8 Abs. 2 S. 1 GRC.[770] Die Einwilligung in die Veröffentlichung hatte das Land Hessen als Beklagte im Ausgangsverfahren in der Rs. *Schecke* unter Verweis auf die Formulierung des Antragsformulars eingewandt.[771] Im Falle der Agrarbeihilfentransparenzdatenbank ist die Erklärung über die Information gleichzeitig mit dem Antrag auf Förderung einzureichen.[772] Diese Konstellation könnte als Einwilligung iSd Art. 8 Abs. 2 S 1 GRC gedeutet werden.

aa) Allgemeine Anforderungen an die Einwilligung

Die Einwilligung ist nach allgemeiner Grundrechtsdogmatik ein gesondert geregelter Fall des Grundrechtsverzichtes.[773] Gleichzeitig kommt der Einwilligung gem. Art. 8 Abs. 2 S. 1 GRC der Charakter eines Strukturprinzips

766 *Wollenschläger*, in: AöR 2010, 364 (384).

767 Im Ergebnis ähnlich: *Wollenschläger*, in: AöR 2010, 364 (384) mwN.

768 Vgl.: *Jung*, Unionsbeihilfen, S. 78.

769 EuGH, verb. Rs. C-46/87 u. 227/88 (*Hoechst*), ECLI:EU:C:1989:337, Rn. 19.

770 Zur eingriffs- und nicht schutzbereichsausschließenden Wirkung der Einwilligung: *Kingreen*, in: Calliess/Ruffert, EUV/AEUV/GRC, Art. 8 GRC, Rn. 14; *Breuer*, in: Heselhaus/Nowak, EU-GrundR, § 25, Rn. 48; *Brink/Wolff*, in: JZ 2011, 206 (207); *Wollenschläger*, in: AöR 2010, 364 (385).

771 EuGH, verb. Rs. C-92/09 u. C-93/09 (*Schecke*), ECLI:EU:C:2010:662, Rn. 61.

772 *Kühling/Klar*, in: JURA 2011, 771 (774).

773 *Grewe*, Missbrauchsverbot als Durchsetzungsinstrument, S. 218. Im Ergebnis ebenso, dies jedoch als uneindeutig und problematisch skizzierend: *Voigt*, Datenschutzrechtliche Einwilligung, S. 282 ff.

bei.[774] Dieser Verzicht ist Ausdruck einer Freiheitsentfaltung, die jedoch durch das Gebot der Freiwilligkeit und der Informiertheit der Entscheidung zum Schutz der betroffenen Person begrenzt wird.[775] Das Erfordernis der Freiwilligkeit legt eine gewisse Akzeptanz der betroffenen Person in die Verarbeitung nahe, was auch als Indiz für die eingriffsausschließende Wirkung zu deuten ist.[776] Ratio der Freiwilligkeit und der Informiertheit als Autonomiebegrenzung ist es, dass die Einwilligung als privatautonome Entscheidung in Folge von Machtasymmetrien nicht in ihr Gegenteil verkehrt werden soll.[777] Bei der Betrachtung der grundrechtlichen Einwilligung sind mit Blick auf den normengeprägten Schutzbereich auch die Wertungen des Datenschutzsekundärrechts, konkret Art. 4 Nr. 11, 6 Abs. 1 lit. a, 7 DSGVO, zu berücksichtigen.[778] Von der Begriffsbestimmung in Art. 4 Nr. 11 DSGVO ausgehend muss die Einwilligung freiwillig für einen bestimmten Fall in informierter und unmissverständlicher Art und Weise eindeutig das Einverständnis durch die betroffene Person bekundet werden. Maßgeblich für die Bestimmung der Freiwilligkeit im Sekundärrecht ist Art. 7 Abs. 4 DSGVO. Die Freiwilligkeit setzt zunächst voraus, dass die Erklärung der betroffenen Person ohne Druck oder Zwang abgegeben wird.[779] Besonders relevante Konstellationen für einen Ausschluss der Einwilligung wegen mangelnder Freiwilligkeit sind das Kopplungsverbot und die Ankündigung von Nachteilen.[780] Ausweislich des Erwgg. 43 S. 1 DSGVO ist die Freiwilligkeit abzulehnen, wenn ein klares Ungleichgewicht zwischen dem Verantwortlichen und der betroffenen Person vorliegt. Im nicht-öffentlichen Bereich handelt es sich um eine Terminologie, deren Vorliegen kaum rechtssicher zu beantworten ist.[781] Für den öffentlichen Bereich erwähnt Erwgg. 43 S. 1 DSGVO explizit Behörden als Regelbeispiel, soweit es unter Würdigung der Umstände im Einzelfall unwahrscheinlich ist, dass die Einwilligung freiwillig erteilt worden ist. Die DSGVO sieht folglich das Subordinationsverhältnis zwischen Bürger und Staat als einen besonders relevanten Fall einer Machtasymmetrie an. Ein weiterer Anwendungsfall mangelnder Freiwilligkeit sind Leistungen im Austauschverhältnis von existenzieller Relevanz.[782] Daraus lässt sich auch im Allgemeinen ableiten, dass der Verordnungsgeber hauptsächlich Zwangssituationen, die durch ein recht-

774 *Marsch*, Europäisches Datenschutzgrundrecht, S. 151.
775 *Grewe*, Missbrauchsverbot als Durchsetzungsinstrument, S. 218.
776 *Knecht*, in: Schwarze/Becker/Hatje/Schoo, EuR, Art. 8 GRC, Rn. 7.
777 *Grewe*, Missbrauchsverbot als Durchsetzungsinstrument, S. 218,229.
778 *Grewe*, Missbrauchsverbot als Durchsetzungsinstrument, S. 218,231; *Wollenschläger*, in: AöR 2010, 364 (384).
779 *Schulz*, in: Gola/Heckmann, DSGVO/BDSG, Art. 7 DSGVO, Rn. 19
780 Näher zu diesen Fallgruppen: *Ernst*, in: ZD 2017, 110 (112).
781 *Voigt*, Datenschutzrechtliche Einwilligung, S. 147; *Frenzel*, in: Paal/Pauly, DSGVO/ BDSG, Art. 6 DSGVO, Rn. 18.
782 *Marsch*, Europäisches Datenschutzgrundrecht, S. 152.

liches oder faktisches Über-/Unterordnungsverhältnis gekennzeichnet sind, ausschließen möchte.[783] Dies gilt insbesondere, aber nicht ausschließlich für die staatliche Eingriffs- und Leistungsverwaltung.[784]

bb) Subsumtion auf die Transparenzdatenbank

In der Rs. *Schecke* hat der EuGH sich der Position, die im vorliegenden Fall eine Einwilligung annimmt,[785] nicht angeschlossen. Zwar kommt der EuGH recht schnell und ohne größeren Argumentationsaufwand zu diesem im Ergebnis richtigen Schluss, lässt jedoch gewisse Problempunkte unerwähnt. Er lässt z. B. unerwähnt, dass eine freiwillige Einwilligung voraussetzt, dass die Beihilfengewährung nicht von der erteilten Einwilligung abhängig gemacht werden kann.[786] Dies wäre jedoch in Anbetracht der zu dieser Frage bestehenden Judikatur und der zum Teil vertretenen Argumentationsansätze der deutschen Verwaltungsgerichte geboten gewesen. So sah z. B. das OVG Koblenz keinen Zwang für die Landwirte, da es diesen ja schließlich frei stünde, auf Beihilfen zu verzichten, und keiner gezwungen werde, sie zu empfangen.[787] Diese Feststellung sei unabhängig davon, dass die meisten Landwirte die Leistungen in Anspruch nehmen und sie die Wettbewerbsfähigkeit der Marktteilnehmer ungemein erhöhen.[788] Dieser Umstand führe jedoch nicht zu einer Existenzgefährdung der Betriebe.[789] Des Weiteren sei der Einwand, dass die Direktzahlungen ein unverzichtbarer Einkommensbestandteil seien, eine nicht weiter substantiierte These.[790] In diesem Zusammenhang ist auch zu beachten, dass die Beantwortung der Frage der Voraussetzungen einer datenschutzrechtlichen Einwilligung eine Tatfrage ist.[791]

Bei der Bewertung der Frage der Freiwilligkeit ist jedoch auch die spezifische Situation der Marktorganisation im Rahmen der GAP zu beachten. Die Landwirte sind nämlich nach wie vor in hohem Maße von Direktzahlungen wirtschaftlich abhängig, da die Beihilfen die europäische Landwirtschaft in ihrer bestehenden und politisch gewünschten Form erst ermöglichen.[792]

783 *Schulz*, in: Gola/Heckmann, DSGVO/BDSG, Art. 7 DSGVO, Rn. 20.
784 *Marsch*, Europäisches Datenschutzgrundrecht, S. 152.
785 OVG Koblenz, Beschl. v.10.7.2009,10 B 0607/09 –, juris, Rn. 27 ff.; VG Minden, Beschl. v. 14.4.2009 – 2 L 195/09 –, juris, Rn. 8.
786 Kritisch: *Kühling/Klar*, in: JURA 2011, 771 (774).
787 OVG Koblenz, Beschl. v. 10.7.2009, 10 B 10607/09 –, juris, Rn. 31.
788 OVG Koblenz, Beschl. v. 10.7.2009, 10 B 10607/09 –, juris, Rn. 31.
789 OVG Koblenz, Beschl. v. 10.7.2009, 10 B 10607/09 –, juris, Rn. 31.
790 OVG Koblenz, Beschl. v. 10.7.2009, 10 B 10607/09 –, juris, Rn. 31.
791 *GA Sharpston*, Schlussantr. verb. Rs. C-92/09 u. C-93/09 (*Schecke*), ECLI:EU:C:2010:353, Rn. 83.
792 *Belger*, Agrarbeihilfen, S. 23; *Ackermann*, Wohlgeordnetes Agrarwettbewerbsrecht, S. 25.

Dies erzeugt eine ökonomische Abhängigkeit, gepaart mit einem wirtschaftlichen Druck auf dem Markt.[793] Nach wirtschaftlicher Betrachtung könnte ein Landwirt kaum auf die Förderungen verzichten, ohne um seine Existenz und sein Fortkommen bangen zu müssen.[794] Zwar geht die Entwicklung der GAP immer stärker in Richtung des *Green Funding*, also der Kopplung der Förderung an die Erbringung umweltbezogener Leistungen für die Allgemeinheit (*Public Goods*). *De lege lata* ist das System jedoch immer noch auf eine Grundförderung ausgerichtet, welche zwar von ökologischen Minimalstandards abhängt, jedoch immer noch eher eine existenzstützende Funktion hat. Die starke Schwerpunktsetzung auf die Grundförderung als Einkommensstütze war in der damaligen GAP sogar noch stärker als im heutigen Leistungssystem angelegt. Mithin gilt die immer noch existenzielle Dimension der Relevanz der Förderung erst recht für den Zeitpunkt der Argumentation des OVG Koblenz aus dem Jahre 2009. Ferner bezieht sich das Argument des OVG Koblenz eher auf die Umstände des konkreten Verfahrens und den nicht hinreichend substantiierten Vortrag der Klägerseite. Das Argument ist mithin stark individuell-verfahrensrechtlich geprägt. Das Argument wird jedoch bei näherer Betrachtung der einschlägigen Konstellation widerlegt. Im einschlägigen Fall kann auch eine Parallele zur Fallgruppe des Ausschlusses der Freiwilligkeit der datenschutzrechtlichen Einwilligung auf Grund einer „*kartellähnlichen Angebotslage*" gezogen werden. In dieser Fallgruppe hat ein Anbieter einen signifikanten Anteil des Marktes, den er kontrolliert.[795] Auf dieser Basis macht er die Möglichkeit der Verwendung personenbezogener Daten zur Bedingung für die Nutzung von Diensten, wodurch die notwendige Freiwilligkeit der Einwilligung entfällt.[796] Die skizzierte Konstellation berührt damit sowohl die Fallgruppen der „*Ankündigung von Nachteilen*" als das „*Kopplungsverbot*".[797] Im vorliegenden Fall gibt es zwar keinen marktbeherrschenden Privaten, jedoch einen Hoheitsträger, der durch Leistungsgewährung und Politikgestaltung ähnliche Abhängigkeiten für Marktteilnehmer erzeugt. Eine Alternative durch eine bessere Positionierung am Markt, beispielsweise durch Innovationen, ist nicht möglich. Ein nicht geförderter Landwirt kann seine Erzeugnisse kaum gewinnbringend und existenzsichernd vertreiben.

---

793 *GA Sharpston*, Schlussantr. verb. Rs. C-92/09 u. C-93/09 (*Schecke*), ECLI:EU:C:2010:353, Rn. 82; *Guckelberger*, in: EuZW 2011, 126 (129).

794 Ebenso: *Hornung*, in: MMR 2011, 127 (127).

795 *Ernst*, in: Paal/Pauly, DSGVO/BDSG, Art. 4 DSGVO, Rn. 76; *ders.*, in: ZD 2017, 110 (112). Siehe: *Voigt*, Datenschutzrechtliche Einwilligung, S. 374 ff., der die Konstellation als „*zumutbare Alternative*" bezeichnet.

796 *Ernst*, in: Paal/Pauly, DSGVO/BDSG, Art. 4 DSGVO, Rn. 76; *ders.*, in: ZD 2017, 110 (112).

797 *Ernst*, in: Paal/Pauly, DSGVO/BDSG, Art. 4 DSGVO, Rn. 76.

Die GA *Sharpston* hat in ihren Schlussanträgen die wirtschaftliche Situation der Landwirte mit der Beantragung eines Darlehens bei einer Bank verglichen, beantragt man ein Darlehen bei einer Bank, so hat man typischerweise auch nicht die Möglichkeit, die Umstände des Darlehens auszuhandeln.[798] Im hiesigen Fall ist die Situation verschärft, da es lediglich eine „Bank" als Anbieter in Gestalt der Union als Förderer gibt.[799] Damit liegt nach ökonomischer Betrachtung eine vergleichbare Situation vor. Der Begründungsansatz des EuGH in der Rs. *Schecke*, dass es sich bei der Information über die Veröffentlichung lediglich um eine Mitteilung handle, ist stark faktisch geprägt und sehr ergebnisorientiert.[800] Im Kern bleiben die damals gefassten Wertungen im Ergebnis jedoch konstant.

Demgemäß ist die notwendige Freiwilligkeit abzulehnen. Die Unterrichtung der Begünstigten durch die Mitteilung (vgl. Art. 99 VO 2116/2021 iVm Art. 60 DurchführungsVO-908/2014) ist eher als die Erfüllung der Informationspflichten über den Erhebungsvorgang zu verstehen, um den betroffenen Landwirten die Möglichkeit zu geben, von den ihnen zustehenden Auskunfts- und Widerspruchsrechten Gebrauch machen zu können.[801] Von diesem Verständnis geht auch der Unionsgesetzgeber beim aktuellen Rechtsrahmen aus, wie die Erwägungsgründe zu Art. 98 VO 2021/2116 auch nahelegen. Erwgg. 86 S. 1 VO 2021/2116 sagt aus, dass die Mitteilung der Information über die Publikation der Daten erfolgt, um den „Datenschutzerfordernissen" zu entsprechen. Gemeint sind damit die Handlungspflichten für Verantwortliche die aus den Betroffenenrechten gem. Art. 12 ff. DSGVO entspringen. Darüber hinaus deuten auch die Erwägungsgründe des aktuellen Rechtsrahmens die Anerkennung eines Eingriffs in Art. 7 und 8 GRC an. Der Eingriff in Art. 7 und 8 GRC soll möglichst gering sein (vgl. Erwgg. 81 S. 3 VO 1306/2021), was im Umkehrschluss die Anerkennung eines Eingriffs in die GRC durch den Unionsgesetzgeber impliziert.

Es liegen daher keine die Eingriffsqualität der Informationsveröffentlichung ausschließenden Umstände vor.[802] Demzufolge ist die Veröffentlichung der Informationen als eine Verarbeitung personenbezogener Daten ein Eingriff in Art. 7 und 8 GRC. Ferner scheidet nach dem bisher Gesagten auch eine

---

798 *GA Sharpston*, Schlussantr. verb. Rs. C-92/09 u. C-93/09 (*Schecke*), ECLI:EU:C:2010:353, Rn. 84, welche darauf hinweist, dass das Beispiel vom Gericht genannt worden ist.

799 *GA Sharpston*, Schlussantr. verb. Rs. C-92/09 u. C-93/09 (*Schecke*), ECLI:EU:C:2010:353, Rn. 84.

800 *Brink/Wolff*, in: JZ 2011, 206 (207).

801 *Wollenschläger*, in: AöR 2010, 364 (386).

802 BVwG Urt. v. 20.10.2015 – W224 2113499-1,1.4; BVerwG, Urt. v. 24.10.2019 – C 21/17 (OVG Lüneburg) –, juris, Rn. 8.

Einwilligung gem. Art. 6 Abs. 1 lit. a DSGVO als Erlaubnistatbestand aus. Der einschlägige Erlaubnistatbestand ist Art. 6 Abs. 1 lit. e DSGVO.

4. Rechtfertigung

Maßstab für die Rechtfertigung von Eingriffen in die Grundrechte der GRC ist Art. 52 Abs. 1 GRC. Es bedarf einer gesetzlichen Verankerung des Eingriffs, also einer Schranke. Ferner müssten auf der Ebene der Schranken-Schranke der Wesensgehalt des Grundrechts unangetastet bleiben sowie der Grundsatz der Verhältnismäßigkeit gewahrt werden.

a) Schranke

Die Strukturvorgabe des Art. 8 Abs. 2 S. 1 GRC müsste gewahrt sein. Der Eingriff müsste also gesetzlich bestimmt sein. Dies ist der Fall, wenn die Rechtsgrundlage für die Adressaten des Eingriffs zugänglich sowie ausreichend bestimmt und vorhersehbar ist, damit der Bürger sein Verhalten danach ausrichten oder Rechtsschutz suchen kann.[803] Es handelt sich um ein sektorspezifisches Bestimmtheitsgebot im Datenschutzbereich, das die Wahrung der Zweckbindung sicherstellen soll.[804] Der Begriff der Zweckbindung ist dabei im Lichte des Datenschutzsekundärrechts (vgl. Art. 5 Abs. 1 lit. b DSGVO) auszulegen.[805] Die Rechtsgrundlage muss dabei den Umfang und die Einschränkung betroffenen Rechts des selbst festlegen, wobei sich der Gesetzgeber auch offener Begriffe bedienen darf.[806] Es bedürfe folglich einer hinreichend präzisen Rechtsgrundlage, welche die vorgenommene Datenverarbeitung für die betroffene Person vorhersehbar festlegt.[807] Als Rechtsgrundlage kommen in Bezug auf Handlungen der Union alle in Art. 288 Abs. 1 AEUV niedergelegten Handlungsformen in Betracht.[808] Art. 98 VO 2021/2116 bestimmt die Reichweite und das Verfahren der Informationsveröffentlichung über die Datenbank hinreichend präzise. Die Ver-

803 GA *Lèger*, Schlussantr. verb. Rs. C-317/04 u. C-318/04 (*Fluggastdaten*), ECLI:EU:C:2005:710, Rn. 214; *Burghardt*, Grundrechtlicher Datenschutz zwischen Europarecht und Grundgesetz, S. 333.

804 *Burghardt*, Grundrechtlicher Datenschutz zwischen Europarecht und Grundgesetz, S. 331 f.,364 f.; *Wollenschläger*, in: AöR 2010, 364 (387).

805 *Burghardt*, Grundrechtlicher Datenschutz zwischen Europarecht und Grundgesetz, S. 371.

806 EuGH (Große Kammer), verb. Rs. C-37/20 u. C-601/20 *(WM u. a./Luxembourg Business Registers*), ECLI:EU:C:2022:912, Rn. 47.

807 *Burghardt*, Grundrechtlicher Datenschutz zwischen Europarecht und Grundgesetz, S. 332 f.; 364 f.; *Wollenschläger*, in: AöR 2010, 364 (387).

808 *Burghardt*, Grundrechtlicher Datenschutz zwischen Europarecht und Grundgesetz, S. 369.

öffentlichungsdaten, der Zeitraum und der Schwellenwert sind im Rechtsakt explizit angeordnet. Demnach ist eine taugliche Schranke für die Eingriffsrechtfertigung gegeben.

b) Schranken-Schranke

Der vorgesehene Eingriff dürfte den Wesensgehalt des Datenschutzgrundrechts nicht verletzen und müsste verhältnismäßig sein.

aa) Wahrung des Wesensgehalts

Eingriffe dürfen insbesondere nicht dazu führen, dass das Grundrecht in seinem Bestand angetastet wird.[809] Der Wesensgehalt eines Grundrechts gem. Art. 52 Abs. 1 S. 1 GRC wird dann verletzt, wenn der Kernbestand eines Grundrechts missachtet wird oder dem Grundrecht die Substanz entzogen wird.[810] Der Wesensgehaltsgarantie kommt insbesondere in Fällen, in denen grundlegende Bestandteile des Rechts missachtet werden, eine Relevanz zu.[811] Dem Wesensgehalt eines Unionsgrundrechts kommt deshalb eine eigenständige Bedeutung und Durchschlagskraft unabhängig von der Prüfung des Grundsatzes der Verhältnismäßigkeit zu.[812] Gerade im datenschutzrechtlichen Kontext kommt der Frage des Wesensgehalts eine besondere Bedeutung zu, sodass diese isoliert und umfassend geprüft wird.[813] Das Grundrecht selbst und seine fundamentalen Wertungen dürfen nicht in Frage gestellt werden.[814] Folglich bildet der Wesensgehalt die absolute Grenze für Grundrechtseingriffe.[815] Damit ist der Wesensgehalt der unabwägbare Kernbereich des Datenschutzgrundrechts.[816] Im Kern sind zentrale Merkmale des Wesensgehalts des Datenschutzgrundrechts das Vorliegen von Vorkehrungen zu Datenschutz und Datensicherheit.[817] Folglich müssten Restriktionen und

---

809 *Terhechte*, in: v. d. Gröben/Schwarze/Hatje, Art. 52 GRC, Rn. 7.

810 *Härtel*, in: Nowak/Thiele, Effektivität des Grundrechtsschutzes in der EU, S. 103 (116).

811 *Becker*, in: Schwarze, EU-Kommentar, Art. 52 GRC, Rn. 7, unter Verweis auf: EuGH, Rs. C-408/03 (*Kommission/Belgien*), ECLI:EU:C:2006:192, Rn. 68.

812 *Streinz/Michl*, in: Streinz, EUV/AEUV/GRC, Art. 52 GRC, Rn. 14; *Kingreen*, in: Calliess/Ruffert, EUV/AEUV/GRC, Art. 52 GRC, Rn. 64; *Härtel*, in: Nowak/Thiele, Effektivität des Grundrechtsschutzes in der EU, S. 103 (116).

813 *Peuker*, in: Sydow/Marsch, DSGVO/BDSG, Art. 23 DSGVO, Rn. 41.

814 *Schwerdtfeger*, in: Meyer/Hölscheidt, GRC, Art. 52 GRC, Rn. 34 mwN.

815 *Peuker*, in: Sydow/Marsch, DSGVO/BDSG, Art. 23 DSGVO, Rn. 41; *Bock/Engeler*, in: DVBl 2016, 593 (599).

816 *Peuker*, in: Sydow/Marsch, DSGVO/BDSG, Art. 23 DSGVO, Rn. 41.

817 EuGH, verb. Rs. C-293/12 u. C-594/12 (*Digital Rights Ireland*), ECLI:EU:C:2014:238, Rn. 39 f.; aus dem Schrifttum: *Härtel*, in: Nowak/Thiele, Effektivität des Grundrechtsschutzes in der EU, S. 103 (116).

Beschränkungen der Datenverarbeitung in der Rechtsgrundlage angelegt sein.[818] Daneben ist als besonderes Spezifikum des Datenschutzgrundrechts die Verknüpfung zu Art. 23 Abs. 1 DSGVO zu sehen. Dieser nimmt unausgesprochen Bezug auf den Wesensgehalt gem. Art. 52 Abs. 1 S. 1 GRC.[819] Die inhaltliche Reichweite des Art. 23 Abs. 1 DSGVO dürfte jedoch nicht über Art. 52 Abs. 1 S. 1 GRC hinaus gehen.[820] Folglich hat Art. 23 Abs. 1 DSGVO eher eine deklaratorische Bedeutung.[821]

Art. 98 VO 2021/2116 enthält zwei zentrale Einschränkungen der Datenverarbeitung zur Verminderung der Belastung für die Rechte und Freiheiten betroffener Personen und zu einer Abmilderung der Eingriffsintensität. Zum einen enthält Art. 98 Abs. 4 UAbs. 1 VO 2021/2116 eine zeitliche Beschränkung der Veröffentlichung auf zwei Jahre mit anschließender Löschverpflichtung. Darüber hinaus sind in Art. 98 Abs. 4 UAbs. 2 VO 2021/2116 iVm Art. 61 DurchführungsVO 908/2014 die Schwellenwerte von 1.250 € festgelegt. Dies sind Vorgaben, welche die Belastung für den Grundrechtsträger vermindern. Ferner gelten auch die Anforderungen der DSGVO, die einen Mindeststandard zum Schutz personenbezogener Daten beim Betreiben der Suchmaschine bieten. Die Geltung der Vorkehrungen und Schutzstandards der DSGVO vermögen es damit, auch als Argument für eine Wahrung des Wesensgehalts des Datenschutzgrundrechts herangezogen zu werden.[822] Dieses Schutzniveau greift in den meisten Fällen von Datenverarbeitungen in der Union und zum Teil über die räumlichen Dimensionen der Union hinaus (vgl. Art. 3 DSGVO). Kritisch bei der Bewertung einer Verletzung des Wesensgehalts sind jedoch Konstellationen, in denen Daten in Drittstaaten, bei denen es kein angemessenes Datenschutzniveau iSd Art. 44 ff. DSGVO gibt, verarbeitet werden.[823] Ein solcher Fall ist hier jedoch nicht ersichtlich. Folglich wird der Wesensgehalt von Art 7 und 8 GRC durch Art. 98 VO 2021/2116 nicht verletzt.[824]

---

818 *Härtel*, in: Nowak/Thiele, Effektivität des Grundrechtsschutzes in der EU, S. 103 (116); *Peuker*, in: Sydow/Marsch, DSGVO/BDSG, Art. 23 DSGVO Rn. 41; *Bock/Engeler*, in: DVBl 2016, 593 (596)

819 *Stenders-Vorwachs/Wolff*, in: Wolff/Brink, BeckOK-DatenschutzR, Art. 23 DSGVO Rn. 15.

820 *Stenders-Vorwachs/Wolff*, in: Wolff/Brink, BeckOK-DatenschutzR, Art. 23 DSGVO Rn. 16.

821 *Paal*, in: Paal/Pauly, DSGVO/BDSG, Art. 23 DSGVO, Rn. 14.

822 EuGH (Große Kammer), verb. Rs. C-37/20 u. C-601/20 *(WM u. a./Luxembourg Business Registers*), ECLI:EU:C:2022:912, Rn. 53.

823 Vgl. zur Verletzung des Wesensgehalts in Drittstaatskonstellationen: EuGH (Große Kammer), Rs. C-362/14 (*Schrems I*), ECLI:EU:C:2015:650, Rn. 94 ff.

824 BVerwG, Urt. v. 24.10.2019 – C 21/17 (OVG Lüneburg) –, juris, Rn. 9; zur Judikatur in Österreich: BVwG; Urt. v. 20.10.2015 – W224 2113499-1, S. 1.5.1, welches das Ergebnis mit einem Erst-Recht-Schluss aus den Wertungen der Rs. *Schecke* begründet.

bb) Grundsatz der Verhältnismäßigkeit

Daneben müssten die vier Kriterien[825] des Grundsatzes der Verhältnismäßigkeit gewahrt werden. Der Grundsatz der Verhältnismäßigkeit gem. Art. 52 Abs. 1 S. 2 GRC strukturiert die grundrechtlichen Rechtfertigungslasten, die bei der hoheitlichen Freiheitsbeschränkung liegen.[826] Damit ist der Grundsatz der Verhältnismäßigkeit die zentrale Figur des Rechtsgüterausgleichs.[827] Bevor die Wahrung des Grundsatzes der Verhältnismäßigkeit als Schranken-Schranke für die Rechtfertigung des Eingriffs geprüft wird, ist zunächst die Vorfrage der gerichtlichen Kontrolldichte zu klären.[828] Insgesamt lässt sich nämlich festhalten, dass der EuGH entgegen seiner sonst weit gewährten Gestaltungs- und Ermessensspielräume bei der Prüfung des Datenschutzgrundrechts eine sehr intensive und konzedierte Prüfung vornimmt.[829] So formuliert der EuGH in der Rs. *Digital Rights Ireland*: *„Angesichts der besonderen Bedeutung des Schutzes personenbezogener Daten für das Grundrecht auf Achtung des Privatlebens und des Ausmaßes und der Schwere des (..) Eingriffs in dieses Recht der Gestaltungsspielraum des*

---

825 Der EuGH ist bei der Gliederung der Verhältnismäßigkeitsprüfung wenig stringent. So prüft er die Angemessenheit regelmäßig nicht isoliert, sondern zieht abwägende Aspekte in die Erforderlichkeit: EuGH, Rs. C-283/11 (*Sky Österreich*), ECLI:EU:C:2013:28, Rn. 50; Rs. C-101/12 (*Schaible*), ECLI:EU:C:2013:661, Rn. 29; Rs. C-134/15 (*Lidl*), ECLI:EU:C:2016:498, Rn. 33. Der EuGH prüft die Verhältnismäßigkeitsprüfungen selten in einer aus dem deutschen Verfassungsrecht bekannten Stringenz in vier Schritten. Es ist jedoch festzuhalten, dass der EuGH insbesondere in datenschutzrechtlichen Konstellationen eine isolierte Angemessenheitsprüfung vornimmt, in Abgrenzung zu Eingriffen in andere Gewährleistungen wie etwa in den zuvor aufgeführten Fällen zur unternehmerischen Freiheit gem. Art 16 GRC, siehe dazu: EuGH, verb. Rs. C-293/12 u. C-594/12 (*Digital Rights Ireland*), ECLI:EU:C:2014:238, Rn. 51 ff. Breite Stimmen im Schrifttum sehen jedoch für einen effektiven Grundrechtsschutz die Notwendigkeit einer grundsätzlich klaren, gesonderten Prüfung abwägender Elemente, stellvertretend für viele: *Jarass*, in: Jarass, GRC, Art. 52, Rn. 36; *Trstenjak/Beysen*, in: EuR 2012, 265 (269 f.).

826 *Cornils*, in: Grabenwarter, EU-GrundR, § 7, Rn. 108.

827 *Becker*, in: Schwarze, EU-Kommentar, Art. 52 GRC, Rn. 6.

828 A.A.: *Poppe*, Öffentliche Risikovorsorge im Agrarrecht, S. 368 legt Ihrer Untersuchung zu Grunde, dass die Wissenschaft in ihrer Prüfung nicht Restriktionen wie der gerichtlichen Kontrolldichte der Unionsgerichte unterliegt, da sie selbst nicht Teil des institutionellen Gleichgewichtes sei, dies bezieht Sie insbesondere aus gesetzgeberische „Leistungsfälle". Dabei ist jedoch zu beachten, dass sich in klassischen Abwehrfällen, eine Orientierung am gerichtlichen Kontrollmaßstab anbietet, da mit einer solchen Prüfung praktisch typischerweise auch die Frage der Notwendigkeit der Kassation einer Rechtsnorm einhergeht.

829 Ebenso übergreifend konstatierend: *Streinz*, in: Streinz, EUV/AEUV/GRC, Art. 8 GRC, Rn. 12; *Klapdor*, Der Begriff des wirtschaftlich Berechtigten, S. 424; *Folz*, in: Vedder/Heintschell v. Heinegg, EuR, Art. 8 GRC, Rn. 9; *Edenharter*, in: EuR 2022, 302 (316).

Unionsgesetzgebers eingeschränkt, sodass die Richtlinie einer strikten Kontrolle unterliegt".[830] Die allgemeine Zurückhaltung des EuGH bezüglich der gerichtlichen Kontrolldichte von Rechtsakten ist Ausdruck der Achtung gegenüber dem institutionellen Gleichgewicht in der Union.[831] Die konkrete Verschärfung der Kontrolldichte im speziellen Fall der Rs. *Digital Rights Ireland* dürfte neben der allgemeinen Bedeutung des Schutzes personenbezogener Daten auch der besonderen Schwere der Eingriffe im konkreten Fall geschuldet gewesen sein.[832]

In der Rs. *Schecke* hat der EuGH keinerlei Aussagen zum Prüfungsmaßstab oder der Kontrolldichte getroffen. Zwar trifft er explizit keine Aussage über die Reichweite seiner Kontrolle, jedoch ist bei näherer Betrachtung der Entscheidungsgründe in der Argumentation auf der Ebene der Verhältnismäßigkeit keine zurückgenommene gerichtliche Kontrolle erkennbar.[833] Dies ist wohl auch vor dem Hintergrund zu betrachten, dass die Rs. *Schecke* der erste Fall war, in dem ein Rechtsakt der Union wegen eines Verstoßes gegen die Charta der Grundrechte seit ihrer Fixierung und der Gleichrangigkeit mit den Verträgen (Art. 6 Abs. 1 EUV) für rechtswidrig erklärt worden ist. Es ist daher anzunehmen, dass die mangelnden Ausführungen im Kontext der Veröffentlichungspflichten keine teleologischen Gründe haben. Vielmehr war die Rs. *Schecke* der erste „richtige" dogmatische Start der Auseinandersetzung mit dem unionsgrundrechtlichen Datenschutz unter dem Rechtsregime der Charta der Grundrechte.

Diese intensive Prüfungsdichte ist keine Selbstverständlichkeit. Insbesondere im Zusammenhang mit der unternehmerischen Freiheit gem. Art. 16 GRC hat der EuGH seine Kontrolldichte stark reduziert.[834] Der EuGH verzichtet regelmäßig auf eine gesonderte Prüfung der Angemessenheit und begnügt sich mit der Eignung und der Erforderlichkeit der Maßnahme.[835] Der Schutzstandard ist in Fällen, bei denen es um komplexe ökonomische, politische oder soziale Abwägungs- und Gestaltungsfragen, insbesondere im

830 EuGH, verb. Rs. C-293/12 u. C-594/12 (*Digital Rights Ireland*), ECLI:EU:C:2014:238, Rn. 48.

831 *Härtel*, in: Nowak/Thiele, Effektivität des Grundrechtsschutzes in der EU, S. 103 (122).

832 *Härtel*, in: Nowak/Thiele, Effektivität des Grundrechtsschutzes in der EU, S. 103 (123).

833 *Drechsler*, Unionsgrundrechte unter dem Einfluss des Prozessrechts, S. 141.

834 Dies übergreifend konstatierend: *Jarass,* in: Jarass, GRC, Art. 16, Rn. 29 f.

835 Exemplarisch: EuGH, Rs. C-283/11 (*Sky Österreich*), ECLI:EU:C:2013:28, Rn. 65 ff. Daneben stellt der EuGH zT die Angemessenheit in einem Nebensatz fest, ohne sie zu prüfen oder auch so zu bezeichnen, sondern begnügt sich mit der Feststellung, dass eine Maßnahme nicht außer Verhältnis zum Ziel steht, so etwa in: EuGH, Rs. C-134/15 (*Lidl*), ECLI:EU:C:2016:498, Rn. 39.

Bereich der Wirtschaftsregulierung, stark reduziert.[836] Ein sektorales Beispiel besonders intensiver Wirtschaftsregulierung, bei welcher der EuGH einen besonders weiten Gestaltungsspielraum lässt, ist die GAP.[837] Insgesamt kann der Kontrolldichte, die der EuGH bei der Prüfung des Datenschutzgrundrechts vornimmt, eine Vorbildfunktion zukommen, da es in keinem anderen Bereich des Grundrechtsschutzes einen vergleichbaren Schutzstandard gibt.[838] Diese Art Judikatur und die Argumentation in datenschutzrechtlichen Fragen im Grundrechtskontext sind innovativ sowie fortschrittlich und in der Lage, einen soliden Schutzstandard vor den Gefährdungslagen in immer stärker digitalisierten Zeiten aufzubauen.[839] Damit wird der sonst im Rahmen der GAP bestehende weite Gestaltungsspielraum im grundrechtlichen Bereich bei Regulierungsfragen abgelöst durch das strenge Schutzregime der Art. 7 und 8 GRC.

(i) Legitimer Zweck

Es müsste ein legitimer Zweck vorliegen. In Betracht kommen dabei alle von der Union anerkannten, dem Gemeinwohl dienenden Zielsetzungen.[840] Bei der Bestimmung der legitimen Zielsetzung hat der Unionsgesetzgeber einen gewissen Zwecksetzungsspielraum.[841] Ausdrückliche Ziele und Schutzgutdefinitionen im Primärrecht sind dabei eindeutige Fälle der Anerkennung legitimer Ziele im Unionsrecht.[842] Diese Ziele müssen auch tatsächlich vorliegen, wobei die Darlegungspflicht beim Normgeber liegt.[843] Die dargelegten Gründe und Zwecke müssen zutreffend sein, weshalb allgemeine Behauptungen nicht ausreichend sind.[844] Maßgeblich für die Anforderungen an den

---

836 Ebenso: *Drechsler*, Unionsgrundrechte unter dem Einfluss des Prozessrechts, S. 108 unter Verweis auf: EuGH, verb. Rs. C-154/04 u. C-155/04 (*Alliance for Natural Health*), ECLI:EU:C:2005:449, Rn. 52; Rs. C-58/08 (*Vodafone*), ECLI:EU:C:2010:321, Rn. 49; Rs. C-477/14 (*Pillbox 38*) ECLI:EU:C:2016:324, Rn. 49; *Jarass*, in: Jarass, GRC, Art. 52, Rn. 46.

837 GA *Cruz Villalón*, Schlussantr., Rs. C-293/12 (*Digital Rights Ireland*), ECLI:EU:C:2013:845, Rn. 96; *Jarass*, in: Jarass, GRC, Art. 52, Rn. 46 f. unter Verweis auf die Marktordnungen: EuGH, Rs. C-101/12 (*Schaible*), ECLI:EU:C:2013:661, Rn. 48.

838 *Folz*, in: Vedder/Heintschell v.Heinegg, EuR, Art. 8 GRC, Rn. 9.

839 Vgl.: *Härtel*, in: Nowak/Thiele, Effektivität des Grundrechtsschutzes in der EU, S. 103 (123).

840 *Pache*, in: Pechstein/Nowak/Häde, EUV/GRC/AEUV, Art. 52 GRC, Rn. 25.

841 *Cornils*, in: Grabenwarter, EU-GrundR, § 7, Rn. 96.

842 *Cornils*, in: Grabenwarter, EU-GrundR, § 7, Rn. 101.

843 *Jarass*, in: Jarass, GRC, Art. 52, Rn. 33; *Becker*, in: Schwarze, EU-Kommentar, Art. 52 GRC, Rn. 8.

844 EuGH, Rs. C-159/10 (*Fuchs*), ECLI:EU:C:2011:508, Rn. 40 f.; *Jarass*, in: Jarass, GRC, Art. 52, Rn. 33.

rechtfertigenden Zweck ist die Schwere des vorgenommenen Eingriffs.[845] Wie bereits festgestellt ist das Ziel der Veröffentlichungspflichten die Herstellung von Transparenz gem. Art. 1, 10 Abs. 3 S. 2 EUV, Art. 15 Abs. 1 AEUV im spezifisch einschlägigen finanzverfassungsrechtlichen Kontext. Die unionsverfassungsrechtliche Budgetpublizität in Gestalt der Beihilfentransparenz soll also gefördert werden. Genauer gesagt soll ausweislich der Erwägungsgründe der Missbrauch von Unionsmitteln durch Abschreckung verhindert werden und die Bevölkerung über den Einsatz der Mittel im bedeutenden Politikfeld der GAP informiert werden.

Im Verfahren vor dem Bundesverwaltungsgericht aus dem Jahre 2019 hat die Klägerseite eingeworfen, dass die Allgemeinheit durch die Zielsetzungen eine Art Hilfspolizeifunktion zugewiesen bekomme, was per se kein legitimer Zweck sein könne.[846] Dieser Einwand ist jedoch nicht haltbar. Denn schließlich werden dem Bürger keine Befugnisse oder Ermächtigungen als eine Form der hoheitlichen Subdelegation übertragen.[847] Dies wäre jedoch ein zentrales Element einer Hilfspolizei, die diesen Namen im rechtlichen Sinne auch verdienen würde, um im Einklang mit der Rechtsordnung zu stehen. Die Veröffentlichungspflicht enthält nämlich keine Funktionsübertragung ähnlich dem Rechtsinstitut der Beleihung, wie man sie aus dem nationalen Verfassungs- und Verwaltungsrecht kennt (vgl. Umkehrschluss aus Art. 33 Abs. 4 GG) zu Gunsten sachkundiger Privater. Der Einwand ist mithin weniger eine rechtlich präzise Umschreibung der Aufgabenzuweisung, sondern eine Versinnbildlichung der möglichen Folgen durch einen entstehenden Sozialneid. Würde man der Ansicht der Klägerseite folgen, wäre jegliche Transparenzbemühung durch *Open Data* im Allgemeinen und Transparenzdatenbanken im Besonderen zum Zwecke der Herstellung eines bestimmten Adressatenverhaltens per se unzulässig. Erst recht wären damit Regelungen unzulässig, in denen durch Transparenz ein effektiver Rechtsschutz in Mehrpersonenverhältnissen hergestellt werden soll, wie z. B. durch die Beihilfentransparenzdatenbank im Rahmen der AGVO. Diese sollen keine Hilfspolizeifunktion wahrnehmen, sondern nur einen Ausgleich für gewisse „Nachteile“ wirtschaftspolitischer Gestaltung durch Liberalisierung und Deregulierung, z. B durch weitreichende Beihilfengewährungen oder gelockerte Ermöglichung staatlicher Beihilfen zur Gewährung effektiven Rechtsschutzes erhalten. Die Rechtsgrundlagen für mögliche Drittbetroffene entstammen dabei jedoch keinen hilfspolizeilichen Befugnissen, sondern unter Zugrundelegung der Dogmatik des deutschen Verwaltungsrechts dritt-

845 *Jarass*, in: Jarass, GRC, Art. 52, Rn. 33.

846 BVerwG, Urt. v. 24.10.2019 – C 21/17 (OVG Lüneburg) –, juris, Rn. 4.

847 BVerwG, Urt. v. 24.10.2019 – C 21/17 (OVG Lüneburg) –, juris, Rn. 13; vertieft zu den verfassungsrechtlichen Anforderungen der Delegation hoheitlicher Aufgaben im Sicherheitsbereich: *Danne/Roth*, in: NVwZ 2020, 1633 (1635 ff.)

schützenden Vorschriften, um ihre Interessen gerichtlich durchzusetzen. Im Falle der Agrarförderung ist dagegen das Ziel, eine wachsame und bewusste Zivilgesellschaft zu stärken, die wie in einem Rechtsstaat üblich Anregungen bei konkreten Anhaltspunkten des Missbrauchs geben kann, die möglicherweise von Nachbarn wahrgenommen werden. Das Gewaltmonopol des Staates bleibt hierdurch unberührt. Die Transparenz im Allgemeinen mit ihren speziellen Zielrichtungen ist ein förderwürdiger Gemeinwohlbelang und damit ein legitimes Ziel, das einen Eingriff in Unionsgrundrechte rechtfertigen kann.[848]

(ii) Geeignetheit

Weiterhin müsste die Maßnahme auch geeignet sein, das legitime Ziel als Gemeinwohlbelang zu erreichen oder zumindest zu fördern. Dazu ist es ausreichend, dass die Maßnahme zumindest zur Zielerreichung beiträgt.[849] Es kann jedoch nicht gefordert werden, dass der Unionsgesetzgeber das wirksamste Mittel wählt.[850] Soweit mehrere Ziele verfolgt werden, sind diese gesondert auf ihre Eignung hin zu untersuchen.[851] Für die Rechtmäßigkeit ist es jedoch ausreichend, wenn eine der Zielsetzungen geeignet ist.[852] Bei der Bewertung der Geeignetheit werden primär die faktischen Auswirkungen der Maßnahme auf den vom Eingriff betroffenen Personenkreis untersucht.[853] Mithin werden vor allem Tatsachenfragen und keine normativen in dieser Station der Prüfung der Verhältnismäßigkeit geklärt.[854] Diese Bewertung von Tatsachenfragen begründet sich auf der allgemein recht weiten Einschätzungsprärogative des Unionsgesetzgebers.[855] Daraus folgt auch, dass die Reichweite der Einschätzungsprärogative, welche die Unionsgerichte dem Unionsgesetzgeber einräumen, die Effektivität des Grundrechtsschutzes maßgeblich bestimmt.[856] In diesem Zusammenhang ist jedoch die

848 EuGH, verb. Rs. C-92/09 u. C-93/09 (*Schecke*), ECLI:EU:C:2010:662, Rn. 67. Im Kontext der Rechtfertigung von Eingriffen in die Grundfreiheiten: EuGH, Rs. C-78/18 (*Kommission u. Schweden/Ungarn*), ECLI:EU:C:2020:476, Rn. 78; BVerwG, Urt. v. 24.10.2019 – C 21/17 (OVG Lüneburg) –, juris, Rn. 10 ff.

849 *Pache*, in: Pechstein/Nowak/Häde, EUV/GRC/AEUV, Art. 52 GRC, Rn. 26; *Jarass*, in: Jarass, GRC, Art. 52, Rn. 37.

850 *Klapdor*, Der Begriff des wirtschaftlich Berechtigten, S. 421.

851 *Pache*, in: Pechstein/Nowak/Häde, EUV/GRC/AEUV, Art. 52 GRC, Rn. 26, unter Verweis auf: EuGH, verb. Rs. C-296/93 u. C-307/93 (*Frankreich u. Irland/Kommission*), ECLI:EU:C:1996:65, Rn. 35 ff.; Rs. C-291/12 (*Schwarz*), ECLI:EU:C:2013:670, Rn. 40 ff.

852 *Pache*, in: Pechstein/Nowak/Häde, EUV/GRC/AEUV, Art. 52 GRC, Rn. 26.

853 *Cornils*, in: Grabenwarter, EU-GrundR, § 7, Rn. 112.

854 *Cornils*, in: Grabenwarter, EU-GrundR, § 7, Rn. 112.

855 *Cornils*, in: Grabenwarter, EU-GrundR, § 7, Rn. 112.

856 *Cornils*, in: Grabenwarter, EU-GrundR, § 7, Rn. 113.

erhöhte gerichtliche Kontrolldichte im datenschutzrechtlichen Bereich zu beachten, welche die Reichweite der Einschätzungsprärogative relativiert. Die erhöhte gerichtliche Kontrolldichte beugt damit einer Entleerung des datenschutzrechtlichen Grundrechtsschutzes vor.[857] Zwar soll als übergreifendes Ziel die Transparenz gefördert werden, gleichwohl ist Transparenz das Mittel, um auf der einen Seite die Bevölkerung im Allgemeinen über hoheitliche Tätigkeit zu unterrichten (also eher eine informationsfreiheitliche Zielsetzung), und auf der anderen Seite soll ein Missbrauch von Unionsmitteln durch die abschreckende Wirkung verhindert werden. Mit Blick auf die bereits erfolgte Feststellung der Effektivität der Datenbank ist die Eignung zur Erreichung beider Ziele erst recht gegeben. Die Maßstäbe der Evaluation nach dem Leitbild des wohlgeordneten Rechts gehen weiter als der Prüfungsmaßstab der Geeignetheit, der Untersuchungsgegenstand ist aber gleich. Folglich ermöglicht die Veröffentlichung individueller Förderdaten eine Transparenzsteigerung zur Herstellung eines konkreten Bildes der Verwendung von Unionsmitteln im Rahmen der GAP, um Akzeptanz und Legitimität im demokratischen Diskurs zu steigern.[858] Gleichwohl wird auch die Kontrolle der Verwendung öffentlicher Mittel durch einen gewissen Abschreckungseffekt gestärkt.[859] Daneben ist auch kein Verstoß gegen das Kohärenzgebot gem. Art. 7 AEUV erkennbar. Damit ist die Norm geeignet, die Zielsetzungen in kohärenter Art und Weise zu fördern.

(iii) Erforderlichkeit

Der Begriff der „Erforderlichkeit" ist zwar nicht klar definiert, gleichwohl ist er in der Rechtsprechung des EuGH als autonomer Begriff des Unionsrechts anerkannt.[860] Eine Maßnahme ist im allgemeinen dann nicht erforderlich, wenn es eine weniger einschneidende, aber gleich effektive Handlungsalternative zur Zielerreichung gäbe.[861] Das eingesetzte Mittel darf also nicht über das notwendige Maß an Belastung hinausgehen.[862] Der Begrenzung auf das absolut nötige Maß kommt im datenschutzrechtlichen Kontext eine besondere Bedeutung bei.[863] Ökonomisch ausgedrückt dürfte es keine gleich

857 Zum Risiko einer Entleerung des EU-Grundrechtsschutzes durch zu weite Einschätzungsspielräume: *Cornils*, in: Grabenwarter, EU-GrundR, § 7, Rn. 113.
858 BVerwG, Urt. v. 24.10.2019 – C 21/17 (OVG Lüneburg) –, juris, Rn. 14.
859 BVerwG, Urt. v. 24.10.2019 – C 21/17 (OVG Lüneburg) –, juris, Rn. 14.
860 *GA Rantos*, Schlussantr. Rs. C-252/21 (*Meta/Bundeskartellamt*), ECLI:EU:C:2022:704, Rn. 54.
861 *Kingreen*, in: Calliess/Ruffert, EUV/AEUV/GRC, Art. 52 GRC, Rn. 69.
862 EuGH, Rs. C-265/87 (*Schräder/Hauptzollamt Gronau*), ECLI:EU:C:1989:303, Rn. 21; *Klapdor*, Der Begriff des wirtschaftlich Berechtigten, S. 421 ff.
863 EuGH, verb. Rs. C-293/12 u. C-594/12 (*Digital Rights Ireland*), ECLI:EU:C:2014:238, Rn. 52; *Kühling*, in: Pechstein/Nowak/Häde, EUV/GRC/AEUV, Art. 8 GRC, Rn. 67 f.

wirksame hoheitliche Verhaltensoption mit geringeren „Grundrechtskosten" geben.[864] Ebenso wie bei der Geeignetheit werden auf der Ebene der Erforderlichkeit vor allem Tatsachenfragen und keine normativen geklärt.[865] Zum Teil finden sich innerhalb der Prüfung der Erforderlichkeit durch den EuGH auch abwägende Elemente und Strukturen wieder.[866] Praktisch führt dies dazu, dass entgegen der aus dem deutschen Recht bekannten Prüfdogmatik der Schwerpunkt der Prüfung des EuGH regelmäßig in der Erforderlichkeit statt in der Angemessenheit liegt.[867] Diese unterschiedliche Akzentuierung führt jedoch nicht zu einer Entwertung des unionalen Grundrechtsschutzes wegen des unionsautonomen Begriffsverständnisses.[868] Insbesondere in datenschutz,- und persönlichkeitsrechtlichen Fragestellungen ist der Übergang der Abwägungsmuster zwischen Erforderlichkeit und Angemessenheit fließend.[869] In den Schlussanträgen zur Rs. *Meta/Bundeskartellamt* hat sich der *GA Rantos* intensiv mit der Genese des Begriffs der „Erforderlichkeit" im datenschutzrechtlichen Kontext befasst.[870] Im Konkreten bezogen sich die Ausführungen auf die Auslegung des Begriffs der „Erforderlichkeit" im Zusammenhang mit der „*Verarbeitung für die Erfüllung eines Vertrages*" gem. Art. 6 Abs. 1 lit. b DSGVO. Die dort getroffenen Wertungen können wegen des normengeprägten Schutzbereichs des Datenschutzgrundrechts, der durch die DSGVO ausgefüllt wird, herangezogen werden. Des Weiteren ist auch von einer strukturellen Konvergenz des Sinngehaltes beim Begriff der „Erforderlichkeit" auszugehen. In diesem Zusammenhang konstatiert der Generalanwalt, dass die Verarbeitung nicht bloß nützlich für die Zielsetzung sein darf (im konkreten Fall für die Vertragserfüllung), es bedarf einer objektiven Notwendigkeit.[871] Daneben dürfte es keine realistische, weniger einschneidende Maßnahme, die zur Verfügung steht geben, bei der Bewertung dieser Frage ist die angemessene Sicht der betroffenen Person zu be-

---

864 *Cornils*, in: Grabenwarter, EU-GrundR, § 7, Rn. 112.

865 *Cornils*, in: Grabenwarter, EU-GrundR, § 7, Rn. 112.

866 EuGH, verb. Rs. C-92/09 u. C-93/09 (*Schecke*), ECLI:EU:C:2010:662, Rn. 72 ff.; EuGH, verb: Rs. C-293/12 u. C-594/12 (*Digital Rights Ireland*), ECLI:EU:C:2014:238, Rn. 57 ff.; vgl. auch: *Kingreen*, in: Calliess/Ruffert, EUV/AEUV/GRC, Art. 52 GRC, Rn. 69.

867 EuGH, Rs. C-283/11 (*Sky Österreich*), ECLI:EU:C:2013:28, Rn. 65 ff.; Rs. C-134/15 (*Lidl*), ECLI:EU:C:2016:498, Rn. 39; ebenso: *Klapdor*, Der Begriff des wirtschaftlich Berechtigten, S. 422 mwN.

868 *Klapdor*, Der Begriff des wirtschaftlich Berechtigten, S. 422 bezeichnet die Erforderlichkeit daher auch als „*Angemessenheit im formellen Sinne*".

869 *Klapdor*, Der Begriff des wirtschaftlich Berechtigten, S. 422,

870 *GA Rantos*, Schlussantr. Rs. C-252/21 (*Meta/Bundeskartellamt*), ECLI:EU:C:2022:704, Rn. 54.

871 *GA Rantos*, Schlussantr. Rs. C-252/21 (*Meta/Bundeskartellamt*), ECLI:EU:C:2022:704, Rn. 54.

rücksichtigen.[872] Diese abstrakten Wertungen sind auch bei der grundrechtlichen Bewertung der Vereinbarkeit einer Unionsrechtsnorm zu beachten, und nicht bloß auf der Einzelfallebene bei der Bewertung, ob ein Rechtfertigungsgrund für eine Datenverarbeitung gem. Art. 6 DSGVO vorliegt.

Im Hinblick auf die bereits skizzierte Prüfungsstruktur des EuGH in datenschutzrechtlichen Fallgestaltungen findet auf der Ebene der Erforderlichkeit im Rahmen der nachfolgenden Prüfung allein eine intensive Untersuchung möglicher milderer und weniger eingriffsintensiver Mittel statt.

Man könnte andenken, dass der Veröffentlichungszeitraum von zwei Jahren zu lang angesetzt sei. Die Beschränkung von Speicher- und Veröffentlichungsdauern ist ein klassisches Mittel der Verringerung der Eingriffsintensität als Aspekt der Datenminimierung. Die Festlegung von Speicherdauern hat sich auf objektive Kriterien zu berufen, die gewährleisten, dass die Datennutzung auf das absolut nötige Maß reduziert wird.[873] Es ließe sich andenken, dass es ausreichen könnte, wenn lediglich im Jahr nach der Förderperiode die Informationen publiziert werden. Eine Verkürzung auf ein Jahr könnte daher ein milderes Mittel sein. Die Einzelfallkontrolle und Information der Allgemeinheit würden damit immer noch erreicht werden, und dass möglichst unmittelbar nach dem Ende des Bewilligungszeitraumes. Die Verweildauer der Informationen auf der Webseite führt aufgrund der erweiterten Möglichkeiten des Missbrauchs der personenbezogenen Daten zu einer Verschärfung der Eingriffsintensität für betroffene Personen. Diese temporale Belastungssteigerung legt mithin einen auf das Nötigste reduzierten Veröffentlichungszeitraum nahe. Auf der anderen Seite sind zwei Jahre immer noch sehr nahe am Bewilligungszeitraum und damit immer noch sehr überschaubar.[874] Dieser Zeitraum ist gleichzeitig in Gegenüberstellung des Informations- und des Geheimhaltungsinteresses der Öffentlichkeit und der Landwirte eine realitätsgerechte Festsetzung der Löschfrist.[875] Diese Bewertung ist auch vor dem Hintergrund der Löschfristen in anderen Bereichen wie z. B. der AGVO zu sehen. Dort ist die Verweildauer der Veröffentlichung von staatlichen Beihilfen im Anwendungsbereich der Verordnung auf 10 Jahre begrenzt. Zwar wird eine gänzlich andere Zielrichtung mit der Datenbank im Zusammenhang mit staatlichen Beihilfen verfolgt. Staatliche Beihilfen sind ein Bereich, indem die Veröffentlichung nicht nur allgemeine Transparenzanliegen und nur sekundär die Einzelfallkontrolle anstrebt, sondern das Ziel ist ein möglichst effektiver Rechtsschutz in multipolaren Konstellationen. Gleichwohl wird deutlich, dass die Löschfrist von zwei

872 *GA Rantos*, Schlussantr. Rs. C-252/21 (*Meta/Bundeskartellamt*), ECLI:EU:C:2022:704, Rn. 54.
873 *Klapdor*, Der Begriff des wirtschaftlich Berechtigten, S. 446 mwN.
874 BVerwG, Urt. v. 24.10.2019 – C 21/17 (OVG Lüneburg) –, juris, Rn. 19.
875 BVerwG, Urt. v. 24.10.2019 – C 21/17 (OVG Lüneburg) –, juris, Rn. 19.

Jahren eine in Anbetracht des Schutzzweckes erheblich geringere Belastung mit sich bringt. Der Unionsgesetzgeber war sich also bewusst, eine risiko-, und schutzweckadäquate zeitliche Begrenzung unter Beachtung der zeitlich niedrigsten Regelung zu entwickeln. Folglich ist der Veröffentlichungszeitraum von zwei Jahren ein Zeitraum, der sehr am Zeitpunkt der Beihilfengewährung liegt eine sachgerechte Dauer zur Zielerreichung.[876] Mithin wäre der kürzere Zeitraum ein milderes Mittel, das nicht gleich effektiv wäre, um den Normzweck zu erreichen.

Daneben könnte die Komplettanonymisierung der Namen aller Fördermittelempfänger ein milderes und gleich wirksames Mittel gegenüber der namentlichen Veröffentlichung sein. Für die Einführung einer Komplettanonymisierung der Daten ließe sich anführen, dass die allgemeine Möglichkeit der Transparenzherstellung in Bezug auf die regionale Verteilung der Fördermittel und die jeweiligen Höhen und Zusammensetzungen immer noch abrufbar wären. Es würde lediglich an der Zuordnung zu einer bestimmten Person fehlen. Diese könnte unter den vorgenannten Gesichtspunkten auch als verzichtbar angesehen werden. Darüber hinaus ist die Möglichkeit, dass es durch die personenbezogenen Daten zu einer besseren Verhütung von Missbräuchen öffentlicher Mittel kommt, sehr zweifelhaft und kann allenfalls als ein Baustein eines Instrumentenmixes der Betrugsprävention gesehen werden. In Relation zur Beeinträchtigung, welche für die Landwirte durch ihre veröffentlichten Daten entsteht, ist der Mehrwert für die Betrugsprävention gering wegen des Abschreckungseffektes. Darüber hinaus wählt der Gesetzgeber selbst in bestimmten Fällen die Anonymisierung unterhalb des Schwellenwertes. Er scheint das Mittel der Anonymisierung daher grundsätzlich als ein probates Mittel zur Verringerung der Eingriffsintensität zu sehen. Gegen die Komplettanonymisierung als milderes Mittel ist der Schutzzweck mit dem Ziel der Betrugsprävention zu sehen. Die Veröffentlichungspflicht verfolgt spezial- und generalpräventive Zielsetzungen. Diese Zielsetzung könnte bei einer Komplettanonymisierung kaum erreicht werden. Die möglichst breite personenbezogene Veröffentlichung der Information kann nur durch spezifische und namentliche Nennung eine abschreckende Wirkung für den Missbrauch von Haushaltsmitteln entfalten. Die komplett anonymisierte Veröffentlichung ist damit zwar weniger einschneidend, aber könnte einen der beiden verfolgten Zwecke kaum noch realisieren. Zwar nutzt der Unionsgesetzgeber die Komplettanonymisierung selbst als Funktion in der Datenbank. Damit verfolgt er jedoch das Ziel, die Eingriffsintensität der Norm zu entschärfen. Daraus ergibt sich auch vor dem Hintergrund des alten Rechtsrahmens, dass der Unionsgesetzgeber grundsätzlich eine möglichst lückenlose Information der Allgemein-

876 BVerwG, Urt. v. 24.10.2019 – C 21/17 (OVG Lüneburg) –, juris, Rn. 19.

heit anstrebt. Die existierende Regelung der Anonymisierung unterhalb der De-Minimis-Schwelle ist damit lediglich ein Kompromiss zur Herstellung praktischer Konkordanz zwischen den kollidierenden Interessen mit Primärrechtsrang. Dies ist auch insoweit eine vertretbare Einordnung, da unterhalb der Schwelle lediglich geringe Förderleistungen gezahlt werden. Das Risiko für den möglichen volkswirtschaftlichen Schaden durch Betrügereien ist in diesem Bereich trotz der großen Menge an Kleinerzeugern aufgrund der Streubreite im Ergebnis als geringer anzusehen. Zur Verknüpfung der Eignung nicht-anonymisierter Daten zum Zwecke der Missbrauchsprävention ist einzuwenden, dass sich der Mehrwert einer solchen Regelung kaum messbar quantifizieren lässt.[877] Was die Gewichtung von Zweck und Mittel, in der Gesamtschau mit anderen Mitteln in einem strategischen Gesamtkonzept (z. B. dem InVeKoS) angeht, hat der Unionsgesetzgeber auch im datenschutzrechtlichen Zusammenhang noch eine weite Einschätzungsprärogative, die auch vor dem stark politisch geprägten Charakter der GAP zu betrachten ist. Insgesamt ist die Komplettanonymisierung damit kein milderes Mittel bei gleicher Wirksamkeit.

Ferner könnte auch die Einteilung der Förderung in Größenklassen, sofern sie für den gesellschaftlichen Diskurs ebenso ausreichend ist, ein milderes Mittel sein.[878] Ein Beispiel für die Veröffentlichung von finanziellen Daten nach Größenklassen kannte man früher im deutschen Parlamentsrecht im Bereich der Veröffentlichung der Nebenverdienste und Unternehmensbeteiligungen von Bundestagsabgeordneten. Diese umfassenden Veröffentlichungspflichten der Vermögensverhältnisse von Parlamentariern sind ein Spezifikum des deutschen Parlamentsrechts, welches es im Europäischen Parlament beispielsweise nicht gibt.[879] Zwar handelt es sich um zwei auf den ersten Blick eher fernliegende und grundlegend unterschiedliche Regelungsbereiche und Transparenzstrukturen, nämlich die Transparenz über die Vermögenslage gewählter Volksvertreter in der Bundesrepublik Deutschland einerseits und Beihilfenempfänger aus Unionsmitteln andererseits. Ferner werden durch die Veröffentlichungspflichten auch divergierende, subjektive Gewährleistungen tangiert. Während bei den Veröffentlichungen der Daten über Agrarbeihilfenempfänger eine mögliche Verletzung datenschutzrechtlicher Vorschriften im Raum steht, wird durch Veröffentlichungspflichten der Bundestagsabgeordneten die Gewährleistung des freien Mandats gem. Art. 38 Abs. 1 S. 2 GG berührt.[880] Mithin werden verschiedene subjektive Ge-

877 Zur Eignung: BVerwG, Urt. v. 24.10.2019 – C 21/17 (OVG Lüneburg) –, juris, Rn. 15.
878 Dies wurde von der Klägerseite im Verfahren vor dem BVerwG vorgetragen, vgl.: BVerwG, Urt. v. 24.10.2019 – C 21/17 (OVG Lüneburg) –, juris, Rn. 4, 19.
879 *Austermann*, in: Austermann/Schmahl, AbgG, § 47, Rn. 9.
880 Zur Beeinträchtigung des Art. 38 Abs. 1 S. 2 GG durch die Veröffentlichung: BVerfG (Zweiter Senat), Urt. v. 4.7.2007 – 2 BvE 1/06, Rn. 207 ff. = BVerfGE 118, 277

währleistungen mit einem stark abweichenden Abwägungsmaßstab im Falle der Rechtfertigung von Eingriffen berührt. Inhaltlich und strukturell gibt es jedoch auch Parallelen. In beiden Fällen geht es um die Öffentlichkeitsherstellung mit einem monetären Kontext und einem Bezug zur öffentlichen Hand. Bei den Landwirten als Privatpersonen werden Informationen über empfangene öffentliche Fördermittel publik gemacht, wohingegen bei den Bundestagsabgeordneten oberste Bundesorgane, mithin Teile des Staates, ihre privaten Nebeneinkünfte publik machen müssen. Inhaltlich geht es bei den Abgeordneten um die Vermeidung von Korruption und im Bereich der Agrarbeihilfen neben der allgemeinen Transparenzherstellung auch um die Vermeidung des Missbrauchs von öffentlichen Mitteln durch Betrügereien. Diese Zielsetzungen liegen sachlich sehr nahe beieinander. Demnach könnte die alte Regelung aus dem Abgeordnetenrecht als eine Inspirationsquelle für einen Reformprozess der Gestaltung der Beihilfentransparenz dienen und ein milderes Mittel sein. Eine solche Staffelung wäre nämlich mit einer deutlichen Verringerung der Eingriffsintensität für die betroffenen Landwirte verbunden. Für eine schwellenweise Einordnung in Größenklassen könnte angeführt werden, dass weniger präzise Informationen über die Landwirte veröffentlicht werden, gleichwohl aber eine klare Größenordnung, die auch die Basis einer öffentlichen Debatte sein kann, gewährt wird. Gleichzeitig ist die Einführung von Größenklassen immer mit gewissen Unschärfen der Aussagekraft der Informationen verbunden.[881] Schließlich sind die Informationen aufgrund der Klasseneinteilung bewusst weniger aussagekräftig. Dies hat auch der deutsche Gesetzgeber im Bereich der Veröffentlichung der Vermögenspublizität von Bundestagsabgeordneten erkannt. So wurde die Regelung durch *Art. 1 des Gesetzes zur Verbesserung der Transparenzregeln für die Mitglieder des Deutschen Bundestages und zur Anhebung des Strafrahmens des § 108e des Strafgesetzbuches v. 8.10.2021*[882] reformiert. Seitdem ist die Veröffentlichung auch im § 47 AbgG nF[883] auf „*Euro und Cent*" genau. Zweck der Reform war es, die Transparenz weiter zu erhöhen, um verlorenes Vertrauen in den politischen Prozess zurückzugewinnen.[884] Historisch-politischer Hintergrund der Reform war die „*Maskenaffäre*" im Kontext der COVID-19-Pandemie. Im Zuge der Corona-Pandemie haben Politiker der Unionsparteien nämlich ihre Kontakte durch die Vermittlung

(323 ff.).

881 BVerwG, Urt. v. 24.10.2019 – C 21/17 (OVG Lüneburg) –, juris, Rn. 19.

882 BGBl. 2021 I 4650.

883 Abgeordnetengesetz in der Fassung der Bekanntmachung vom 21. Februar 1996 (BGBl. I S. 326), das zuletzt durch Artikel 1 des Gesetzes vom 8. Oktober 2021 (BGBl. I S. 4650) geändert worden ist.

884 Vgl.: BT-Drs. 19/28784, S. 9; *Austermann*, in: Austermann/Schmahl, AbgG, § 47, Rn. 2, sieht die Festlegung des Zweckes nicht in der Begründung aus sich selbst heraus verständlich, weshalb er den Zweck unter Verweis auf S. 1 der Begründung annimmt.

medizinischer Güter an die öffentliche Hand monetarisiert.[885] Dieser Missbrauch des Vertrauens in die öffentliche Hand und das demokratische System hat Anpassungen in der Einzelfallkontrolle notwendig gemacht. Damit zeigt sich, dass auch der historische Gesetzgeber sich der Transparenzeinbuße, die mit der gestaffelten Veröffentlichung von Geldbeträgen verbunden ist, bewusst ist. Diese strukturelle Erwägung monetärer Publizität lässt sich allgemein abstrahieren und auch auf die Veröffentlichungspflichten der Beihilfenempfänger übertragen. Auf der anderen Seite ist mit der Reform im AbgG eine erhebliche Steigerung der Eingriffsintensität verbunden. So kritisiert etwa *Austermann*, dass die aktuelle Regelung des § 47 AbgG verfassungsrechtlich kaum haltbar sei.[886] Schon die alte Regelung mit dem gestuften Modell nach Größenklassen konnte in ihrer ursprünglichen Form gerade noch eine Mehrheit der Richter in der einschlägigen Entscheidung des Bundesverfassungsgerichts erreichen, um in aF noch bestehen zu können.[887] Zwar bestehen Zweifel an der Verfassungsmäßigkeit der derzeitigen Regelung des § 47 AbgG, dennoch ist in diesem Zusammenhang der unterschiedliche Bewertungsmaßstab zwischen der Beurteilung von Eingriffen in das freie Mandat und den Grundrechten zu beachten. Damit sind die bestehenden Zweifel an den Veröffentlichungspflichten für Abgeordnete kaum auf den Ausgangsfall der Beihilfentransparenz übertragbar. Auch ist bei der gestaffelten Veröffentlichung zum einen die allgemeine Transparenz verringert, aber vor allem wird die Einzelfallkontrolle durch die gröbere Veröffentlichung in Größenklassen deutlich erschwert. Die Effektivitätseinbuße geht so weit, dass die Zielsetzung der Transparenzgewährung erheblich beeinträchtigt wird, weshalb die Maßnahme zwar weniger einschneidend, aber nicht gleich effektiv wäre. Demnach sollte das historische Beispiel wegen der verringerten Eignung auch nicht als Vorbild für andere gesetzgeberische Prozesse, wie hier im Bereich der Beihilfentransparenz, dienen.

Insgesamt ist dem Unionsgesetzgeber zu attestieren, dass er sich in der Neufassung mit der Abwägung der Interessen bei der Ausgestaltung der Mittel, wie vom EuGH in der Rs. *Schecke* aufgegeben, auseinandergesetzt hat.[888] In Parallele zur soeben erfolgten Untersuchung der Erforderlichkeit ist dieser reflektierte Umgang mit der Wahl milderer Mittel auch bei nä-

885 *Austermann.*, in: NvwZ 2021, 1081 (1081).

886 *Austermann*, in: Austermann/Schmahl, AbgG, § 47, Rn. 4; *ders.*, in: NvwZ 2021, 1081 (1083).

887 Die Richter: *Broß*, *Osterloh*, *Lübbe-Wolff* und *Di Fabio* haben abweichend von der Entscheidung des Senats eine Verfassungsmäßigkeit nur unter Anwendung einer verfassungskonformen Auslegung angenommen, vgl. BVerfG (Zweiter Senat), Urt. v. 4.7.2007 – 2 BvE 1/06, Rn. 238 ff. = BVerfGE 118, 277 (338 ff.).

888 Dies im Kontext der Eignung konstatierend: BVerwG, Urt. v. 24.10.2019 – C 21/17 (OVG Lüneburg) –, juris, Rn. 18.

herer Betrachtung der historischen Entwicklung der aktuellen Fassung der Veröffentlichungspflichten erkennbar. Im Zuge des Reformprozesses fand eine umfassende Konsultation betroffener und interessierter Personengruppen statt.[889] Die Art und Gestalt der eingesetzten Mittel zur Zielerreichung wurden möglichst grundrechtsschonend abgewogen.[890] Demzufolge ist die Regelung insgesamt erforderlich. Mildere, gleich effektive Mittel zur Zielerreichung sind nicht ersichtlich.

(iv) Angemessenheit

Ferner müssten die für die Grundrechtsträger verursachten Nachteile in einem angemessenen Verhältnis zum angestrebten Ziel stehen.[891] Auf der Prüfstation der Angemessenheit findet eine Abwägung der gegenläufigen Interessen einer Maßnahme statt.[892] Zentraler Maßstab für die Bewertung der Angemessenheit ist insbesondere die Eingriffsintensität der Maßnahme.[893] In diesem Zusammenhang finden insbesondere auch Ausnahmeregelungen in der untersuchten Norm, welche es vermögen, die Eingriffsintensität abzuschwächen, eine besondere Berücksichtigung.[894] Ausnahmen und Einschränkungen des Datenschutzgrundrechts sind auf das absolut notwenige Maß zu beschränken.[895] Im datenschutzrechtlichen Kontext meint die Angemessenheit die materiell-rechtliche Gewichtung der Interessen gegenüber der formalen Betrachtung auf der Ebene der Erforderlichkeit.[896] Zur Beurteilung der Angemessenheit von Eingriffen in das Datenschutzgrundrecht lassen sich allgemeine Kriterien zur Bewertung der Eingriffsintensität bestimmen, um die Prüfung der Angemessenheit unter Beachtung datenschutzrechtlicher Spezifika und Argumentationstopoi zu strukturieren. Dabei kommt den Grundsätzen der Datenvermeidung und der Datensparsamkeit

889 Vgl.: Ratsdokument 6370/13.

890 BVerwG, Urt. v. 24.10.2019 – C 21/17 (OVG Lüneburg) –, juris, Rn. 18; BVwG Urt. v. 20.10.2015 – W224 2113499-1, S: 1.5.3.2.

891 EuGH, Rs. C-265/87 (*Schräder/Hauptzollamt Gronau*), ECLI:EU:C:1989:303, Rn. 21; *Kingreen*, in: Calliess/Ruffert, EUV/AEUV/GRC, Art. 52 GRC, Rn. 70; *Pache*, in: Pechstein/Nowak/Häde, EUV/GRC/AEUV, Art. 52 GRC, Rn. 28; *Trstenjak/Beysen*, in: EuR 2012, 265 (272).

892 *Pache*, in: Pechstein/Nowak/Häde, EUV/GRC/AEUV, Art. 52 GRC, Rn. 28; *Trstenjak/Beysen*, in: EuR 2012, 265 (272).

893 *Jarass*, in: Jarass, GRC, Art. 52, Rn. 42; *Trstenjak/Beysen*, in: EuR 2012, 265 (272).

894 EuGH, verb. Rs. C-296/93 u. C-307/93 (*Frankreich u. Irland/Kommission*), ECLI:EU:C:1996:65, Rn. 44; verb. Rs. C-293/12 u. C-594/12 (*Digital Rights Ireland*), ECLI:EU:C:2014:238, Rn. 57; *Jarass*, in: Jarass, GRC, Art. 52, Rn. 42.

895 EuGH, verb. Rs. C-293/12 u. C-594/12 (*Digital Rights Ireland*), ECLI:EU:C:2014:238, Rn. 52.

896 *Klapdor*, Der Begriff des wirtschaftlich Berechtigten, S. 451 f.

eine besondere Bedeutung zu.[897] Diese allgemeinen Grundsätze der Datenverarbeitung finden sich auch in Art. 5 Abs. 1 DSGVO wieder. Die Festlegung ist jedoch nicht prägend für das Grundrecht, sondern deklaratorisch, da der EuGH diese bereits selbst im Wege der Auslegung ermittelt hat.[898]

Bevor die Interessengewichtung erörtert wird, ist es zunächst von grundlegender Bedeutung für den weiteren Fortgang der Prüfung, die Schwere des mit der Veröffentlichung einhergehenden Eingriffs zu bestimmen. In diesem Kontext ist auch die Persönlichkeitsrelevanz der Daten für die Abwägung zu beachten.[899] In diesem Zusammenhang kann zwischen einem unantastbaren Kernbereich, der Intimsphäre, der Persönlichkeitssphäre und der Sozialsphäre differenziert werden.[900] Dabei ist zunächst festzuhalten, dass auch ein Datum, welches allein eine ökonomische Messgröße ist, wie der Umfang der Förderung als berufsbezogene Information auch von Art. 7 und 8 GRC umfasst sein kann.[901] Gerade bei berufsbezogenen personenbezogenen Daten sind jedoch die Gefahren für die Rechte und Freiheiten begrenzt im Vergleich zu anderen Kategorien personenbezogener Daten, wie z. B. Gesundheitsdaten oder Personenbewertungen.[902]

Ferner sind auch Tragweite und Inhalt der veröffentlichten Daten zu berücksichtigen. Bei den veröffentlichten Informationen könnte eine Art Generalverdacht oder ein Pranger für betroffene Personen entstehen. An dieser Stelle könnte man in puncto Eingriffsintensität eine Parallele zum *Naming and Shaming* ziehen. Beim *Naming and Shaming* wird ein von der betroffenen Person (*naming*) begangenes pönalisiertes Verhalten neben einer auferlegten Sanktion wie beispielsweise einem Bußgeld auf einer Art „*Cyberpranger*"[903] für jeden einsehbar veröffentlicht (*shaming*).[904] Wichtige

897 *Kühling*, in: Pechstein/Nowak/Häde, EUV/GRC/AEUV, Art. 8 GRC, Rn. 46.

898 *Sandhu*, Grundrechtsunitarisierung durch Sekundärrecht, S 64, mit Verweis auf: EuGH, verb. Rs. C-92/09 u. C-93/09 (*Schecke*), ECLI:EU:C:2010:662, Rn. 49.

899 BVerwG, Urt. v. 24.10.2019 – C 21/17 (OVG Lüneburg) –, juris, Rn. 22; *Klapdor*, Der Begriff des wirtschaftlich Berechtigten, S. 460 f.; *Kühling*, in: Pechstein/Nowak/Häde, EUV/GRC/AEUV, Art. 8 GRC, Rn. 73.

900 *Kühling*, in: Pechstein/Nowak/Häde, EUV/GRC/AEUV, Art. 8 GRC, Rn. 73.

901 EuGH (Große Kammer), verb. Rs. C-37/20 u. C-601/20 *(WM u. a./Luxembourg Business Registers*), ECLI:EU:C:2022:912, Rn. 38; EuGH, verb. Rs. C-92/09 u. C-93/09 (*Schecke*), ECLI:EU:C:2010:662, Rn. 59,105 ff.; verb. Rs. C-465/00,138/01 u.139/01 (*ORF*), ECLI:EU:C:2003:294, Rn. 73 ff.; BVerwG, Urt. v. 24.10.2019 – C 21/17 (OVG Lüneburg) –, juris, Rn. 22. Dies ist ebenso von der Rechtsprechung des EGMR zu Art. 8 EMRK umfasst: EGMR, Urt. v. 16.2.2008 – Nr. 27798/9 (*Amann/Schweiz*), Rn. 65.

902 BVerwG, Urt. v. 24.10.2019 – C 21/17 (OVG Lüneburg) –, juris, Rn. 22; EuGH, verb. Rs. C-92/09 u. C-93/09 (*Schecke*), ECLI:EU:C:2010:662, Rn. 105 ff.

903 Zur vertieften terminologischen Einordnung: *Herold*, Staatliche Cyberpranger, S. 53 ff.

904 *Landwers*, Behördliche Öffentlichkeitsarbeit, S. 69.

Anwendungsfälle, in denen *Naming and Shaming* gesetzlich vorgesehen ist, sind das Lebensmittelrecht (40 Abs. 1a LFGB[905])[906] und das Kapitalmarktrecht (insbesondere §§ 124 ff. WpHG[907]). Ziel dieser Form der Informationsveröffentlichung ist es, generalpräventiv zu wirken und so Zuwiderhandlungen unattraktiv zu machen.[908] Weitere mögliche Zielsetzungen können sein: Abschreckung, Sanktion, Transparenz, Reputationsanreize, Disziplin, Rechtssicherheit oder die allgemeine Sichtbarmachung der behördlichen Arbeit.[909] Durch den „Pranger" wird die Information über einmal geschehenes Unrecht durch den Rechtsverstoß verbreitet und für Jedermann abrufbar.[910] Für eine Parallele könnte man andenken, dass es gerade in ländlichen Gegenden möglich ist, dass das soziale Ansehen der Landwirte sinken könnte, wenn ihre Einkommensverhältnisse offengelegt werden. Mit Blick auf die Höhe des Anteils der Agrarförderungen am Gesamteinkommen kann man in diesem Zusammenhang vom Einkommen sprechen.[911] Dies könnte sich zum einen auf ein geringes Einkommen und eine möglicherweise abgeleitete Unproduktivität beziehen, aber anderseits auch Sozialneid auf Großbezieher erzeugen. Dieser Einwand ist jedoch aus mehreren Gründen abzulehnen. Zum einen ist mit der Informationsveröffentlichung, anders als beim *Naming and Shaming*, mit den veröffentlichten Informationen keine Prangerwirkung verbunden. Es soll niemand durch die öffentliche Meinung gestraft werden. Die Bevölkerung soll nur über die Ausgaben eines sehr kostenintensiven Politikfeldes unterrichtet werden. Insbesondere der Aspekt des Neids in ländlichen Regionen dürfte eher fernliegend sein, da die Förderung gesellschaftlich anerkannt und sogar Marktstandard ist.[912] Dadurch mangelt es an dem für das *Naming and Shaming* typischen Stigma eines verwerflichen Verhaltens, weshalb auch nicht der strenge Maßstab eines so tiefgehen-

---

905 Lebensmittel- und Futtermittelgesetzbuch in der Fassung der Bekanntmachung vom 15. September 2021 (BGBl. I S. 4253; 2022 I S. 28), das zuletzt durch Artikel 2 Absatz 6 des Gesetzes vom 20. Dezember 2022 (BGBl. I S. 2752) geändert worden ist.

906 Die Norm hat das Bundesverfassungsgericht in aF für unvereinbar mit Art. 12 Abs. 1 GG erachtet, mangels einer zeitlichen Begrenzung der Publikationsdauer, vgl.: BVerfG (Erster Senat), Beschl. v. 21.3.2018 – 1 BvF 1/13, Rn. 56 ff. = BVerfGE 148, 40 (61 ff.).

907 Wertpapierhandelsgesetz in der Fassung der Bekanntmachung vom 9. September 1998 (BGBl. I S. 2708), das zuletzt durch Artikel 10 des Gesetzes vom 19. Dezember 2022 (BGBl. I S. 2606) geändert worden ist.

908 *Landwers*, Behördliche Öffentlichkeitsarbeit, S. 76; *Ackermann*, Wohlgeordnetes Agrarwettbewerbsrecht, S. 302 f.

909 *Koch*, Naming and shaming im Kapitalmarktrecht, S. 97 mwN.

910 Vertieft zur Prangerwirkung von Internetpublikationen: *Härting*, in: CR 2009, 20 (23).

911 OVG Bautzen, Beschl. v. 10.3.2010, 3 B 366/09, Rn. 11; *Wollenschläger*, in: AöR 2010, 364 (393).

912 *Wollenschläger*, in: AöR 2010, 364 (393).

den Eingriffs anzusetzen ist.[913] Die Informationen vermitteln daher keinen besonderen Grad an Bedürftigkeit der Unternehmen.[914] Im Gegenteil: ein großer Teil der Förderung nach dem aktuellen Förderrahmen ist die Gegenleistung für die Erbringung öffentlicher Leistungen (*Public Goods*) durch die Landwirte.[915] Es wird also unter Umständen auch eine positive Wertung deutlich. Dies impliziert eine eher niedrige Eingriffsintensität. Gleichwohl wird eine Aussage getroffen, ob und in welchem Umfang die Landwirte ihren Beitrag für den Umweltschutz leisten und welchen Anteil diese Förderung an ihrem Gesamteinkommen hat. In diesem Zusammenhang ist zwar zu beachten, dass, wie vom Bundesverwaltungsgericht ausgeführt, keine exakten Aussagen über die Einkommensverhältnisse der Landwirte getroffen werden können.[916] Gleichwohl wird aber mit den veröffentlichten Daten die Dimension des Förderumfangs angegeben. Diese Aussagen sind bei geringeren Einkommen deutlich präziser als bei höheren, da die Summen in der Berechnung geringer sind. Dabei ist auch die Parallele, die das Bundesverwaltungsgericht zu den im öffentlichen Dienst verbreiteten Besoldungstabellen, bei denen das Einkommen von Amtswaltern abhängig von der Eingruppierung veröffentlicht, eher fernliegend.[917] Diese stellen nämlich nur allgemeinverbindlich einen Maßstab der Vergütung auf, ohne eine Aussage über Individuen zu treffen. Anders ist dies bei der Datenbank, die eine verbindliche Aussage über die Förderung unter Kumulation verschiedener Förderkriterien und Fördertöpfe trifft. Insbesondere werden mögliche Gefahren dadurch begrenzt, dass von den veröffentlichten Informationen keine stigmatisierende Wirkung für die betroffenen Personen ausgeht.[918] Mit Blick auf Gehalt und Wirkung der veröffentlichten Informationen ist die Beeinträchtigung der berührten Lebenssphäre durch die Beihilfentransparenzdatenbank der Sozialsphäre zuzuordnen.[919] Demzufolge ist dem Eingriff mit Blick auf den berührten Lebensbereich eine tendenziell niedrige Intensität zu attestieren. Demgemäß sind die Anforderungen an die Rechtfertigung geringer als bei einer persönlicheren Sphäre.

Gleichwohl führt das Bundesverwaltungsgericht für die Einordnung des berührten Lebensbereichs als Sozialsphäre einige Wertungen aus der Rs. *Schecke* an, die der Sache nach keinen Rückschlüssen auf die berührte Le-

913 Zur stigmatisierenden Wirkung: BVerwG, Urt. v. 24.10.2019 – C 21/17 (OVG Lüneburg) –, juris, Rn. 22; historisch: OVG Bautzen, Beschl. v. 10.3.2010, 3 B 366/09, Rn. 11.

914 OVG Koblenz, Beschl. v. 10.7.2009, 10 B 10607/09 –, juris, Rn. 41.

915 *Wollenschläger*, in: AöR 2010, 364 (394).

916 BVerwG, Urt. v. 24.10.2019 – C 21/17 (OVG Lüneburg) –, juris, Rn. 22.

917 Vertieft: BVerwG, Urt. v. 24.10.2019 – C 21/17 (OVG Lüneburg) –, juris, Rn. 22.

918 BVerwG, Urt. v. 24.10.2019 – C 21/17 (OVG Lüneburg) –, juris, Rn. 22.

919 BVerwG, Urt. v. 24.10.2019 – C 21/17 (OVG Lüneburg) –, juris, Rn. 22.

benssphäre zulassen. Das Bundesverwaltungsgericht rekurriert auf formale Aspekte der Entscheidung, nämlich die Berücksichtigung der Verwaltungslast bei der Betrachtung juristischer Personen,[920] sowie der Urteilswirkung der Entscheidung für die Zukunft,[921] die seiner Einschätzung nach eine nur die Sozialsphäre berührende Eingriffstiefe habe.[922] Die Berücksichtigung der Verwaltungslast ist keine allgemeine Festlegung einer geringen Schwere des mit der Veröffentlichung verbundenen Eingriffs. Vielmehr ist es eine angemessene Differenzierung im Schutzniveau zwischen juristischen und natürlichen Personen. Eine Bewertung der allgemeinen Schwere des Eingriffs oder der Schwere für natürliche Personen lässt sich daraus nicht ableiten. Nichts anderes gilt für die Wirkung der Entscheidung für die Zukunft. Zwar ist die Wirkung der Entscheidung *ex tunc* der Regelfall, jedoch kann der EuGH Urteile im Einzelfall zeitlich mit Wirkung auf die Zukunft begrenzen.[923] Dogmatisch ist diese Konstruktion auf eine analoge Anwendung des für die Nichtigkeitsklage geltenden Art. 264 Abs. 2 AEUV zurückzuführen.[924] Zentrales Argument für die Beschränkung der zeitlichen Wirkung ist das fundamentale Prinzip der Rechtssicherheit im Unionsrecht.[925] Daneben weicht auch die Tragweite der Nichtigerklärung gem. Art. 264 Abs. 1 AEUV nicht fundamental von der Ungültigkeitsfeststellung im Rahmen des Vorabentscheidungsverfahrens ab.[926] Zwar kommt der *ex nunc*-Wirkung von Gültigkeitsvorlagen ein Ausnahmecharakter zu.[927] Gleichwohl indiziert dieses Ergebnis keinen minderschweren Verstoß gegen das Unionsrecht. Die temporale Begrenzung der Urteilswirkung ist das Ergebnis einer Abwägung der Erfordernisse von Rechtssicherheit und effektivem Rechtsschutz.[928] Zentraler Gedanke der Begrenzung der zeitlichen Wirkung ist es, keinen

---

920 EuGH, verb. Rs. C-92/09 u. C-93/09 (*Schecke*), ECLI:EU:C:2010:662, Rn. 87.

921 EuGH, verb. Rs C-92/09 u. C-93/09 (*Schecke*), ECLI:EU:C:2010:662, Rn. 94.

922 BVerwG, Urt. v. 24.10.2019 – C 21/17 (OVG Lüneburg) –, juris, Rn. 22.

923 EuGH, Rs. 43/75 (*Defrenne II*), ECLI:EU:C:1976:56, Rn. 69 ff.; *Husterhausen*, Die Wirkungen der Urteile des EuGH in der Zeit, S. 103; *Wegener*, in: Calliess/Ruffert, EUV/AEUV/GRC, Art. 267 AEUV, Rn. 53 f.; *Pechstein/Görlitz*; in: Pechstein/Nowak/Häde, EUV/AEUV/GRC, Art. 267 AEUV, Rn. 100; *Ehricke*, in: Streinz, EUV/AEUV/GRC, Art 267 AEUV, Rn. 75.

924 *Schwarze/Wunderlich*, in: Schwarze, EU-Kommentar, Art. 267 AEUV, Rn. 73; *Pechstein/Görlitz*; in: Pechstein/Nowak/Häde, EUV/AEUV/GRC, Art. 267 AEUV, Rn. 100; *Ehricke*, in: Streinz, EUV/AEUV/GRC, Art 267 AEUV, Rn. 75.

925 EuGH, Rs. C-43/75 (*Defrenne II*), ECLI:EU:C:1976:56, Rn. 69 ff.; *Husterhausen*, Die Wirkungen der Urteile des EuGH in der Zeit, S. 135 f.; *Karpenstein*, in: Leible/Terhechte, EU-VerfahrensR, § 8, Rn 126; *Ehricke*, in: Streinz, EUV/AEUV/GRC, Art. 267 AEUV, Rn. 75.

926 *Husterhausen*, Die Wirkungen der Urteile des EuGH in der Zeit, S. 104 mwN.

927 *Gaitanides*, in: v.d. Gröben/Schwarze/Hatje, Art. 267 AEUV, Rn. 94 ff.

928 *Karpenstein*, in: Grabitz/Hilf/Nettesheim, EuR, Art. 267 AEUV, Rn. 24; *ders.*, in: Leible/Terhechte, EU-VerfahrensR, § 8, Rn 126

„Zustand der Unsicherheit" für vergangene Rechtsverhältnisse zu schaffen.[929] Die Herstellung von Rechtslücken und Inkohärenzen im Unionsrecht soll damit verhindert werden.[930] In der Rs. *Schecke* hat der EuGH die Entscheidung für die Zukunft mit der Vielzahl der Informationsveröffentlichungen begründet.[931] Dieses Argument hat eine starke verwaltungsökonomische Prägung mit Blick auf den berücksichtigten Verwaltungsaufwand für nationale Behörden. Diese Fallgruppe kann man daher als den guten Glauben der Beteiligten in einer Vielzahl bestehender Rechtsverhältnisse einordnen.[932] Aus diesen formellen Begründungsansätzen lässt sich kaum eine so spezifische Wertung wie die von der Norm berührte Lebenssphäre ableiten. Insoweit überzeugt die Argumentation des Bundesverwaltungsgericht nicht, obwohl der Feststellung der Sphäre für die Eingriffsintensität wegen des primär wirtschaftlichen Bezugs der Daten im Ergebnis zuzustimmen ist. Durch die Betroffenheit einer wirtschaftlichen Sphäre ist die Abwägung nach datenschutzrechtlichen Argumentationsmustern nicht zwangsläufig zu Gunsten des Schutzes personenbezogener Daten ausgerichtet.[933]

Darüber hinaus sind auch die Anlässe und Umstände der vorgesehenen Datenverarbeitung im typischerweise geregelten Fall zu beachten.[934] Zentrale Aspekte sind die Streubreite, die Anzahl betroffener Personen und der Umstand, ob die betroffene Person den Anlass für die Datenverarbeitung gesetzt hat.[935] Ebenso sind auf der Ebene der Angemessenheit auch Aspekte der Verfahrensausgestaltung, des Schutzes von Kontrollmechanismen und des Schutzes vor Missbrauch sowie die Datenqualität und die Datensicherheit zu würdigen.[936] Die Regelung muss also klare und präzise Regeln zur Tragweite und zur Anwendung der Norm in Form von Mindestanforderungen für einen effektiven Schutz personenbezogener Daten enthalten.[937] Gleichzeitig muss jede Einschränkung auf das absolut Notwendige begrenzt

929 *Ehricke*, in: Streinz, EUV/AEUV/GRC, Art 267 AEUV, Rn. 75.

930 *Ehricke*, in: Streinz, EUV/AEUV/GRC, Art 267 AEUV, Rn. 75.

931 EuGH, verb. Rs. C-92/09 u. C-93/09 (*Schecke*), ECLI:EU:C:2010:662, Rn. 94.

932 *Husterhausen*, Die Wirkungen der Urteile des EuGH in der Zeit, S. 138.

933 *Klapdor*, Der Begriff des wirtschaftlich Berechtigten, S. 461 f.

934 *Kühling*, in: Pechstein/Nowak/Häde, EUV/GRC/AEUV, Art. 8 GRC, Rn. 69 ff.

935 EuGH, verb. Rs. C-293/12 u. C-594/12 (*Digital Rights Ireland*), ECLI:EU:C:2014:238, Rn. 58; *Kühling*, in: Pechstein/Nowak/Häde, EUV/GRC/AEUV, Art. 8 GRC, Rn. 71.

936 EuGH, verb. Rs. C-293/12 u. C-594/12 (*Digital Rights Ireland*), ECLI:EU:C:2014:238, Rn. 62,66; *Kühling*, in: Pechstein/Nowak/Häde, EUV/GRC/AEUV, Art. 8 GRC, Rn. 71.

937 EuGH (Große Kammer), verb. Rs. C-37/20 u. C-601/20 (*WM u. a./Luxembourg Business Registers*), ECLI:EU:C:2022:912, Rn. 65; Rs. C-817/19 (*PNR*), ECLI:EU:C:2022:491, Rn. 125.

sein.[938] Daneben sind auch die Verwendungsmöglichkeiten in Bezug auf die Zweckerreichung und die rechtlichen und tatsächlichen Möglichkeiten der Weiterverwendung zu bewerten.[939] Dabei sind auch die Möglichkeiten der Weiterverwendung, wie z. B. durch die Kombination mit anderen Datenbeständen, gebührend zu berücksichtigen.[940] Bei der Bewertung der Intensität des Eingriffs im konkreten Fall ist erschwerend auch die potenziell unbegrenzte Abrufbarkeit für den Veröffentlichungszeitraum zu berücksichtigen.[941] Dies wiegt besonders schwer, wenn es um Daten geht, die Auskunft über die Einkommenssituation der betroffenen Person zu geben, die möglicherweise zweckentfremdet werden könnten.[942] In Folge dessen kommt aufgrund der potenziell unbeschränkten Zahl von Nutzern und Abrufen den eingerichteten Garantien zum Schutz vor Missbrauch besonderes Gewicht bei.[943] Ferner ist zu beachten, dass die Gefahren für betroffene Personen sich noch vergrößern, wenn die Daten nicht nur frei abrufbar sind, sondern auch auf Abruf gespeichert werden könnten.[944] Zwar wird durch den Einsatz der *privacy captchas* als TOM gem. Art. 32 DSGVO ein gewisser Schutz vor einem effektiven Abruf zum Zwecke des Missbrauchs geschaffen.[945] Ein Missbrauch dieser Daten lässt sich jedoch nicht mit absoluter Sicherheit verhindern.[946] Dem ist jedoch entgegenzuhalten, dass kein absoluter Schutz gefordert werden kann. Gewisse Schutzlücken und Sicherheitseinbußen, die technisch immanent sind, müssen zur Realisierung der Budgetpublizität und der ihr innewohnenden Schutzzwecke hingenommen werden. Daneben nimmt das Bundesverwaltungsgericht auch Bezug auf die weiteren Schutzvorkehrungen im nationalen Recht. Konkret bezieht es sich auf die Schutz-

---

938 EuGH (Große Kammer), verb. Rs. C-37/20 u. C-601/20 *(WM u. a./Luxembourg Business Registers)*, ECLI:EU:C:2022:912, Rn. 65; Rs. C-817/19 (*PNR*), ECLI:EU:C:2022:491, Rn. 125.

939 EuGH, verb. Rs. C-293/12 u. C-594/12 (*Digital Rights Ireland*), ECLI:EU:C:2014:238, Rn. 59,61; *Kühling*, in: Pechstein/Nowak/Häde, EUV/GRC/AEUV, Art. 8 GRC, Rn. 71; *Klapdor*, Der Begriff des wirtschaftlich Berechtigten, S. 452.

940 *Kühling*, in: Pechstein/Nowak/Häde, EUV/GRC/AEUV, Art. 8 GRC, Rn. 71; *Klapdor*, Der Begriff des wirtschaftlich Berechtigten, S. 452.

941 EuGH (Große Kammer), verb. Rs. C-37/20 u. C-601/20 *(WM u. a./Luxembourg Business Registers)*, ECLI:EU:C:2022:912, Rn. 42.

942 EuGH (Große Kammer), verb. Rs. C-37/20 u. C-601/20 *(WM u. a./Luxembourg Business Registers)*, ECLI:EU:C:2022:912, Rn. 42.

943 EuGH (Große Kammer), verb. Rs. C-37/20 u. C-601/20 (*WM u. a./Luxembourg Business Registers*), ECLI:EU:C:2022:912, Rn. 65.

944 EuGH (Große Kammer), verb. Rs. C-37/20 u. C-601/20 *(WM u. a./Luxembourg Business Registers)*, ECLI:EU:C:2022:912, Rn. 43.

945 BVerwG, Urt. v. 24.10.2019 – C 21/17 (OVG Lüneburg) –, juris, Rn. 26.

946 Diese Feststellung jedoch dahingehend relativierend, dass kein systemisches Defizit vorliegen würde: BVerwG, Urt. v. 24.10.2019 – C 21/17 (OVG Lüneburg) –, juris, Rn. 25.

vorkehrungen und die Bußgeldbewehrung im nationalen Recht.[947] Dies sind jedoch Sicherungsmaßnahmen, die nicht direkt dem Unionsrecht entspringen, sondern Ergebnisse deutscher Gesetzgebung. Diesem Einwand ist jedoch zu entgegnen, dass Art. 24, 25 und 32 DSGVO einen unionsweiten technisch-organisatorischen Schutzstandard schaffen, der alle Mitgliedstaaten zu ausreichenden technischen Schutzvorkehrungen verpflichtet. Hinsichtlich der technisch-organisatorischen Ausgestaltung der Datenbank liegen demzufolge angemessene Schutzstandards vor. Dies gilt sowohl für die unionale Regelung zur Datenbank als auch für die technische Umsetzung in den Mitgliedstaaten, für die der Maßstab der DSGVO gilt. In der Güterabwägung ist darüber hinaus zu beachten, ob eine offene oder eine verdeckte Datenerhebung vorliegt, wobei an die verdeckte Datenerhebung höhere Maßstäbe in der Rechtfertigung zu setzen sind.[948] Dieses Kriterium kann man auch an der Wertung der Informationspflichten gem. Art. 12 ff. DSGVO ableiten, wonach eine verdeckte Datenerhebung nur bei Vorliegen eines entgegenstehenden überwiegenden Interesses möglich ist.[949] Vorliegend findet die Datenverarbeitung bei der Veröffentlichung in der Datenbank in informierter Form statt. Die Beihilfenempfänger werden über Art und Umfang der Veröffentlichungspflichten entsprechend den Regelungen der Art. 12 ff. DSGVO (Art. 99 VO 2116/2021 iVm Art. 60 DurchführungsVO 908/2014) informiert. Die Offenheit der Datenverarbeitung spräche also ebenfalls für eine Verringerung der Intensität des Eingriffs und lege damit die Angemessenheit der Regelung nahe. Aufgrund der leichten Abrufbarkeit durch die Suchmaschine besteht jedoch auch die Gefahr, dass die veröffentlichten Daten im Zusammenhang mit weiteren Recherchen gesehen und so neue Aussagegehalte generiert werden können.[950] Zu berücksichtigen ist jedoch, dass lediglich personenbezogene Daten der Empfänger von Agrarfördermitteln aus der GAP, die einen Schwellenwert von 1.250 € überschreiten, veröffentlicht werden. Demzufolge ist der Adressatenkreis der Regelung sehr klar definiert und eingegrenzt, weshalb in sachlicher Hinsicht nur eine geringe Streubreite anzunehmen ist. Gleichwohl wird ein ganzer Wirtschaftszweig der Regulierung unterworfen. Ein weiterer relevanter Aspekt ist die Veranlassung der gegenständlichen Datenverarbeitung. Vorliegend ist die Veröffentlichung der Daten über die Fördermittel auf einen Antrag, also eine Mitwirkung der betroffenen Personen, zurückzuführen. Die Antragstellung

947 BVerwG, Urt. v. 24.10.2019 – C 21/17 (OVG Lüneburg) –, juris, Rn. 25.

948 *Kingreen*, in: Calliess/Ruffert, EUV/AEUV/GRC, Art. 8 GRC, Rn. 17; *Kühling*, in: Pechstein/Nowak/Häde, EUV/GRC/AEUV, Art. 8 GRC, Rn. 71.

949 *Kingreen*, in: Calliess/Ruffert, EUV/AEUV/GRC, Art. 8 GRC, Rn. 17.

950 *Härtel*, Europäische Leitlinien bzw. Regeln für Agrardaten“ (*European Agricultural Data Governance*), S. 32; schon zum alten Recht: *Wollenschläger*, in: AöR 2010, 364 (395); *GA Sharpston*, Schlussantr. verb. Rs. C-92/09 u. C-93/09 (*Schecke*), ECLI:EU:C:2010:353, Rn. 92, 96.

ist das Ergebnis einer ökonomisch-autonomen Bewertung der geförderten Landwirte. Die Veröffentlichung ist lediglich eine Annexverpflichtung für die insgesamt hohen Summen an Fördermitteln, welche die Landwirte in der Union erhalten. Folglich setzen die Landwirte selbst den Anlass für die Informationsveröffentlichung. Die Fördermittel sind jedoch ein zentrales Instrument für die Gestaltung der Agrarmärkte in ihrer politisch gewünschten Form als ökonomisches Gesamtsystem. Die Antragstellung selbst ist damit eher ein Formalismus, um am Markt bestehen zu können. Die Agrarbeihilfen machen nämlich ca. 30–70 % des Gesamteinkommens der Landwirte aus.[951] Der vorgesehene Schwellenwert vermag es im Hinblick auf den zu weiten Adressatenkreis nicht, die Beeinträchtigungen für die Rechte und Freiheiten natürlicher Personen auf das absolute Minimum zu beschränken. Zwar ist das Interesse an einer möglichst lückenlosen Aufklärung der Öffentlichkeit zum Zwecke der Beihilfentransparenz, erwachsend aus der Budgetpublizität, ein gewichtiger Belang. In Relation zur Belastung, die von der Veröffentlichung für Inhaber kleinerer landwirtschaftlicher Betriebe oberhalb der De-Minimis-Schwelle ausgeht, ist jedoch die Eignung der Datenbank zur Einzelfallkontrolle nur sehr gering. Die Bedeutung der Einzelfallkontrolle kommt speziell bei einzelnen großen Empfängern eine besondere Relevanz in Folge der wirtschaftlichen Erheblichkeit zu. Selbes gilt für große, möglicherweise auf den ersten Blick branchenfremde Unternehmen, deren Förderung zunächst fernliegend erscheint. Der aktuelle Schwellenwert von 1.250 € spiegelt dies jedoch nicht wider. Viele kleinere Landwirte unterhalb einer aus der wirtschaftlichen Sicht gebotenen höher anzusetzenden Schwelle sind betroffen. In einer Gewichtung des allgemeinen Transparenzanliegens sowie des Bedürfnisses nach einer gesteigerten Einzelfallkontrolle und des Schutzes personenbezogener Daten kleinerer Bauern findet die aktuelle Regelung keinen angemessenen Ausgleich zwischen den kollidierenden Interessenlagen. Demzufolge ist die Regelung unangemessen in Bezug auf den Schutz der Rechte und Freiheiten natürlicher Personen und verletzt damit die Art. 7 und 8 GRC.

5. Verletzung des Art. 101 Abs. 1 S. 2 GG durch das BVerwG

a) EuGH als gesetzlicher Richter iSd Art. 101 Abs. 1 S. 2 GG

Man könnte nach dem Ergebnis der Unvereinbarkeit der Veröffentlichungspflichten mit der Charta andenken, dass die Nichtvorlage im Verfahren vor dem Bundesverwaltungsgericht an den EuGH ein Entzug des gesetzlichen Richters gem. Art. 101 Abs. 1 S. 2 GG ist. Der EuGH ist nach ständiger Rechtsprechung des Bundesverfassungsgerichtes gesetzlicher Richter iSd

951 BVerwG, Urt. v. 24.10.2019 – C 21/17 (OVG Lüneburg) –, juris, Rn. 22.

Art. 101 Abs. 1 S. 2 GG, weshalb nationale Gerichte *ex officio* angehalten sind, im Falle einer Vorlagepflicht gem. Art. 267 Abs. 3 AEUV vorzulegen.[952] Grundsätzlich muss ein nationales letztinstanzliches Gericht in einem schwebenden Verfahren, in dem sich eine Frage des Unionsrechts stellt, im Wege des Vorabentscheidungsverfahrens gem. Art. 267 Abs. 1 AEUV vorlegen, wenn die Frage entscheidungserheblich ist.[953] Eine Nichtvorlage bei einer bestehenden Vorlagepflicht kann ein Entzug des grundrechtlich verbürgten gesetzlichen Richters gem. Art. 101 Abs. 1 S. 2 GG sein.[954] Vorliegend wird der Bezugspunkt des Art. 101 Abs. 1 S. 2 GG und nicht die abstrakte Verletzung einer Vorlagepflicht gem. Art. 267 Abs. 3 AEUV untersucht, da dieser aus Sicht des Rechtsschutzsuchenden der zentrale Ausgangspunkt ist, um zu seinem Recht zu kommen. Eine Verletzung des Art. 101 Abs. 1 S. 2 GG kann als grundrechtsgleiches Recht auch im Wege der Verfassungsbeschwerde gem. Art. 93 Abs. 4a GG geltend gemacht und damit auch rechtlich durchgesetzt werden.[955]

Ein Verstoß gegen das Recht auf den gesetzlichen Richter bei einer bestehenden Vorlagepflicht gem. Art. 267 Abs. 3 AEUV liegt vor, wenn zentrale Wertungen des Grundgesetzes in unvertretbarer, offensichtlich unhaltbarer und mithin willkürlicher Art und Weise wegen einer für den konkreten Rechtsstreit entscheidungserheblichen Frage nicht vorgelegt wird.[956] Bezugspunkt bildet dabei stets die Auslegung der Wertungen des Grundgesetzes wegen des beschränkten Prüfungsmaßstabes der Verfassungsbeschwerde, die auf die Lehre vom spezifischen Verfassungsrecht zurückzuführen ist.[957] Ein Verstoß gegen die Zuständigkeitsregel des Art. 267 Abs. 3 AEUV

---

952 BVerfG (Zweiter Senat), Beschl. v. 6.7.2010 – 2 BvR 2661/06; Rn. 88 = BverfGE 126, 286 (315); BVerfG (3. Kammer des Zweiten Senats), Beschl. v. 19.7.2016 – 2-BvR 470/08– juris, Rn. 52; BVerfG (2. Kammer des Ersten Senats), Beschl. v. 14.1.2021 – 1 BvR 2853/19 –, juris, Rn. 9.

953 BVerfG (2. Kammer des Ersten Senats), Beschl. v. 14.1.2021 – 1 BvR 2853/19 –, juris, Rn. 9, unter Verweis auf: EuGH, Rs. C-283/81 (*CILFIT*), ECLI:EU:C:1982:335, Rn. 13, 21.

954 BVerfG (Zweiter Senat), Beschl. v. 6.7.2010 – 2 BvR 2661/06; Rn. 88 = BverfGE 126, 286 (315); BVerfG (3. Kammer des Zweiten Senats), Beschl. v. 19.7.2016 – 2-BvR 470/08 –, juris, Rn. 55; *Degenhart*, in: Sachs, GG, Art. 101, Rn. 19a; *Wolff*, in: Hömig/Wolff, GG, Art. 101, Rn. 11.

955 Diese Kontrolle bleibt auch unberührt von der Möglichkeit des BVerfG; in der Urteilsverfassungsbeschwerde nach der „*Recht auf Vergessen*"-Rechtsprechung die GRC zu prüfen: BVerfG (Erster Senat), Beschl. v. 6.11.2019 – 1 BvR 276/17, Rn. 75 = BVerfGE 152, 216 (246).

956 BVerfG (3. Kammer des Zweiten Senats), Beschl. v. 19.7.2016 – 2-BvR 470/08 –, juris, Rn. 52; *Wolff*, in: Hömig/Wolff, GG, Art. 101, Rn. 11.

957 BVerfG (Zweiter Senat), Beschl. v. 6.7.2010 – 2 BvR 2661/06; Rn. 88 = BVerfGE 126, 286 (315); *Thomale*, in: EuR 2016, 510 (512).

dürfte nicht mehr verständlich und mithin offensichtlich unhaltbar sein.[958] Dabei hat das Bundesverfassungsgericht in seiner Kasuistik drei nicht abschließende Fallgruppen zur Annahme eines solchen Verstoßes entwickelt: (1) die grundsätzliche Verkennung einer Vorlagepflicht, (2) das bewusste Abweichen von unionsgerichtlicher Rechtsprechung, sowie (3) die Unvollständigkeit der unionsgerichtlichen Rechtsprechung.[959] Die willkürliche Annahme eines *acte claire* oder *acte éclairé* ist dabei als ein Verstoß zu werten.[960] Das Bundesverfassungsgericht setzt dabei eine zurückgenommene gerichtliche Kontrolldichte bei der Überprüfung der Handhabe durch die Fachgerichte an, weshalb es folglich kein oberstes Vorlagekontrollgericht ist und nur eine Willkürkontrolle vornimmt.[961] Hintergrund dieser Praxis ist, dass das Bundesverfassungsgericht wegen des beschränkten Prüfungsmaßstabes keine Normen außerhalb des Grundgesetzes auf ihre Gültigkeit hin prüfen darf und es andernfalls zu einer Auslegung des Unionsrechts kommen würde, die das Verwerfungsmonopol des EuGH untergraben würde.[962] Aus diesem Grund sind zentrale Aspekte der Kontrolle durch das Bundesverfassungsgericht die Art der Entscheidungsfindung, die Begründung und die Umstände der Nichtbefassung mit dem Unionsrecht. Dies führt im Ergebnis dazu, dass ein Verstoß gegen die Vorlagepflicht nicht zwangsläufig mit einer Verletzung des Art. 101 Abs. 1 S. 2 GG korrespondiert.[963] Es ist jedoch eine Tendenz erkennbar, dass der Kontrollmaßstab in Grundrechtsfragen seitens des Bundesverfassungsgerichts strenger gehandhabt wird.[964] Gleichwohl kommt das Bundesverfassungsgericht nicht vollständig um eine Prüfung unionsrechtlicher Vorschriften herum, da diese letztlich die Basis für die Erwägungen der Entscheidung bei Verletzung einer Vorlagepflicht

958 BVerfG (3. Kammer des Zweiten Senats), Beschl. v. 19.7.2016 – 2 BvR 470/08 –, juris, Rn. 54.

959 BVerfG (3. Kammer des Zweiten Senats), Beschl. v. 19.7.2016 – 2 BvR 470/08 –, juris, Rn. 55; BVerfG (2. Kammer des Ersten Senats), Beschl. v 14.1.2021 – 1 BvR 2853/19 –, juris, Rn. 11.

960 BVerfG (2. Kammer des Ersten Senats), Beschl. v. 14.1.2021 – 1 BvR 2853/19 –, juris, Rn. 14; *Wolff*, in: Hömig/Wolff, GG, Art. 101, Rn. 11.

961 BVerfG (2. Kammer des Ersten Senats), Beschl. v. 14.1.2021 – 1 BvR 2853/19–, juris, Rn. 11.

962 *Thomale*, in: EuR 2016, 510 (513).

963 *Calliess*, in: NJW 2013, 1905 (1907); *Thomale*, in: EuR 2016, 510 (516).

964 Dies unter Verweis auf mehrere Judikate annehmend: *Classen*, in: Mangoldt/Klein/Starck, GG, Art. 101, Rn. 55, unter Verweis auf: BVerfG (Erster Senat), Beschl. v. 13.3.2007, Rn. 72 = BVerfGE 118, 79 (97). Zentrales Argument für die Anpassung der Kontrolldichte ist der effektive Rechtsschutz gem. Art. 19 Abs. 4 S. 1 GG. Manchen Stimmen im Schrifttum geht auch diese Anpassung der Kriterien nicht weit genug, stattdessen wird eine umfassende eigene umfassende Prüfung durch das Bundesverfassungsgericht zur subjektiven Durchsetzung der Vorlagepflicht gefordert: *Thomale*, in: EuR 2016, 510 (524).

wegen der Kriterien der *CILFIT*-Rechtsprechung sind.[965] Ein klares Beispiel für eine Überschreitung ist es, wenn das Gericht mögliche Gegenauffassungen zur entscheidungserheblichen Frage, die eindeutig vorzuziehen sind, verkennt.[966]

b) Subsumtion auf die Entscheidung des Bundesverwaltungsgerichts

Vorliegend ist eine grundsätzliche Vorlagepflicht anzunehmen, da es sich um eine Entscheidung des Bundesverwaltungsgerichts, mithin der letzten Instanz der deutschen Verwaltungsgerichtsbarkeit, handelt. Entscheidungen des Bundesverwaltungsgerichts können nicht mit ordentlichen Rechtsbehelfen, wie beispielsweise der Berufung, der Revision oder der Nichtzulassungsbeschwerde, angegriffen werden.[967] Oberste Bundesgerichte wie das Bundesverwaltungsgericht sind stets zur Vorlage verpflichtet.[968]

Darüber hinaus müsste die Frage auch entscheidungserheblich sein. Für die Verletzung einer Vorlagepflicht kann die erhöhte Kontrolldichte des Bundesverfassungsgerichts in Grundrechtsfragen, wie es sie im vorliegenden Fall ist, sprechen. Diese würde unter Verweis auf die vom Autor zugrunde gelegte Auffassung zu einem Verstoß führen. Zunächst ist festzuhalten, dass das Bundesverwaltungsgericht bewusst von einer Vorlage abgesehen hat, da die streitgegenständliche Norm seiner Einschätzung nach rechtmäßig war, weshalb eine Vorlage entbehrlich sei.[969] Das Bundesverwaltungsgericht war sich also der unionsrechtlichen Tragweite bewusst. Ferner greift das Bundesverwaltungsgericht wie bereits festgehalten an mehreren Stellen auf die Rechtsprechung des EuGH in der Rs. *Schecke* zurück. Das Gericht ist sich seiner Judikatur, mithin der Wertungen der Unionsrechtsprechung, bewusst. Folglich hat es sich hinreichend kundig gemacht. Das Bundesverwaltungsgericht nennt umfassend die Gründe, weshalb es von einer Vorlage absieht und von einer Vereinbarkeit mit den Grundrechten der GRC ausgeht.[970] Es

---

965 *Thomale*, in: EuR 2016, 510 (513). Dabei ist jedoch die Frage der Gültigkeit eines Rechtskates von der Frage der Anwendung zu trennen. Eine Überprüfung der Ebene der Rechtsanwendung ist seit der „*Recht auf Vergessen II*"-Rechtsprechung des Bundesverfassungsgerichtes möglich.

966 BVerfG (2. Kammer des Ersten Senats), Beschl. v. 14.1.2021 – 1 BvR 2853/19 –, juris, Rn. 14.

967 *Wegener*, in: Calliess/Ruffert, EUV/AEUV/GRC, Art. 267 AEUV, Rn. 27; *Ehricke*, in: Streinz, EUV/AEUV/GRC, Art. 267 AEUV, Rn. 43.

968 *Görlitz/Pechstein*, in: Pechstein/Nowak/Häde, EUV/AEUV/GRC, Art. 267 AEUV, Rn. 56; *Ehricke*, in: Streinz, EUV/AEUV/GRC, Art. 267 AEUV, Rn. 43.

969 BVerwG, Urt. v. 24.10.2019 – C 21/17 (OVG Lüneburg) –, juris, Rn. 8, unter Verweis auf: EuGH, Rs. C-283/81 (*CILFIT*), ECLI:EU:C:1982:335, Rn. 21.

970 Dies als Indiz einordnend: *Wolff*, in: Hömig/Wolff, GG, Art. 101, Rn. 11; *Classen*, in: Mangoldt/Klein/Starck, GG, Art. 101, Rn. 56. Das Unterlassen einer Begründung ist

stellt klar, warum der angepasste Rechtsrahmen mit den Gewährleistungen der GRC im Einklang steht. Für diese Position spricht aus der Sicht des zuständigen Spruchkörpers die grundsätzliche Rechtmäßigkeitsvermutung zu Gunsten von Unionsrechtsakten.[971] Ferner hat es auch die Rechtsprechung des österreichischen Bundesverwaltungsgerichtes, das ebenfalls für die Rechtmäßigkeit plädiert hat, als Auffassung herangezogen.[972] In dieser Konsequenz hat das Bundesverwaltungsgericht eine aus unionsrechtlicher Sicht gut vertretbare Auffassung entwickelt, ungeachtet des Umstandes, dass der Verfasser im Ergebnis eine andere Sichtweise vertritt. Das Bundesverwaltungsgericht hat mithin seinen Beurteilungsspielraum nicht in unvertretbarer Art und Weise überschritten. Es hat folglich keine verfassungsrechtlich fehlerhafte eigene Auslegung des Unionsrechts vorgenommen. Folglich hat das Bundesverwaltungsgericht keine Vorlagepflicht in einer Art und Weise verletzt, dass ein Verstoß gegen Art. 101 Abs. 1 S. 2 GG vorliegen würde.

jedoch nicht per se ein Verstoß gegen Art. 101 Abs. 1 S. 2: BVerfG (1. Kammer des Zweiten Senats), Beschl. v. 20.2.2017-2 BvR 63/15 –, juris, Rn. 5.

971 EuGH, Rs. C-362/14 (*Schrems I*), EU:C:2015:650, Rn. 52; Rs. C-63/14 (*Kommission/Frankreich*), Rn. 44; Rs. C-465/01, ECLI:EU:C:2004:585, Rn. 18; *Danwitz*, in: Dauses/Ludwigs; EU-WirtschaftsR, Kapitel B. II, Rn. 67; *Gundel*, in: Pechstein/Nowak/Häde, EUV/AEUV/GRC, Art. 288 AEUV, Rn. 8.

972 BVerwG, Urt. v. 24.10.2019 – C 21/17 (OVG Lüneburg) –, juris, Rn. 8.

D. Schlussbetrachtung

Nachfolgend wird ein Fazit in Form einer Zusammenfassung der zentralen Ergebnisse zur Erkenntnissicherung vorgestellt. Im Anschluss werden ein übergreifendes Gesamtfazit und ein Ausblick gebildet sowie rechtspolitische Gestaltungsoptionen aufgezeigt.

I. Erkenntnissicherung

Abschließend ist festzuhalten, dass die aktuelle Regelung des Art. 98 Abs. 1 VO 2116/2021 in besonderem Maße ein haushaltsrechtliches Transparenzanliegen verfolgt. Dieses Anliegen wiederum verfolgt mit der allgemeinen Trabsparenzherstellung als informationsfreiheitlicher Intention und der Betrugsprävention zwei verschiede Ziele. Diese werden in effektiver und effizienter Art und Weise durch die derzeitige rechtliche und tatsächliche Ausgestaltung durch die leichte Abrufbarkeit und den entstehenden Abschreckungseffekt verfolgt. Bei der Betrachtung der Verknüpfung von Ziel (Transparenz) und Wirkung (Effektivität und Effizienz) ist die Beihilfentransparenzdatenbank in Bezug auf die vorgenannten Kriterien in hohem Maße wohlgeordnet.

Die Regelung des Art. 98 VO 2216/2021 selbst enthält keine Angaben zu möglichen Nachhaltigkeitszielsetzungen. Unter Beachtung der Wertung des Erwgg. 84 S. 3 VO 2116/2021 lässt sich jedoch ein ökologischer Ansatzpunkt im Lichte der unionsrechtlichen Querschnittsverpflichtungen aus Art. 3 Abs. 3 S. 2 EUV, Art. 11 AEUV sowie Art. 37 GRC ableiten. Aus Sicht des Nachhaltigkeitskriteriums des wohlgeordneten Rechts besteht damit ein Optimierungspotenzial in puncto Nachhaltigkeit. An dieser Stelle ist *de lege ferenda* eine deutlichere Klarstellung in den Erwägungsgründen durch ein klareres Bekenntnis zu ökologischen Zielsetzungen geboten. Diese explizite Anpassung ist notwendig, um den Willen des Unionsgesetzgebers, eine nachhaltige Zielsetzung zu intendieren, klarzustellen, um diesem Aspekt in einzelnen Auslegungsfragen ein größeres Gewicht beimessen zu können. Dies gilt nicht nur für Auslegungen, die sich unmittelbar auf die Beihilfentransparenzdatenbank beziehen, sondern auch auf andere Bereiche, bei denen Wertungen zur Regelungssystematik der Datenbank übertragen werden.

Bei Betrachtung der Veröffentlichungspflichten im Bereich staatlicher Beihilfen im Rahmen der Kohärenz fallen neben strukturellen Konvergenzen insbesondere weite Divergenzen in der konkreten Ausgestaltung des Rechtsregimes auf. Die Divergenzen sind insbesondere auf die divergierenden Zielsetzungen in den untersuchten Rechtsbereichen zurückzuführen. Im Bereich staatlicher Beihilfen geht es um den Schutz des zwischenstaatlichen

Handelns. Bei der Information über die Unionsbeihilfen geht es hingegen um die Beteiligung der Bürger an einem sehr kostenintensiven Politikfeld und die Betrugsprävention. Im Ergebnis sind keine Widersprüche erkennbar, die eine mangelnde Kohärenz indizieren. Jedoch ergeben sich aus der Betrachtung des Vergleichs Gedanken zur Neuordnung der Transparenz bei den Agrarbeihilfen, die im weiteren Fortgang entwickelt werden. Diese bilden die Inspirationsquelle für den Reformansatz des De-Minimis-Schwellenwertes.

Die Regelung des Art. 98 Abs. 1 VO 2116/2021 steht jedoch nicht im Einklang mit den Art. 7 und 8 GRC. Damit entspricht die untersuchte Norm nicht den Anforderungen des unionalen Grundrechtsschutzes. Es besteht daher ein notwendiger legislativer Anpassungsbedarf. Damit ist die Norm auch als formell nicht nachhaltig einzuordnen.

II. Reformvorschlag zur Anpassung des Rechtsrahmens

Grundlegend gilt es, den Schwellenwert als zentrales Instrument der Verringerung der Eingriffsintensität nach oben zu korrigieren. Fraglich ist, wo man einen sinnvollen Ausgangspunkt der Festlegung treffen sollte. Ein solcher Wert sollte nicht aus der Luft gegriffen sein und möglichst auf eine Art Binnenkohärenz, die auch Ausdruck einer gewissen gesetzgeberischen Wertung ist, so wie es im Rechtsrahmen *de lege lata* die Kohärenz mit der Kleinerzeugerregelung ist, sein.

Härtel schlägt vor, eine mögliche Kohärenz mit dem Schwellenwert für De-Minimis-Beihilfen aus dem Bereich staatlicher Agrarbeihilfen zu übertragen.[973] Dies wären nach dem aktuellen Rechtsrahmen 20.000 € auf einen Zeitraum von drei Steuerjahren. Dies wäre also mehr als eine Verfünffachung bei einem kohärenten Maßstab, der auch dieselbe Gruppe Adressaten, nämlich Landwirte, umfasst. Gleichwohl relativiert *Härtel* den argumentativen Ausgangspunkt dahingehend, dass der parallele Ansatz zwar an sich begrüßenswert sei, die Summe jedoch wohl immer noch zu niedrig wäre.[974] Die Einschätzung von *Härtel* trifft dabei partiell zu. Der mit der De-Minimis-Verordnung kohärente Schwellenwert wäre zwar dogmatisch passend und damit ein naheliegender Ausgangspunkt, im Ergebnis nach wirtschaftlicher Betrachtung jedoch immer noch zu niedrig. Daher ist eine Anpassung des Schwellenwertes auf 60.000 € in Parallele zu den Schwellenwerten

---

973 *Härtel*, in: Streinz, EUV/AEUV/GRC, Art. 38 AEUV, Rn. 49.

974 *Härtel*, in: Streinz, EUV/AEUV/GRC, Art. 38 AEUV, Rn. 49, wobei wegen des alten Rechtsrahmens ein De-Minimis-Schwellenwert von 15.000 € genannt wird. Kaufkraftbereinigt macht die Differenz hinsichtlich ihrer inhaltlichen Wertung jedoch keinen kategorischen Unterschied.

der Gruppenfreistellungs-Verordnungen im Agrarsektor für deren Veröffentlichungspflichten geboten. Es handelt sich um einen deutlich höheren Schwellenwert im Vergleich zum allgemeinen De-Minimis-Schwellenwert, der jedoch ebenfalls auf eine agrarsektorale Wertung, welcher die jeweiligen Wirtschaftsteilnehmer im Binnenmarkt unterliegen, zurückzuführen ist. Zwar werden im Bereich staatlicher Beihilfen und mit der Publikation ihrer Gewährung grundsätzlich andere Schutzzwecke verfolgt. Konkret wird primär der Konkurrentenschutz für Wettbewerber im Binnenmarkt verfolgt. Dem Konkurrentenschutz kommt damit auch die Aufgabe des Schutzes des zwischenstaatlichen Handels und damit des Binnenmarktes zu. Dabei ist jedoch zu beachten, dass die jeweils geförderten Landwirte typischerweise unter Zugrundelegung einer wirtschaftlichen Betrachtung auch beiden Veröffentlichungsregimen unterliegen. Aus Sicht der Adressaten kumuliert sich damit ab diesem Schwellenwert die Regulierung in Bezug auf staatliche Beihilfen wie für die Unionsbeihilfen gleichzeitig und schafft damit einen einheitlichen Publizitätsmaßstab. Der Reformansatz bezieht sich sowohl auf juristische als auch auf natürliche Personen. Zwar wäre die Rechtfertigung tiefer gehender Eingriffe bei juristischen Personen möglich. Dabei ist jedoch der Verwaltungsaufwand für die nationalen Behörden zu beachten. Demnach ist die Pauschalisierung zu Gunsten juristischer Personen im Sinne der Verwaltungsökonomie hinzunehmen.

III. Ausblick und Resümee

Die gemeinsame Agrarpolitik ist ein Rechtsbereich, der mit immensen Kosten verbunden ist und dessen Gestaltung erhebliche Folgen für die Gesellschaft und die Umwelt hat. Dabei stehen die Landwirte in einem grundlegenden Spannungsverhältnis zwischen dem Umweltschutz, der auch die Basis der Sicherung ihrer Lebensgrundlage ist, und dem ökonomischen Wirtschaften, das essenziell ist, um das Recht auf Nahrung für breite Bevölkerungsgruppen zu sichern. Aufgrund dieser Umstände ergibt sich, wie bereits skizziert, ein rechtspolitischer Rechtfertigungszwang bei der Union. Ein wichtiges Mittel für die Einbindung der Bevölkerung in den politischen Diskurs ist *Open Data*. Der hohe Kostenfaktor ist daher der Grund für die Veröffentlichungen. Der aktuelle Rechtsrahmen bringt *de lege lata* jedoch nicht die konfligierenden Rechtsgüter in einen angemessenen Ausgleich. Er überschreitet damit die Grenzen des grundrechtlichen Datenschutzes für hoheitliches Informationshandeln. Die Herstellung eines rechtmäßigen Zustandes ist jedoch durch die vorgeschlagenen aus gesetzgeberischer Sicht minimalinvasiven Anpassungen korrigierbar. Wie sich aus der Evaluation am Maßstab des wohlgeordneten Rechts ergibt, ist die Datenbank auch ein hervorragendes Mittel zur Verfolgung der aufgestellten rechtspolitischen Ziele.

Zunächst ist festzuhalten, dass die grundlegend verfolgten Ziele der Transparenz bei den Reformbemühungen unberücksichtigt bleiben. In Bezug auf die Effektivität ist eine gewisse Absenkung der Effektivität der Datenbank anzunehmen, da der Kreis der anonym veröffentlichten Erzeuger größer und die Kontrollmöglichkeit wegen der Grobmaschigkeit kleiner wird. Diese Einbuße an der effektiven Transparenzherstellung ist jedoch unter dem Gesichtspunkt eines effektiven Grundrechts- und Datenschutzes hinzunehmen. Gleichwohl bleiben die grundlegend bereits dargestellten Vorteile der Effizienz durch das Mittel der Beihilfentransparenzdatenbank unberührt. Durch die Klarstellung der Bedeutung der ökologischen Tragweite und der Bedeutung der Datenbank wird die Dimension der materiellen Nachhaltigkeit in puncto ökologischer Nachhaltigkeit gefördert. Gleichzeitig wird auch die formelle Nachhaltigkeit durch eine mit den Grundrechten vereinbare Norm sichergestellt. Durch den Gleichlauf der Veröffentlichungspflicht der Unionsbeihilfen mit denen der Empfänger staatlicher Beihilfen im Agrarsektor wird eine auf der Makroebene kohärente Regelungsstruktur geschaffen. Dabei sehen sich die Landwirte, die von mehreren Seiten Fördermittel empfangen, vielfältigen Publikationspflichten, etwa im Bereich staatlicher Beihilfen, ausgesetzt. Dabei ist es ratsam, diese möglichst aufeinander abzustimmen, damit die Adressaten sich auf diese sehr ähnlich auf die Grundrechtsträger wirkenden Maßnahmen einstellen können. Auf diesem Wege wird die Herstellung der Transparenz so effektiv wie es mit den unionsrechtlichen Schutzniveaus ist, im Zusammenspiel mit der Gesamtrechtsordnung realisiert.

Literaturverzeichnis

Ackermann, Jan: Wohlgeordnetes Agrarwettbewerbsrecht mit Blick auf Erzeugerorganisationen und unlautere Handelspraktiken, Baden-Baden 2020, zugl. Diss. [Zit.: *Ackermann*, Wohlgeordnetes Agrarwettbewerbsrecht, S. (..).]

Albers, Marion: Datenschutzrecht, in: Ehlers, Dirk/Fehling, Michael/Bünder, Hermann (Hrsg.), Besonderes Verwaltungsrecht; Bd. II, 4. Aufl., Heidelberg 2020, § 62 [Zit.: *Albers*, in: Ehlers/Fehling/Bünder, VwR-BT, Bd. II, § 62, Rn. (..).]

Albers, Marion: Informationelle Selbstbestimmung, Baden-Baden 2005, zugl. Habil. [Zit.: *Albers*, Informationelle Selbstbestimmung, S. (..).]

Austermann, Philipp/Schmahl, Stefanie (Hrsg.): Abgeordnetenrecht, 2. Aufl., Baden-Baden 2023 [Zit.: *Bearbeiter*, in: Austermann/Schmahl, AbgG, § (..), Rn. (..).]

Balland, Emanuelle: Wohlgeordnetes Mobilitätsrecht im Mehrebenensystem: Klimaschutz, Smart City, Stadtverkehrsplanung in Deutschland und Frankreich, Baden-Baden 2022, zugl. Diss [Zit.: *Balland*, Wohlgeordnetes Mobilitätsrecht, S. (..).]

Bartosch, Andreas (Hrsg.): EU-Beihilfenrecht, 3. Aufl., München 2020 [Zit.: *Bartosch*, in: Bartosch, EU-BeihilfenR, Art. (..).]

Beckmann, Martin (Hrsg.): Landmann/Rohmer, Umweltrecht, 102. EL, München September 2023 [Zit.: *Bearbeiter*, in: Landmann/Rohmer, UmweltR, Art./§ (..), Rn. (..).]

Belger, Guido: Das Agrarbeihilfenrecht: Grundlagen, Sonderstellung im europäischen Wirtschaftsrecht, Verwaltungsvollzug und Transparenz, Baden-Baden 2012, zugl. Diss. [Zit.: *Belger*, Agrarbeihilfenrecht, S. (..).]

Bertram, Alice Regina: Recht auf Ineffizienz – Eine Untersuchung des Verhältnisses von Grundrechten zur Effizienz, in: Der digitalisierte Staat – Chancen und Herausforderungen für den modernen Staat, S. 85 ff., Baden-Baden 2020 [Zit.: *Bertram*, in: Der digitalisierte Staat, S. 85 (..).]

Birnstiel, Alexander/Bungenberg, Marc/Heinrich, Helge (Hrsg.): Europäisches Beihilfenrecht, Baden-Baden 2013 [Zit.: *Bearbeiter*, in: Birnstiel/Bungenberg/Heinrich, EU-BeihilfenR, Kapitel (..), Rn. (..).]

Bobek, Michal: Joined Cases C-92/09 and C-93/09, *Volker und Markus Schecke GbR und Hartmut Eifert* judgement of the Court of Justice (Grand Chamber) of 9 november 2010, CMLR 2011, 48 (6) [Zit.: *Bobek*, in: CMLR 2011, 48 (6), S. (..).]

Bock, Kirsten/Engeler, Malte: Die verfassungsrechtliche Wesensgehaltsgarantie als absolute Schranke im Datenschutzrecht, in: DVBl 2016, 593 ff. [Zit.: *Bock/Engeler*, in: DVBl 2016, 593 (..).]

Breuer, Marten: Datenschutz, in: Heselhaus, Sebastian/Nowak, Carsten (Hrsg.), Handbuch der europäischen Grundrechte, 2. Aufl., München 2020, § 25 [Zit.: *Breuer*, in: Heselhaus/Nowak, EU-GrundR, § 25, Rn. (..).]

Brink; Stefan/Wolff, Heinrich Amadeus: Anmerkung zu EuGH verb. Rs. C-92/09 und C-93/09, in: JZ 2011, 206 ff. [Zit.: *Brink/Wolff*, in: JZ 2011, 206 (..).]

Brockhaus, Robert: Geheimnisschutz und Transparenz, Tübingen 2023, zugl. Diss. [Zit.: *Brockhaus*, Geheimnisschutz und Transparenz, S. (..).]

Bröhmer, Jürgen: Transparenz als Verfassungsprinzip: Grundsatz und europäische Union, Tübingen 2004, zugl. Habil. [Zit.: *Bröhmer*, Transparenz als Verfassungsprinzip, S. (..).]

Burghardt, Felix: Grundrechtlicher Datenschutz zwischen Europarecht und Grundgesetz, Hamburg 2013, zugl. Diss. [Zit.: *Burghardt*, Grundrechtlicher Datenschutz zwischen Europarecht und Grundgesetz, S. (..).]

Burgi, Martin: Klimaschutz und kommunale Selbstverwaltung, in: KlimaRZ 2022, 79 ff. [Zit.: *Burgi*, in: KlimaRZ 2022, 79 (..).]

Burgi, Martin: Klimaverwaltungsrecht angesichts von BVerfG-Klimabeschluss und European Green Deal, in: NVwZ 2021, 1401 ff. [Zit.: *Burgi*, in: NVwZ 2021, 1401 (..).]

Busse, Christian: Agrarrecht, in: Schulze, Reiner/Jannsen, Andre/Kadelbach, Stefan (Hrsg.); Handbuch Europarecht, 4. Aufl. 2020, § 26 [Zit.: *Busse*, in: Schulze/Jannsen/Kadelbach, EuR, § 26, Rn. (..).]

Busse, Christian: Das Recht der Gemeinsamen Agrarpolitik, in: Dombert, Matthias/Witt, Karsten (Hrsg.); Münchner Anwaltshandbuch zum Agrarrecht, 3. Aufl., München 2022, § 27 [Zit.: *Busse*, in: Dombert/Witt, AgrarR, § 27, Rn. (..).]

Bux, Udo: Das Haushaltsrecht und die neue Haushaltsordnung der EU, in: ZfRV 2013, 54 ff. [Zit.: *Bux*, in: ZfRV 2013, 54 (..).]

Calliess, Christian/Dross, Miriam: Umwelt- und Klimaschutz als integraler Bestandteil der Wirtschaftspolitik Überlegungen im Lichte von European Green Deal und Corona-Recovery Plan, in: ZUR 2020, 456 ff. [Zit.: *Calliess/Dross*, in: ZUR 2020, 456 (..).]

Calliess, Christian/Ruffert, Matthias (Hrsg.): EUV/AEUV/GRC, 6. Aufl., Baden-Baden 2022 [Zit.: *Bearbeiter*, in: Calliess/Ruffert, Art (..), Rn. (..).]

Calliess, Christian: Der EuGH als gesetzlicher Richter im Sinne des Grundgesetzes-Auf dem Weg zu einer kohärenten Kontrolle der unionsrechtlichen Vorlagepflicht?, in: NJW 2013, 1995 ff. [Zit.: *Calliess*, in: NJW 2013, 1995 (..).]

Christiansen, Ranghild: Effektive und effiziente Widerrufsrechte, Jena 2011, zugl. Diss. [Zit.: *Christiansen*, Effektive und effiziente Widerrufsrechte, S. (..).]

Cornils, Matthias: Der grundrechtliche Rahmen für ein (trans-)nationales Datenschutzrecht im digitalen Zeitalter, in: Datenschutz im digitalen Zeitalter – global, europäisch, national, S. 11 ff., München 2014 [Zit.: *Cornlis*, Datenschutz im digitalen Zeitalter, S. 11 (..).]

Cornils, Matthias: Schrankendogmatik, in: Grabenwarter, Christoph (Hrsg.); Enzyklopädie Europarecht, Bd. 2: Europäischer Grundrechtsschutz, 2. Aufl., Baden-Baden 2021, § 7 [Zit.: *Cornlis*, in: Grabenwarter, EU-GrundR, § 7, Rn. (..).]

Danne; Marius/Roth, Maximilian: Privatisierungsgrenzen im operativen Sicherheitsrecht, in: NVwZ 2020, 1633 ff. [Zit.: *Danne/Roth*; in: NVwZ 2020, 1633 (..).]

Dauses, Manfred/Ludwigs, Markus (Hrsg.): Handbuch des EU-Wirtschaftsrechts, 59. EL., München Oktober 2023 [Zit.: *Bearbeiter*, in: Dauses/Ludwigs, EWR, Teil (..), Rn. (..).]

Denninger, Erhard: Zur Veröffentlichungspolitik der Europäischen Arzneimittel-Agentur: Rechtsgutachten zur Rechtmäßigkeit der European Medicines Agency policy on publication of clinical data for medicinal products for human use, in: PharmR 2015, 7 ff. [Zit.: *Denninger*, in: PharmR 2015, 7 (..).]

Deutscher Bauernverband: Situationsbericht 2022/23 (Online verfügbar) [Zit.: DBV, Situationsbericht 22/23, S. (..).]

Deyberova, Kristina/Nyssens, Harold: The new General Block Exemption Regulation (GBER): What changed?, in: EStAL 2009, 27 ff. [Zit.: *Deyberova/ Nyssens*, in: EStAL 2009, 27 (..).]

Dobler, Carsten: Geschäftsgeheimnisschutz und investigativer Journalismus, Baden-Baden 2023, zugl. Diss [Zit.: *Dobler*, Geschäftsgeheimnisschutz, S (..).]

Dorn, Jenny Katharina: Private und administrative Rechtsdurchsetzung im europäischen Beihilfenrecht : Vom indirekten Vollzug zum Kooperationsprinzip, Baden-Baden 2017, zugl. Diss. [Zit.: *Dorn*, Private und administrative Rechtsdurchsetzung im europäischen Beihilfenrecht, S. (..).]

Dörr, Oliver/Grote, Reiner/Marauhn, Thilo (Hrsg.): Konkordanzkommentar zum europäischen und deutschen Grundrechtsschutz, Bd. I, 3. Aufl., Tübingen 2022 [Zit.: *Bearbeiter*, in: Dörr/Grote/Marauhn, EMRK/GG, Kapitel (..), Rn. (..).]

Drechsler, Stefan: Unionsgrundrechte unter dem Einfluss des Prozessrechts, Baden-Baden 2019, zugl. Diss. [Zit.: *Drechsler*, Unionsgrundrechte unter dem Einfluss des Prozessrechts, S. (..).]

Drefs, Felix: Die Öffentlichkeitsarbeit des Staates und die Akzeptanz seiner Entscheidungen, Baden-Baden 2019, zugl. Diss. [Zit.: *Drefs*, Öffentlichkeitsarbeit des Staates, S. (..).]

Edenharter, Andrea: Wie argumentieren EuGH und BVerfG in Grundrechtsfragen; in: EuR 2022, 302 ff. [Zit.: *Edenharter*, in: EuR 2022, 302 (..).]

Eichenhofer, Johannes: Privatheit im Internet als Vertrauensschutz, in: Der Staat 2016,41 ff. [Zit.: *Eichenhofer*, in: Der Staat 2016, 41 (..).]

Englisch, Joachim: Zur Bedeutung des gemeinschaftsrechtlichen Gleichheitssatzes im Recht der Gemeinschaftsbeihilfen, in: EuR 2009, 488 ff. [Zit.: *Englisch*, in: EuR 2009, 488 (..).]

Ennöckl, Daniel: EuGH zur Veröffentlichung von EU-Agrarbeihilfen: (vorläufiges) Ende der Transparenz?, in: ÖJZ 2011, 955 ff. [Zit.: *Ennöckl*, in: ÖJZ 2011, 955 (..).]

Ennuschat, Jörg: Wege zur besseren Gesetzgebung – sachverständige Beratung, Begründung, Folgenabschätzung und Wirkungskontrolle, in: DVBl 2004, 986 ff. [Zit.: *Ennuschat*, in: DVBl 2004, 986 (..).]

Ernst, Stefan: Die Einwilligung nach der Datenschutzgrundverordnung, in: ZD 2017, 110 ff. [Zit.: *Ernst*, in: ZD 2017, 110 (..).]

EU-Kommission: 32. Jahresbericht über den Schutz der finanziellen Interessen der Europäischen Union und die Betrugsbekämpfung 2020, KOM (2021) 578 final [Zit.: KOM (2021) 578 final, S. (..).]

EU-Kommission: Aktionsplan staatliche Beihilfen, KOM (2005) 107 endg. [Zit.: KOM (2005) 107 endg., S. (..).]

EU-Kommission: Die Stunde Europas – Schäden beheben und Perspektiven für die nächste Generation eröffnen, KOM (2020) 456 final [Zit.: KOM (2020) 456 final, S. (..).]

EU-Kommission: Grünbuch „Europäische Transparenzinitiative" KOM (2006) 194 endg. [Zit.: KOM (2006) 194 endg., S. (..).]

EU-Kommission: Investitionsplan für ein zukunftsfähiges Europa Investitionsplan für den europäischen Grünen Deal, KOM (2020) 21 final [Zit.: KOM (2020) 21, S. (..).]

Europäischer Datenschutzausschuss: Leitlinien 07/2020 zu den Begriffen „Verantwortlicher" und „Auftragsverarbeiter" in der DSGVO, Version 2.0, 7. Juli 2021 [Zit.: *EDSA*, Leitlinien 07/2020, Stand:07.07.2021, Rn. (..).]

Federrath; Hannes/Fuchs; Karl-Peter/Herrmann, Dominik/ Maier, Daniel, Scheuer, Florian/ Wagner, Kai: Grenzen des „digitalen Radiergummis", in: DuD 2011, 403 ff. [Zit.: *Fedderath/Fuchs/Hermann/Maier/Scheuer/Wagner*, in: DuD 2011, 403 (..).]

Fidell, Eugene R.: Transparency, in: Hastings Law Journal, 2009, Vol. 61, no. 2, S. 457 ff. [Zit.: *Fidell*, HLJ, Vol. 62, no. 2, 457 (..).]

Fiebelkorn, Vera/Petzold, Hans-Arno: EU-Förderung in geteilter Mittelverwaltung-am Beispiel des europäischen Struktur und Investitionsfonds, in: EuR 2020, 536 ff. [Zit.: *Fiebelkorn/Petzold*, in: EuR 2020, 536 (..).]

Flaskühler, Christina Agnetha: Föderale Klimaschutzgesetzgebung in Deutschland im Lichte des wohlgeordneten Rechts, Baden-Baden 2018, zugl. Diss. [Zit.: *Flaskühler*, Föderale Klimaschutzgesetzgebung, S. (..).]

Frenz, Walter: Die europäische Unternehmerfreiheit, in: GewA 2009, 427 ff. [Zit.: *Frenz*, in: GewA 2009, 427 (..).]

Frenz, Walter: Kohärente und systematische nationale Normgebung – nicht nur im Glücksspielrecht, in: EuR 2012, 344 ff. [Zit.: *Frenz*, in: EuR 2012, 344 (..).]

Fritzsche, Klaus-Christian: Innovative Lebensmittel im europäischen Verwaltungsverfahrensrecht: Die Zulassung von Novel Food als Risikoentscheidung, Baden-Baden 2020, zugl. Diss. [Zit.: *Fritzsche*, Innovative Lebensmittel, S. (..).]

Gajeck, Niclas Alexander: Das Wirtschaftsgeheimnis in der Verfassung: Betriebs- und Geschäftsgeheimnisse im Lichte der Art. 12 I, 14 GG, Baden-Baden 2018, zugl. Diss. [Zit.: *Gajeck*, Wirtschaftsgeheimnis, S. (..).]

Gärditz, Klaus Ferdinand: Nachhaltigkeit durch Partizipation der Öffentlichkeit, in: Kahl (Hrsg.), Nachhaltigkeit durch Organisation und Verfahren, Tübingen 2016, S. 351 ff. [Zit.: *Gärditz*, in: Kahl, Nachhaltigkeit durch Organisation und Verfahren, S. 351 (..).]

Geiger, Rudolf/Khan, Daniel-Erasmus/ Kotzur, Markus, Kirchmaier, Lando (Hrsg.): EUV/AEUV, 8. Aufl., München 2023 [Zit.: *Bearbeiter*, in: Geiger/Khan/Kotzur/Kirchmaier, EUV/AEUV, Art. (..), Rn. (..).]

Gersdorf, Hubertus/Paal, Boris P. (Hrsg.): BeckOK Informations- und Medienrecht, 43. Aufl., München, Stand: 01.11.2023 [Zit.: *Bearbeiter*, in: BeckOK-Info/MedienR, Art./§ (..), Rn. (..).]

Goldhammer, Michael: Geschäftsgeheimnis-Richtlinie und Informationsfreiheit, in: NVwZ 2017, 1809 ff. [Zit.: *Goldhammer*, in: NVwZ 2017, 1809 (..).]

Goldhammer; Michael/Sieber, Ferdinand: Juristische Personen und Grundrechtsschutz in Europa, in: JuS 2018, 22 ff. [Zit.: *Goldhammer/Sieber*, in: JuS 2018, 22 (..).]

Grabenwarter, Christoph: Wirtschaftliche Grundrechte, in: Grabenwarter, Christoph (Hrsg.); Enzyklopädie Europarecht, Bd. 2: Europäischer Grundrechtsschutz, 2. Aufl., Baden-Baden 2021, § 14 [Zit.: *Grabenwarter*, in: Grabenwarter, EU-GrundR, § 14, Rn. (..).]

Grabitz, Eberhart/Hilf, Meinhard/Nettesheim, Martin (Hrsg.): Das Recht der Europäischen Union, 80. Aufl., München August 2023 [Zit.: *Bearbeiter*, in: Grabitz/Hilf/Nettesheim, EuR, Art. (..), Rn. (..).]

Grewe, Max: Missbrauchsverbot als Durchsetzungsinstrument: Eine Untersuchung der Schnittstellen des Kartellrechts mit dem Datenschutz-, Lauterkeits- und AGB-Recht, Baden-Baden 2020, zugl. Diss. [Zit.: *Grewe*, Missbrauchsverbot als Durchsetzungsinstrument, S. (..).]

Guckelberger, Anette: Öffentliche Verwaltung im Zeitalter der Digitalisierung-Analysen und Strategien zur Verbesserung des E-Governments aus rechtlicher Sicht, Baden-Baden 2019 [Zit.: *Guckelberger*, Öffentliche Verwaltung im Zeitalter der Digitalisierung, Rn. (..).]

Guckelberger, Anette: Veröffentlichung der Leistungsempfänger von EU-Subventionen und unionsgrundrechtlicher Datenschutz, in: EuZW 2011, S. 126 ff. [Zit.: *Guckelberger*, in: EuZW 2010, 126 (..).]

Gumpp, Tobias: Stellenwert der Erwägungsgründe in der Methodenlehre des Unionsrechts, in: ZfpW 2022, 446 ff. [Zit.: *Gumpp*, in: ZfpW 2022, 446 (..).]

Gusy, Christoph/Müller, Sebastian: Leitbilder im Migrationsrecht, in: ZAR 2013, 265 ff. [Zit.: *Gusy/Müller*, in: ZAR 2013, 265 (..).]

Harings; Lothar/Claasen, Kai-Dieter: Europäische Informationsverwaltung durch behördliche Risikoanalyse Regelungs- und Rechtsschutzdefizite beim internationalen Informationsaustausch am Beispiel des zollrechtlichen AEO-Informationssystems – zugleich Erwägungen zu einem unternehmensbezogenen Datenschutz, in: EuZW 2008, 295 ff. [Zit.: *Harings/Classen*, in: EuZW 2008, 295 (..).]

Härtel, Ines: Agrarrecht, in: Ehlers, Dirk/Fehling, Michael/Bünder, Hermann (Hrsg.); Besonderes Verwaltungsrecht; Bd. I, 4. Aufl., Heidelberg 2019, § 31 [Zit.: *Härtel*, in: Ehlers/Fehling/Bünder, VwR-BT, Bd. I, § 31, Rn. (..).]

Härtel, Ines: Agrarrecht, in: Ruffert, Matthias (Hrsg.); Enzyklopädie Europarecht, Bd. 5 (Europäisches sektorales Wirtschaftsrecht), 2. Aufl., Baden-Baden 2020, § 7 [Zit.: *Härtel*, in: Ruffert, EuropSekWirtschR, § 7, Rn. (..).]

Härtel, Ines: Das europäische Datenschutzgrundrecht in der digitalen „Infosphäre“, in: Nowak/Thiele (Hrsg.), Effektivität des Grundrechtsschutzes in der Europäischen Union-Beiträge zum 10. Jahrestag der rechtsverbindlichen EU-Grundrechtecharta, Baden-Baden 2020, S. 103 ff. [Zit.: *Härtel*, in: Nowak/Thiele, Effektivität des Grundrechtsschutzes in der EU, S. 103 (..).]

Härtel, Ines: Ernährungswirtschaftsrecht – zwischen Steigerung von Komplexität und dem Anspruch wohlgeordneten Rechts, in: Härtel, Ines (Hrsg.), Wege der Ernährungswirtschaft – global, regional, europäisch, Baden-Baden 2017, S. 37 ff. [Zit.: *Härtel*, in: Härtel, Wege der Ernährungswirtschaft, S. 37 (..).]

Härtel, Ines: Europäisches Agrarverwaltungsrecht, in: Terhechte, Jörg Philipp (Hrsg.), Verwaltungsrecht der EU, 2. Aufl., Baden-Baden 2021, § 37 [Zit.: *Nowak*, in: Terhechte, EUVwR, § 37, Rn (..).]

Härtel, Ines: Gesetzgebungsordnung der Europäischen Union, in: Hatje, Armin/Müller-Graff, Christian (Hrsg.), Enzyklopädie Europarecht Bd. 1 (Europäisches Organisations und Verfassungsrecht), 2. Aufl. 2022, § 16 [Zit.: *Härtel*, in: Hatje/Müller-Graff, EU-Orga-und VerfR, § 16, Rn. (..).]

Härtel, Ines: Gutachten zum Thema „Europäische Leitlinien bzw. Regeln für Agrardaten“ (European Agricultural Data Governance) (Online verfügbar) [Zit.: *Härtel*, Europäische Leitlinien bzw. Regeln für Agrardaten“ (European Agricultural Data Governance), S. (..).]

Härtel, Ines: Handbuch Europäische Rechtsetzung, Heidelberg 2006, zugl. Habil. [Zit.: *Härtel*, Europäische Rechtsetzung, S. (..).]

Härtel, Ines: Zwischen Grundwasserschutz und effizienter Landwirtschaft: zur Umsetzungsproblematik der Nitratrichtlinie, in: NuR 2019, 289 ff. [Zit.: *Härtel*, in: NuR 2019, 289 (..).]

Härtel. Ines: Agrar-Digitalrecht für eine nachhaltige Landwirtschaft 4.0, in: NuR 2019, 577 ff. [Zit. *Härtel*, in: NuR 2019, 577 (..).]

Härtel; Ines: Energieeffizienzrecht – ein neues Rechtsgebiet?, in: NuR 2011, 825 ff. [Zit.: *Härtel*, in: NuR 2011, 825 (..).]

Härting; Niko: „Prangerwirkung" und „Zeitfaktor", in: CR 2009, 20 ff. [Zit.: *Härting*, in: CR 2009, 20 (..).]

Heißl, Gregor: Können juristische Personen in ihrem Grundrecht auf Datenschutz verletzt sein?, in: EuR 2017, 561 ff. [Zit.: *Heißl*, in: EuR 2017, 561 (..).]

Hermann, Liza: Scalper Bots – Ein Beispiel für die Divergenz von gewollter Automatisierung & rechtlichen Grenzen, in: CR 2022, 356 ff. [Zit.: *Hermann*, in: CR 2022, 356, Rn. (..).]

Herold, Michael: Staatliche Cyberpranger – Ein „Pflichtenheft" für staatliches Informationshandeln im Internet, Hamburg 2019, zugl. Diss [Zit.: *Herold*, Staatliche Cyberpranger, S. (..).]

Hoeren, Thomas/Sieber, Ulrich/Holznagel, Bernd (Hrsg.): Handbuch Multimedia-Recht, 60. EL, München Stand: Oktober 2023 [Zit.: *Bearbeiter*, in: Hoeren/Sieber/Holznagel, MultimediaR, Teil (..), Rn (..).]

Hollwitz, Hanna: Ein wohlgeordnetes Agrarstrukturverbesserungsgesetz im föderalen Deutschland: Neue Perspektiven für das landwirtschaftliche Grundstücksverkehrsrecht, Baden-Baden 2020, zugl. Diss. [Zit.: *Hollwitz*, Wohlgeordnetes Agrarstrukturverbesserungsgesetz, S. (..).]

Holzer, Gottfried: Ökoarchitektur der Gemeinsamen Agrarpolitik im Umbruch, in: Martinez (Hrsg.), Jahrbuch des Agrarrechts, Bd. XV, Baden-Baden 2021, 67 ff. [Zit.: *Holzer*, in: Jahrbuch des Agrarrechts, Bd. XV 2021, 67 (..).]

Hömig/Wolff (Hrsg.): Grundgesetz, 13. Aufl., Baden-Baden 2022 [Zit.: *Bearbeiter*, in: Hömig/Wolff, GG, Art. (..), Rn. (..).]

Hornung, Gerrit: Anmerkung zu EuGH, Urteil v. 9.11.2010 – verbundene Rs. C-92/09 und C-93/09 (Veröffentlichung von Empfängern von EU-Agrarsubventionen im Internet), in: MMR 2011, 127 f. [Zit.: *Hornung*, in: MMR 2011, 127 (..).]

Huber/Kristoferitsch: Transparency: Let There Be Light?, in: EstAL 2011, 687 ff. [Zit.: *Huber/Kristoferitsch*, in: EStAL 2011, 687 (..).]

Huber; Peter Michael/Voßkuhle; Andreas (Hrsg.): v. Mangoldt//Klein/Starck, Grundgesetz, 7. Aufl., München 2018 [Zit.: *Bearbeiter*, in: Mangoldt/Klein/Starck, GG, Art. (..), Rn. (..).]

Husterhausen, Uwe: Die Wirkungen der Urteile des EuGH in der Zeit – Ein Beitrag zur Problematik der zeitlichen Beschränkung von Urteilswirkungen durch den Gerichtshof der Europäischen Union, Baden-Baden 2016, zugl. Diss [Zit.: *Husterhausen*, Die Wirkungen der Urteile des EuGH in der Zeit, S. (..).]

Jahrmarkt, Lena: Internationales Klimaschutzrecht: Der Weg zu einem Weltklimavertrag im Sinne gemeinsamer, aber differenzierter Verantwortlichkeit, Baden-Baden 2016, zugl. Diss. [Zit.: *Jahrmarkt*, Internationales Klimaschutzrecht, S. (..).]

Jansen, Nils: Die Privilegierung der Landwirtschaft, Baden-Baden 2021, zugl. Diss. [Zit.: *Jansen*, Die Privilegierung der Landwirtschaft, S. (..).]

Jarass, Hans D.: Charta der Grundrechte, 4. Aufl., München 2021 [Zit.: *Jarass*, in: Jarrass, GRC, Art. (..), Rn. (..).]

Jung, Nicolas: Die Vergabe von Unionsbeihilfen: Dargestellt am Beispiel der Landwirtschaftssubventionen in der Europäischen Union, Baden-Baden 2019, zugl. Diss. [Zit.: *Jung*, Unionsbeihilfen, S. (..).]

Jurawitz, Markus: Das Transparenzregister: Mittel und Grenzen der registerbasierten Geldwäschebekämpfung, Berlin 2021, zugl. Diss. [Zit.: *Jurawitz*, Transparenzregister, S. (..).]

Kahl, Wolfgang: Nachhaltigkeit im Lebensmittelrecht, in: ZLR 2017, 147 ff. [Zit.: *Kahl*, in: ZLR 2017, 147 (..).]

Karpenstein, Ulrich: Vorabentscheidungsverfahren, in: Leible; Stephan/Terhechte, Jörn Philipp (Hrsg.): Europäisches Rechtsschutz- und Verfahrensrecht, 2. Aufl. 2021, § 8 [Zit.: *Karpenstein*, in: Leible/Terhechte, EU-VerfahrensR, § 8, Rn. (..).]

Kempka, Sabrina: Das Spannungsverhältnis von Transparenz und Datenschutz: eine Untersuchung am Beispiel FSA-Transparenzkodex, Baden-Baden 2017, zugl. Diss. [Zit.: *Kempka*, Das Spannungsverhältnis von Transparenz und Datenschutz, S. (..).]

Keppeler, Lutz Martin/Bernig, Wilhelm: Technische und rechtliche Probleme bei der Umsetzung von DSGVO-Löschkonzepten, in: ZD 2017, 314 ff. [Zit.: *Keppeler/Bernig*, in: ZD 2017, 314 (..).]

Kirchhof, Paul: Transparenz des öffentlich-rechtlichen Rundfunks, Baden-Baden 2017 [Zit.: *Kirchof*, Transparenz des öffentlich-rechtlichen Rundfunks, S. (..).]

Kläger, Christine: Transparenz im Kartellverfahren der Europäischen Union, Baden-Baden 2012, zugl. Diss. [Zit.: *Kläger*, Transparenz im Kartellverfahren, S. (..).]

Klapdor, Jens: Der Begriff des wirtschaftlich Berechtigten im Rahmen der transparenzregisterrechtlichen Regelungen des Geldwäschegesetzes; Baden-Baden 2021, zugl. Diss. [Zit.: *Klapdor*, Der Begriff des wirtschaftlich Berechtigten, S. (..).]

Kluth, Winfried: Instrumente zur Sicherung von Transparenz beim Haushaltsvollzug, in: DÖV 2021, 510 ff. [Zit.: *Kluth*, in: DÖV 2021, 510 (..).]

Koch, Philipp: Naming and shaming im Kapitalmarktrecht – Die Veröffentlichung von Verstößen als repressive Sanktion, Baden-Baden 2019, zugl. Diss. [Zit.: *Koch*, Naming and shaming im Kapitalmarktrecht, S. (..).]

Köck, Wolfgang: Naturschutz und Landwirtschaft – eine Bilanz aus der Perspektive des Rechts, in: ZUR 2019, 67 ff. [Zit.: *Köck*, in: ZUR 2019, 67 (..).]

Köck, Wolfgang: Rechtlicher Handlungsrahmen und Instrumente für die Erhaltung der Biodiversität in Kulturlandschaften, in: NuR 2010, 530 ff. [Zit.: *Köck*, in: NuR 2010, 530 (..).]

Körber, Torsten/Schweitzer, Heike/Zimmer, Daniel (Hrsg.): Immenga/Mestmäcker, Wettbewerbsrecht, Bd. 5 (Beihilfenrecht), 6. Aufl. 2022 [Zit.: *Bearbeiter*, in: Immenga/Mestmäcker, Bd. 5, Abschnitt (..), Kapitel (..)/Art. (..), Rn. (..).]

Kotzur, Markus: Datenschutz in der europäischen Grundrechtsgemeinschaft, in: EuGRZ 2011,105 ff. [Zit.: *Kotzur*, in: EuGRZ 2011, 105 (..).]

Kreitz, Benedict: Der Anwendungsbereich der gemeinsamen Agrarpolitik der europäischen Union und ihre Stellung im Binnenmarkt, in: LKV 2022, 241 ff. [Zit.: *Kreitz*, in: LKV 2022, 241 (..).]

Kreitz, Benedict: Der befristete Beihilfenrahmen der EU-Kommission unter besonderer Beachtung der Transparenzpflichten – Eine retrospektive Betrachtung, in: LKV 2022, 501 ff. [Zit.: *Kreitz*, in: LKV 2022, 501 (..).].]

Kreitz, Benedict: Die historische Entwicklung der Agrarförderpolitik der EU und die kommenden Förderinstrumente im Zuge der GAP nach 2020, in: EuZW 2022, 896 ff. [Zit.: *Kreitz*, in: EuZW 2022, 896 (..).]

Kreitz, Benedict: Die Ziele der gemeinsamen Agrarpolitik der Europäischen Union gem. Art. 39 AEUV im Lichte der aktuellen Reform, in: NuR 2023, 30 ff. [Zit.: *Kreitz*, in: NuR 2023, 30 (..).]

Kreitz, Benedict: Gedanken zum Schutzbereich des europäischen Datenschutzgrundrechts, in: NJOZ 2024, 65 ff. [Zit.: *Kreitz*, in: NJOZ 2024, 65 (..).]

Krimphove, Dieter: Aktuelle Rechtsfragen des Cross-Compliance (in Landwirtschaft und Umweltschutz) – Cross-Compliance im Umweltschutz und Landwirtschaft, in: NuR 2022, 764 ff. [Zit.: *Krimphove*, in: NuR 2022, 764 (..).]

Krönke, Christoph: Green Funding – Umwelt- und klimapolitisch aufgeladene Wirtschaftssubventionen im demokratischen Rechts-, Bundes- und Finanzstaat, in: NVwZ 2022, 1606 ff. [Zit.: *Krönke*, in: NVwZ 2022, 1606 (..).]

Kühling, Jürgen/Klar, Manuel: Transparenz vs. Datenschutz – erste Gehversuche des EuGH bei der Anwendung der Grundrechtecharta; in: JURA 2011, 771 ff. [Zit.: *Kühling/Klar*, in: JURA 2011, 771 (..).]

Lakner, Sebastian: Streit um den Agrardiesel: Der Versuch einer Einordnung, Streit um den Agrardiesel: Der Versuch einer Einordnung | Lakners Kommentare (wordpress.com) (Online abrufbar) [Zit.:*Lakner*, Streit um den Agrardiesel: Der Versuch einer Einordnung, Streit um den Agrardiesel: Der Versuch einer Einordnung.]

Landwers, Anne-Sophie: Behördliche Öffentlichkeitsarbeit im Recht: Zulässigkeit, Möglichkeiten und Grenzen am Beispiel des Bundeskartellamts und der Bundesanstalt für Finanzdienstleistungsaufsicht, Baden-Baden 2018, zugl. Diss. [Zit.: *Landwers*, Behördliche Öffentlichkeitsarbeit, S. (..).]

List, Meinhard Arend: Die Reichweite des Datenschutzes im unionsrechtlichen Leistungssystem: Eine Analyse anhand des integrierten Verwaltungs- und Kontrollsystems, Baden-Baden 2012, zugl. Diss. [Zit.: *List*, Die Reichweite des Datenschutzes, S. (..).]

Lohmann, Hagen: Die Dogmatik geheimer Unternehmensinformationen im Umweltrecht – Eine rechtsebenenübergreifende Untersuchung, Berlin 2022, zugl. Diss. [Zit.: *Lohmann*, Geheime Unternehmensinformationen, S. (..).]

Lohmann, Hagen: Neuausrichtung des Schutzes von Betriebs- und Geschäftsgeheimnissen im Umweltinformationsrecht (?), in: NuR 2018, 607 ff. [Zit.: *Lohmann*, in: NuR 2018, 607 (..).]

Makowicz, Bartosz: Untersuchungen des Europäischen Amtes für Betrugsbekämpfung in Polen, Münster 2008, zugl. Diss. [Zit.: *Makowicz*, Untersuchungen des Europäischen Amtes für Betrugsbekämpfung in Polen, S. (..).]

Manthey, Benjamin: Das datenschutzrechtliche Transparenzgebot, Baden-Baden 2020, zugl. Diss. [Zit.: *Manthey*, Datenschutzrechtliches Transparenzgebot, S. (..).]

Marsch, Nikolaus: Das europäische Datenschutzgrundrecht, Tübingen 2018, zugl. Habil. [Zit.: *Marsch*, Europäisches Datenschutzgrundrecht, S. (..).]

Mast, Tobias: Gute Öffentlichkeitsarbeit und die Europäische Union, in: ZaöRV, 2021,443 ff. [Zit.: *Mast*, in: ZaöRV 2021, 443 (..).]

Mendler, Peter: Zur ökonomischen und politischinstitutionellen Analyse öffentlicher Kredithilfen, Bern 1992, zugl. Diss. [Zit.: *Mendler*, Analyse öffentlicher Kredithilfen, S. (..).]

Merkt, Hanno: Unternehmenspublizität, Tübingen 2001, zugl. Habil [Zit.: *Merkt*, Unternehmenspublizität, S. (..).]

Meyer, Jürgen/Hölscheidt, Sven (Hrsg.): Charta der Grundrechte der Europäischen Union, 5. Aufl., Baden-Baden 2019 [Zit.: *Bearbeiter*, in: Meyer/Hölscheidt, GRC, Art. (..).]

Meyer, Simon/Hoffmann, Maria Constanze: Die grüne Transformation des europäischen Beihilfenrechts, in: EuZW 2022, 413 ff. [Zit.: *Meyer/Hoffmann*, in: EuZW 2022, 413 (..).]

Michel, Katja: Institutionelles Gleichgewicht und EU-Agenturen-Eine Analyse unter besonderer Berücksichtigung der European Banking Authority, Berlin 2015, zugl. Diss. [Zit.: *Michel*, Institutionelles Gleichgewicht und EU-Agenturen, S. (..).]

Michl, Walther: Das Verhältnis zwischen Art. 7 und Art. 8 GRCh – zur Bestimmung der Grundlage des Datenschutzgrundrechts im EU-Recht, in: DuD 2017, 349 ff. [Zit.: *Michl*, in: DuD 2017, 349 (..).]

Mödinger, Maximilian: Bessere Rechtsetzung, Tübingen 2020, zugl. Diss. [Zit.: *Mödinger*, Bessere Gesetzgebung, S. (..).]

Mögele, Rudolf: Gemeinsame Agrarpolitik und Umwelt- und Klimaschutz – die Vorschläge der Kommission für die Zeit nach 2020; in: Czybulka, Detlef/Köck, Wolfgang: Landwirtschaft und Naturschutzrecht: Beiträge des 13. Deutschen Naturschutzrechtstages in Leipzig, Baden-Baden 2019 [Zit.: *Mögele,* in: Czybulka/Köck, Beiträge des 13. Deutschen Naturschutzrechtstages, 173 (..).]

Mögele, Rudolf: Grundrechtswahrung im EU-Normsetzungsprozess, in: EuR 2020, 3 ff. [Zit.: *Mögele*, in: EuR 2020, 3 (..).]

Monien, Johanna: Prinzipien als Wegbereiter eines globalen Umweltrechts? – Das Nachhaltigkeits-, Vorsorge- und Verursachungsprinzip im Mehrebenensystem, Baden-Baden 2014, zugl. Diss. [Zit.: *Monien,* Prinzipien als Wegbereiter eines globalen Umweltrechts?, S. (..).]

Münch, Lukas/Sendke, Thomas: Unionaler Grundrechtsschutz bei der Anzeigepflicht für grenzüberschreitende Steuergestaltungen, in: IStR 2021, 454 ff. [Zit.: *Münch/Sendke*, in: IStR 2021, 454 (..).]

Nettesheim, Martin: Privatleben und Privatsphäre, in: Grabenwarter, Christoph (Hrsg.); Enzyklopädie Europarecht, Bd. 2: Europäischer Grundrechtsschutz, 2. Aufl., Baden-Baden 2021, § 10 [Zit.: *Nettesheim*, in: Grabenwarter, EU-GrundR, § 10, Rn. (..).]

Norer, Roland/Prichenfried, Sabine: Die Veröffentlichung von EU-Agarbeihilfenempfängern im Rahmen der europäischen Transparenzinitiative: die vergebliche Suche nach Rechtskonformität?, in: Agrarrecht im Lichte des öffentlichen Rechts: Festschrift für Univ.–Prof. Dr. Gottfried Holzer zum 60. Geburtstag, Wien 2007, S. 59 ff. [Zit.: *Norer/Prichenfried*, in: FS Holzer, 59 (..).]

Norer, Roland: Offenlegung von EU-Agrarsubventionsempfängern-Rechtsprechung zwischen Transparenz und Datenschutz, in: AuR 2009, 241 ff. [Zit.: *Norer*, in: AuR 2009, 241 (..).]

Nowak, Carsten: Berufsfreiheit und das Recht zu arbeiten, in: Heselhaus, Sebastian/Nowak, Carsten (Hrsg.); Handbuch der europäischen Grundrechte, 2. Aufl., München 2020, § 34 [Zit.: *Nowak*, in: Heselhaus/Nowak, EU-GrundR, § 34, Rn. (..).]

Nowak, Carsten: Europäisches Verwaltungsrecht und Grundrechte, in: Terhechte, Jörg Philipp (Hrsg.), Verwaltungsrecht der EU, 2. Aufl., Baden-Baden 2021, § 12 [Zit.: *Nowak*, in: Terhechte, EUVwR, § 12, Rn (..).]

Nowak, Carsten: Unternehmerische Freiheit und Wettbewerbsfreiheit, in: Heselhaus, Sebastian/Nowak, Carsten (Hrsg.); Handbuch der europäischen

Grundrechte, 2. Aufl., München 2020, § 35 [Zit.: *Nowak*, in: Heselhaus/Nowak, EU-GrundR, § 35, Rn. (..).]

OLAF: Jahresbericht 2021 (Online Verfügbar) [Zit.: *OLAF*, Jahresbericht 2021, S. (..).]

Olbrisch, Mathias: Lebensmittelqualität im wohlgeordneten Agrar- und Ernährungswirtschaftsrecht, Baden-Baden 2022, zugl. Diss. [Zit.: *Olbrisch*, Lebensmittelqualität, S. (..).]

Ostermann, Gregor-Julius: Transparenz und öffentlicher Meinungsbildungsprozess, Tübingen 2019, zugl. Diss. [Zit.: *Ostermann*, Transparenz und öffentlicher Meinungsbildungsprozess, S. (..).]

Paal; Boris P./Pauly, Daniel A. (Hrsg.): Datenschutz-Grundverordnung/Bundesdatenschutzgesetz, 3. Aufl., München 2021 [Zit.: *Bearbeiter*, in: Paal/Pauly, DSGVO/BDSG, Art./ § (..), Rn. (..).]

Pauling, Reinhard: Aktuelle Rechtsprechung des EuG zu Transparenz und Offenheit (Besprechung des Urteils vom 22.3.2018 in der Rs. De Capitani (T-540/15), in: EuZW 2018, 530 ff. [Zit.: *Pauling*, in: EuZW 2018, 530 (..).]

Pechstein, Matthias/Nowak, Carsten/Häde, Ulrich (Hrsg.): Frankfurter Kommentar, EUV/GRC/AEUV, 2. Aufl., Tübingen 2023 [Zit.: *Bearbeiter*, in: Pechstein/Nowak/Häde, EUV/GRC/AEUV, Art. (..), Rn (..).]

Peers; Steve/Hervey, Tamara/Kenner, Jeff/Ward, Angela (Hrsg.): The EU Charter of Fundamental Rights, 2. Aufl., Baden-Baden 2022 [Zit.: *Bearbeiter*, in: Peers/Hervey/Kenner/Ward, ECHR, Art. (..), Rn. (..).]

Peuker, Enrico: Verfassungswandel durch Digitalisierung, Tübingen 2020, zugl. Habil. [Zit.: *Peuker*, Verfassungswandel durch Digitalisierung, S. (..).]

Pfisterer, Valentin: „Finanzprivatsphäre in Europa“, in: EuR 2016, 553 ff. [Zit.: *Pfisterer*, in: EuR 2016, 553 (..).]

Pfisterer, Valentin: Unternehmensprivatsphäre, Tübingen 2014, zugl. Diss. [Zit.: *Pfisterer*, Unternehmensprivatsphäre, S. (..).]

Pielow, Johann-Christian: Effektives Recht der Energieeffizienz? Herausforderungen an Rechtsetzung und -anwendung, in: ZUR 2010, 115 ff. [Zit.: *Pielow*, in: ZUR 2010, 115 (..).]

Plath, Kai-Uwe (Hrsg.): DSGVO/BDSG/TTDSG, 4. Aufl., Köln 2023 [Zit.: *Bearbeiter*, in: Plath, DSGVO/BDSG/TTDSG, Art./§ (..), Rn. (..).]

Plump, Grazyna Marina: Europäisches Strafrecht nach dem Vertrag von Lissabon: Macht die Reform den Weg frei? – Eine Untersuchung der Grundlagen und Grenzen materieller Strafrechtskompetenzen der EU im Lichte des aktuellen Vertragsrechts, Baden-Baden 2021, zugl. Diss. [Zit.: *Plump*, Europäisches Strafrecht, S. (..).]

Poppe, Anna-Lena/Wedemeyer, Sven: 60 Jahre gemeinsame Agrarpolitik – Ein dogmatischer Vorritt im Unionsrecht, in: EuZW 2022, 1103 ff. [Zit.: *Poppe/ Wedemeyer*, in: EuZW 2022, 1103 (..).]

Poppe, Anna-Lena: Agrardiesel – Eine rechtliche Entwirrung der Argumente und Einordnung, JuWissBlog Nr. 6-2024 v. 26.01.2024, https://www.juwiss.de/6-2024/ (Online abrufbar) [Zit.: *Poppe*, Agrardiesel – Eine rechtliche Entwirrung der Argumente und Einordnung.]

Poppe, Anna-Lena: Die öffentliche Risikovorsorge im Agrarrecht – Ein Grundprinzip, Baden-Baden 2023, zugl. Diss. [Zit.: *Poppe*, Öffentliche Risikovorsorge im Agrarrecht, S. (..).]

Potacs, Michael: Effet Utile als Auslegungsgrundsatz, in: EuR 2009, 465 ff. [Zit.: *Potacs*, in: EuR 2009, 465 (..).]

Quiel, Philipp: Blockchain-Technologie im Fokus von Art. 8 GRC und DS-GVO, in: DuD 2018, 566 ff. [Zit.: *Quiel*, in: DuD 2018, 566 (..).]

Reinhardt, Jörn: Konturen des europäischen Datenschutzgrundrechts, in: AöR 2017, 529 ff. [Zit.: *Reinhardt*, in: AöR 2017, 529 (..).]

Reissner; Hans-Martin/Schier, Carsten: Anmerkung zu EuGH (Große Kammer) Urt. v. 22.11.2022 – C-37/20, C-601/20 (WM ua/Luxembourg Business Registers), in: NVwZ 2023, 157 f. [Zit.: *Reissner/Schier*, in: NVwZ 2023, 157 (..).]

Reus, Andreas/Mühlhausen, Peter/Stöhr, Andreas: Haushalts und Beihilferecht der EU, München 2017 [Zit.: *Reus/Mühlhausen/Ströhr*, EU-Haushalts/BeihilfenR, Kapitel (..), Rn. (..).]

Reus, Andreas/Mühlhausen, Peter: Haushaltsrecht in Bund und Ländern, München 2014 [Zit.: *Reus/Mühlhausen*, HaushaltsR, Kapitel (..), Rn. (..).]

Reuter, Britta: Die Transparenz öffentlicher Einkaufsdaten, Wiesbaden 2020, zugl. Diss. [Zit.: *Reuter*, Transparenz öffentlicher Einkaufsdaten, S. (..).]

Ritzenhoff, Lukas: Beihilfe und Vergaberecht in der Krise – Maßnahmen zur Überwindung der Finanzmarkt- und Wirtschaftskrise, Baden-Baden 2012, zugl. Diss. [Zit.: *Ritzenhoff*, Beihilfe und Vergaberecht in der Krise, Rn. (..).]

Rolfs, Johannes: Technische Schutzvorkehrungen bei Datenbanken und das Lauterkeitsrecht, in: WRP 2017, 1437 ff. [Zit.: *Rolfs*, in: WRP 2017, 1437 (..).]

Roßnagel, Alexander: Kein „Verbotsprinzip" und kein „Verbot mit Erlaubnisvorbehalt" im Datenschutzrecht, in: NJW 2019, 1 ff. [Zit.: *Roßnagel*, in: NJW 2019, 1 (..).]

Sachs, Michael (Hrsg.): Grundgesetz, 9. Aufl., München 2021 [Zit.: *Bearbeiter*, in: Sachs, GG, Art. (..), Rn. (..).]

Säcker, Franz Jürgen/ Montag, Frank (Hrsg.): European State Aid Law, München 2016 [Zit.: *Bearbeiter*, in: Säcker/Montag, European State Aid Law, Art. (..), Rn. (..).]

Säcker, Franz-Jürgen/Karpenstein, Ulrich/Ludwigs, Markus (Hrsg.): Münchener Kommentar zum Wettbewerbsrecht, Bd. 5 (Beihilfenrecht), 4. Aufl., 2022 [Zit.: *Bearbeiter*, in: MüKo-WettbewerbsR, Bd. 5, §/Art. (..), Rn. (..).]

Sandhu, Aqilah: Grundrechtsunitarisierung durch Sekundärrecht, Tübingen 2021, zugl. Diss. [Zit.: *Sandhu*, Grundrechtsunitarisierung durch Sekundärrecht, S. (..).]

Sauer, Dominik Jan: Biogasanlagen im wohlgeordneten Recht einer nachhaltigen Energiewende, Baden-Baden 2017, zugl. Diss. [Zit.: *Sauer*, Biogasanlagen, S. (..).]

Schild, Hans-Herman: Transparenz oder Schutz auf Privatheit der Empfänger von EU-Agrarsubventionen?, in: MMR 2009, Vff. [Zit.: *Schild*, in: MMR 2009, V (..).]

Schipper, Katharina: Lebensmittelkennzeichnung im Lichte des wohlgeordneten Rechts, Baden-Baden 2015, zugl. Diss [Zit.: *Schipper*, Lebensmittelkennzeichnung, S. (..).]

Schomerus, Thomas/Scheel, Benedikt: Agrarsubventionen als Gegenstand des Umweltinformations- und Informationsfreiheitsrechts, in: ZUR 2010, 188 ff. [Zit.: *Schomerus/Scheel*, ZUR 2010, 188 (..).]

Schönfeld, Max v.: Screen Scraping und Informationsfreiheit, Baden-Baden 2018, zugl. Diss. [Zit.: *Schönfeld*, Screen Scraping und Informationsfreiheit, S. (..).]

Schroeder, Werner: Neues zur Grundrechtskontrolle in der Europäischen Union, in: EuZW 2011, 462 ff. [Zit.: *Schroeder*, in: EuZW 2011, 462 (..).]

Schuster, Ulrike: Das Kohärenzprinzip in der europäischen Union, Baden-Baden 2017, zugl. Diss. [Zit.: *Schuster*, Kohärenzprinzip, S. (..).]

Schwarze, Jürgen/Becker, Ulrich/Hatje, Armin/Schoo, Johann (Hrsg.): EU-Kommentar, 4. Aufl., Baden-Baden 2019 [Zit.: *Bearbeiter*, in: Schwarze/Becker/Hatje/Schoo, EuR, Art. (..), Rn. (..).]

Schwietert, Anja: Der effet utile und das Kartellzivilrecht – Die Vorgaben des Unionsrechts bei der Ausgestaltung der Zivilrechtsfolgen des Art. 101 AEUV, Baden-Baden 2018, zugl. Diss. [Zit.: *Schwietert*, Effet utile und Kartellzivilrecht, S. (..).]

Skouris, Vassilios: Leitlinien der Rechtsprechung des EuGH zum Datenschutz, in: NVwZ 2016, 1359 ff. [Zit.: *Skouris*, in: NVwZ 2016, 1359 (..).]

Sobotta, Christoph: Transparenz in den Rechtsetzungsverfahren der Europäischen Union, Baden-Baden 2001, zugl. Diss. [Zit.: *Sobotta*, Transparenz im Rechtsetzungsverfahren der Union, S. (..).]

Steengrafe, Felix: Ökologische Aspekte im öffentlich-rechtlichen Beschaffungswesen, Baden-Baden 2021, zugl. Diss. [Zit.: *Steengrafe*, Ökologische Aspekte im Beschaffungswesen, S. (..).]

Stöbener de Mora, Patricia: Beihilferecht: Neue Klima-, Umwelt- und Energieleitlinien, in: EuZW 2022, 195 f. [Zit.: *Stöbener de Mora*, in: EuZW 2022, 195 (..).]

Streinz, Rudolf (Hrsg.): EUV/AEUV/GRC, 3. Aufl., München 2018 [Zit.: *Bearbeiter*, in: Streinz, EUV/AEUV/GRC, Art. (..), Rn (..).]

Sydow, Gernot/Marsch, Nikolaus (Hrsg.): DSGVO/BDSG, 3. Aufl. 2022 [Zit.: *Bearbeiter*, in: Sydow/Marsch, DSGVO/BDSG, Art/§ (..), Rn. (..).]

Taeger, Jürgen/Pohle, Jan (Hrsg.): Computerrechts-Handbuch, 38. EL., München Stand: August 2023 [Zit.: *Bearbeiter*, in: Taeger/Pohle, ComputerR, (..), Rn. (..).]

Thiele, Carmen: Kohärenz von EU-Grundrechtecharta und EMRK, in: Nowak, Carsten/Thiele, Carmen (Hrsg.), Effektivität des Grundrechtsschutzes in der Europäischen Union, S. 45 ff. [Zit.: *Thiele*, in: Nowak/Thiele, Effektivität des Grundrechtsschutzes in der EU, S. 45 (..).]

Thomale, Chris: Zur subjektivrechtlichen Durchsetzung der Vorlagepflicht zum EuGH im europäischen Verfassungsgerichtsverbund, in: EuR 2016, 510 ff. [Zit.: *Thomale*, in: EuR 2016, 510 (..).]

Towfigh, Emanuel v./Petersen, Niels (Hrsg.): Ökonomische Methoden im Recht, 3. Aufl., Tübingen 2023 [Zit.: *Bearbeiter*, in: Towfigh/Petersen, Ökonomische Methoden im Recht, Rn. (..).]

Trstenjak, Verica/Beysen, Erwin: Das Prinzip der Verhältnismäßigkeit in der Unionsrechtsordnung, in: EuR 2012, 265 ff. [Zit.: *Trstenjak/Beysen*, in: EuR 2012, 265 (..).]

Vedder, Christoph/Heintschell von Heinegg, Wolff (Hrsg.): Europäisches Unionsrecht, 2. Aufl., Baden-Baden 2018 [Zit.: *Bearbeiter*, in: Vedder/Heintschell v. Heinegg, EuR, Art. (..), Rn. (..).]

Vesterdorf, Bo: Transparency – Not Just a Vogue Word, in: Fordham International Law Journal (FILJ), Volume 22,1998, Issue 3, Article 8, S. 902 ff. [Zit.: *Vesterdorf*, FILJ, 1998, 902 (..).]

Voigt, Marlene: Die datenschutzrechtliche Einwilligung: Zum Spannungsfeld von informationeller Selbstbestimmung und ökonomischer Verwertung personenbezogener Daten, Baden-Baden 2020, zugl. Diss. [Zit.: *Voigt*, Datenschutzrechtliche Einwilligung, S. (..).]

Volkmann, Uwe: Leitbildorientierte Verfassungsanwendung, in: Der Staat 2009, 157 ff. [Zit.: *Volkmann*, in: Der Staat 2009, 157 (..).]

Von der Groeben; Hans/Schwarze, Jürgen/Hatje, Armin (Hrsg.): Europäisches Unionsrecht, 7. Aufl., München 2015 [Zit.: *Bearbeiter*, in: v. d. Gröben/Schwarze/Hatje, Art. (..), Rn. (..).]

Wagner, Lorin Johannes: Neuanlauf bei der Beihilfentransparenz in der GAP, in: Jaeger/Hasslinger (Hrsg.), Jahrbuch Beihilfenrecht 2014, S. 569 ff., Wien 2014 [Zit.: *Wagner*, in: Jaeger/Hasslinger, Jahrbuch Beihilfenrecht 2014, 569 (..).]

Wagner, Lorin-Johannes: Der Datenschutz in der Europäischen Union, Wien 2015, zugl. Diss. [Zit.: *Wagner*, Der Datenschutz in der Europäischen Union, S. (..).]

Walker, Benedikt: Klimaschutz in föderalen Mehrebenensystemen-Das Recht der nachfrageorientierten Energieeffizienzförderung in der Europäischen Union und den USA, Baden-Baden 2017, zugl. Diss. [Zit.: *Walker*, Klimaschutz in föderalen Mehrebenensystemen, S. (..).]

Wedemeyer, Sven: Beihilfenrechtliches Ermessen und seine gerichtliche Kontrolle, in: EuZW 2024, 68 ff. [Zit.: *Wedemeyer*, in: EuZW 2024, 68 (..).]

Wegener, Bernhard W.: Der geheime Staat, Göttingen 2006, zugl. Habil. [Zit.: *Wegener*, Der geheime Staat, S. (..).]

Wehlau, Andreas/Lützhöft, Niels: Grundrechte-Charta und Grundrechts-Checkliste – eine dogmatische Selbstverpflichtung der EU-Organe, in: EuZW 2012, 45 ff. [Zit.: *Wehlau/Lützhöft*, in: EuZW 2012, 45 (..).]

Wenzler, Hariolf M.: Institutionenökonomik und öffentliche Finanzkontrolle, Bern 1997, zugl. Diss. [Zit.: *Wenzler*, Institutionenökonomik und öffentliche Finanzkontrolle, S. (..).]

Wiebe, Gerhard: Der Geschäftsgeheimnisschutz im Informationsfreiheitsrecht, in: NVwZ 2019, 1705 ff. [Zit.: *Wiebe*, in: NVwZ 2019, 1705 (..).]

Wirbel, Clemens: Strategien zur Bekämpfung von Lebensmittelverschwendung im Lichte des wohlgeordneten Rechts, Baden-Baden 2021, zugl. Diss. [Zit.: *Wirbel*, Strategien zur Bekämpfung von Lebensmittelverschwendung, S. (..).]

Wirth, Elias: Die Europäische Staatsanwaltschaft, Baden-Baden 2022, zugl. Diss. [Zit.: *Wirth*, Europäische Staatsanwaltschaft, S. (..).]

Wissenschaftlicher Dienst des Bundestages: Transparenz von Agrarbeihilfen, 14.12.2005, WF V 201/05 [Zit.: WD, Transparenz von Agrarbeihilfen, 14.12.2005, WF V 201/05, S. (..).]

Wolf, Fabiana: Der Schutz des Betriebs- und Geschäftsgeheimnisses: Verfassungsrechtliche Grundlagen und Ausgestaltung in den modernen Informationszugangsgesetzen, Baden-Baden 2015, zugl. Diss. [Zit.: *Wolf*, Schutz des Betriebs- und Geschäftsgeheimnisses, S (..).]

Wolf, Reiner: Die Regulation landwirtschaftlicher Nutzungen durch Recht und der Schutz der Biodiversität – Teil 1: Rechtliche Grundlagen und Anforderungen des Agrarumweltrechts, in: ZUR 2022, 131 ff. [Zit.: *Wolf*, in: ZUR 2022, 131 (..).]

Wolf, Reiner: Die Regulation landwirtschaftlicher Nutzungen durch Recht und der Schutz der Biodiversität – Teil 2: Ansätze zur Ökologisierung des Agrarnutzungsregimes [Zit.: *Wolf*, in: ZUR 2022, 195 (..).]

Wolff, Heinrich Amadeuss/Brink, Stefan/ Ungern-Sternberg, Antje v. (Hrsg.): Beck´scher Onlinekommentar Datenschutzrecht, 47. Aufl., München Stand:

01.02.2024, [Zit.: *Bearbeiter*, in: Wolff/Brink, BeckOK-DatenschutzR, Art./§(..), Rn. (..).]

Wolff, Milena: Das unionale Dokumentenzugangsrecht und sein Verhältnis zum Wettbewerbsrecht, Baden-Baden 2017, zugl. Diss. [Zit.: *Wolff*, Unionales Dokumentenzugangsrecht, S. (..).]

Wollenschläger, Ferdinand: Budgetöffentlichkeit im Zeitalter der Informationsgesellschaft, in: AöR 2010, 364 ff. [Zit.: *Wollenschläger*, in: AöR 2010, 364 (..).]

Wrede, Viola v.: Die Transparenz im börslichen Stromgroßhandel am Beispiel der European Energy Exchange, Baden-Baden 2012, zugl. Diss. [Zit.: *Wrede*, Die Transparenz im börslichen Stromgroßhandel, S. (..).]

Rechtsquellenverzeichnis

Abgeordnetengesetz in der Fassung der Bekanntmachung vom 21. Februar 1996 (BGBl. I S. 326), das zuletzt durch Artikel 1 des Gesetzes vom 8. Oktober 2021 (BGBl. I S. 4650) geändert worden ist.

Agrar- und Fischereifonds-Informationen-Gesetz vom 26. November 2008 (BGBl. I S. 2330), das zuletzt durch Artikel 1 des Gesetzes vom 20. Februar 2024 (BGBl. 2024 I Nr. 53) geändert worden ist

Charta der Grundrechte der Europäischen Union, ABl. 2000/C 364/01.

Durchführungsverordnung (EU) Nr. 908/2014 der Kommission vom 6. August 2014 mit Durchführungsbestimmungen zur Verordnung (EU) Nr. 1306/2013 des Europäischen Parlaments und des Rates hinsichtlich der Zahlstellen und anderen Einrichtungen, der Mittelverwaltung, des Rechnungsabschlusses und der Bestimmungen für Kontrollen, Sicherheiten und Transparenz, ABl. 2014/L 255/59.

Energiesteuergesetz vom 15. Juli 2006 (BGBl. I S. 1534; 2008 I S. 660, 1007), das zuletzt durch Artikel 3 des Gesetzes vom 27. März 2024 (BGBl. 2024 I Nr. 107) geändert worden ist.

Europäische Menschenrechtskonvention (Konvention zum Schutze der Menschenrechte und Grundfreiheiten) Vom 04.11.1950 Zuletzt geändert durch Protokoll Nr. 15 vom 24.6.2013 m. W. v. 1.8.2021, BGBl. 1954 II S. 14

G v. 28.9.2016 (BGBl. II S. 1082) und trat gem. Bek. v. 20.10.2016 (BGBl. II S. 1240) am 4.11.2016 in Kraft. Das Übereinkommen wurde im Namen der EU genehmigt durch B (EU) 2016/1841 zur Genehmigung des Übereinkommens von Paris v. 5.10.2016.

GAP-Direktzahlungen-Gesetz vom 16. Juli 2021 (BGBl. I S. 3003).

GAP-Direktzahlungen-Verordnung vom 24. Januar 2022 (BGBl. I S. 139).

Grundgesetz für die Bundesrepublik Deutschland Vom 23.05.1949 (BGBl. S. 1) zuletzt geändert durch Gesetz vom 19.12.2022 (BGBl. I S. 2478) m. W. v. 24.12.2022.

Handelsgesetzbuch in der im Bundesgesetzblatt Teil III, Gliederungsnummer 4100-1, veröffentlichten bereinigten Fassung, das zuletzt durch Artikel 34 Absatz 1 des Gesetzes vom 22. Dezember 2023 (BGBl. 2023 I Nr. 411) geändert worden ist

Informationsfreiheitsgesetz vom 5. September 2005 (BGBl. I S. 2722), das zuletzt durch Artikel 44 der Verordnung vom 19. Juni 2020 (BGBl. I S. 1328) geändert worden ist.

Lebensmittel- und Futtermittelgesetzbuch in der Fassung der Bekanntmachung vom 15. September 2021 (BGBl. I S. 4253; 2022 I S. 28), das zuletzt durch Artikel 2 Absatz 6 des Gesetzes vom 20. Dezember 2022 (BGBl. I S. 2752) geändert worden ist.

Richtlinie (EU) 2016/943 des Europäischen Parlaments und des Rates vom 8. Juni 2016 über den Schutz vertraulichen Know-hows und vertraulicher Geschäftsinformationen (Geschäftsgeheimnisse) vor rechtswidrigem Erwerb sowie rechtswidriger Nutzung und Offenlegung, ABl. 2016/L 157/1.

Richtlinie 95/46/EG des Europäischen Parlaments und des Rates v. 24.10.1995 zum Schutz natürlicher Personen bei der Verarbeitung personenbezogener Daten und zum freien Datenverkehr, Abl. v. 23.11.1995, ABl. 1995/L 281/31.

Übereinkommen zum Schutz des Menschen bei der automatischen Verarbeitung personenbezogener Daten (Konvention Nr. 108), BGBl. II S. 539.

Umweltinformationsgesetz in der Fassung der Bekanntmachung vom 27. Oktober 2014 (BGBl. I S. 1643), das zuletzt durch Artikel 2 des Gesetzes vom 25. Februar 2021 (BGBl. I S. 306) geändert worden ist.

Verordnung (EG) Nr. 1049/2001 des Europäischen Parlaments und des Rates vom 30. Mai 2001 über den Zugang der Öffentlichkeit zu Dokumenten des Europäischen Parlaments, des Rates und der Kommission, ABl./2001/ L 145/43.

Verordnung (EG) Nr. 1437/2007 des Rates vom 26. November 2007 zur Änderung der Verordnung (EG) Nr. 1290/2005 über die Finanzierung der gemeinsamen Agrarpolitik, ABl. 2005/L 322/1.

Verordnung (EG) Nr. 1290/2005 des Rates vom 21. Juni 2005 über die Finanzierung der Gemeinsamen Agrarpolitik, ABl. 2005/L 209/1.

Verordnung (EU) 2016/679 des Europäischen Parlaments und des Rates vom 27. April 2016 zum Schutz natürlicher Personen bei der Verarbeitung personenbezogener Daten, zum freien Datenverkehr und zur Aufhebung der Richtlinie 95/46/EG (Datenschutz-Grundverordnung), ABl. 2016/L 119/1.

Verordnung (EU) 2019/2088 des Europäischen Parlaments und des Rates vom 27. November 2019 über nachhaltigkeitsbezogene Offenlegungspflichten im Finanzdienstleistungssektor, ABl. 2019/L 317/1.

Verordnung (EU) 2021/1237 der Kommission vom 23. Juli 2021 zur Änderung der Verordnung (EU) Nr. 651/2014 zur Feststellung der Vereinbarkeit bestimmter Gruppen von Beihilfen mit dem Binnenmarkt in Anwendung der Artikel 107 und 108 des Vertrags über die Arbeitsweise der Europäischen Union, ABl. 2021/L 270/39:

Verordnung (EU) 2021/2115 des europäischen Parlaments und des Rates vom 2. Dezember 2021 mit Vorschriften für die Unterstützung der von den Mitgliedstaaten im Rahmen der Gemeinsamen Agrarpolitik zu erstellenden und durch den Europäischen Garantiefonds für die Landwirtschaft (EGFL) und den Europäischen Landwirtschaftsfonds für die Entwicklung des ländlichen Raums (ELER) zu finanzierenden Strategiepläne (GAP-Strategiepläne) und zur Aufhebung der Verordnung (EU) Nr. 1305/2013 sowie der Verordnung (EU) Nr. 1307/2013, ABl. 2021/L 435/1.

Verordnung (EU) Nr. 1306/2013 des Europäischen Parlaments und des Rates vom 17. Dezember 2013 über die Finanzierung, die Verwaltung und das Kontrollsystem der Gemeinsamen Agrarpolitik und zur Aufhebung der Verordnungen (EWG) Nr. 352/78, (EG) Nr. 165/94, (EG) Nr. 2799/98, (EG) Nr. 814/2000, (EG) Nr. 1290/2005 und (EG) Nr. 485/2008 des Rates, ABl. 2013/L 347/549.

Verordnung (EU) Nr. 1307/2013 des Europäischen Parlaments und des Rates vom 17. Dezember 2013 mit Vorschriften über Direktzahlungen an Inhaber landwirtschaftlicher Betriebe im Rahmen von Stützungsregelungen der Gemeinsamen Agrarpolitik und zur Aufhebung der Verordnung (EG) Nr. 637/2008 des Rates und der Verordnung (EG) Nr. 73/2009 des Rates, ABl. 2013/L 347/608.

Verordnung (EU) Nr. 1407/2013 der Kommission vom 18. Dezember 2013 über die Anwendung der Artikel 107 und 108 AEUV auf De-minimis-Beihilfen; ABl. 2013/L 352/1.

Verordnung (EU) Nr. 651/2014 der Kommission vom 17. Juni 2014 zur Feststellung der Vereinbarkeit bestimmter Gruppen von Beihilfen mit dem Binnenmarkt in Anwendung der Artikel 107 und 108 des Vertrags über die Arbeitsweise der Europäischen Union, ABl. 2013/L 187/1.

Verordnung (EU) Nr. 702/2014 der Kommission vom 25. Juni 2014 zur Feststellung der Vereinbarkeit bestimmter Arten von Beihilfen im Agrar- und Forstsektor und in ländlichen Gebieten mit dem Binnenmarkt in Anwendung der Artikel 107 und 108 des Vertrags über die Arbeitsweise der Europäischen Union, ABl. 2014/L 193/1.

Verordnung (EU) 2021/2116 des europäischen Parlaments und des Rates vom 2. Dezember 2021 über die Finanzierung, Verwaltung und Überwachung der Gemeinsamen Agrarpolitik und zur Aufhebung der Verordnung (EU) Nr. 1306/2013, ABl. 2021/L 435/187.

Verordnung (EU, Euratom) 2018/1046 des Europäischen Parlaments und des Rates vom 18. Juli 2018 über die Haushaltsordnung für den Gesamthaushaltsplan der Union, zur Änderung der Verordnungen (EU) Nr. 1296/2013, (EU) Nr. 1301/2013, (EU) Nr. 1303/2013, (EU) Nr. 1304/2013, (EU) Nr. 1309/2013, (EU) Nr. 1316/2013, (EU) Nr. 223/2014, (EU) Nr. 283/2014 und des Beschlusses Nr. 541/2014/EU sowie zur Aufhebung der Verordnung (EU, Euratom) Nr. 966/2012, ABl. 2018/L 193/1.

Verordnung über die Einrichtung eines Rahmens zur Erleichterung nachhaltiger Investitionen und zur Änderung der Verordnung (EU) 2019/2088, ABl. 2020/L 198/13.

Vertrag über die Arbeitsweise der europäischen Union, ABl. 2008/C 115/47.

Wertpapierhandelsgesetz in der Fassung der Bekanntmachung vom 9. September 1998 (BGBl. I S. 2708), das zuletzt durch Artikel 5 des Gesetzes vom 11. Dezember 2023 (BGBl. 2023 I Nr. 354) geändert worden ist